本书由
中央高校建设世界一流大学（学科）
和特色发展引导专项资金
资助

中南财经政法大学"双一流"建设文库

中|国|经|济|发|展|系|列|

资本结构权衡理论及其应用

陈昌志　著

中国财经出版传媒集团

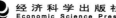

经济科学出版社

Economic Science Press

图书在版编目（CIP）数据

资本结构权衡理论及其应用/陈昌志著．—北京：
经济科学出版社，2019.12
（中南财经政法大学"双一流"建设文库）
ISBN 978 - 7 - 5218 - 1172 - 8

Ⅰ. ①资…　Ⅱ. ①陈…　Ⅲ. ①资本结构 - 研究
Ⅳ. ①F275

中国版本图书馆 CIP 数据核字（2019）第 289562 号

责任编辑：孙丽丽　撒晓宇
责任校对：刘　昕
版式设计：陈宇琰
责任印制：李　鹏　范　艳

资本结构权衡理论及其应用

陈昌志　著

经济科学出版社出版、发行　新华书店经销
社址：北京市海淀区阜成路甲 28 号　邮编：100142
总编部电话：010 - 88191217　发行部电话：010 - 88191522
网址：www. esp. com. cn
电子邮箱：esp@ esp. com. cn
天猫网店：经济科学出版社旗舰店
网址：http：//jjkxcbs. tmall. com
北京季蜂印刷有限公司印装
787 × 1092　16 开　13.25 印张　220000 字
2019 年 12 月第 1 版　2019 年 12 月第 1 次印刷
ISBN 978 - 7 - 5218 - 1172 - 8　定价：52.00 元

总　序

　　"中南财经政法大学'双一流'建设文库"是中南财经政法大学组织出版的系列学术丛书，是学校"双一流"建设的特色项目和重要学术成果的展现。

　　中南财经政法大学源起于 1948 年以邓小平为第一书记的中共中央中原局在挺进中原、解放全中国的革命烽烟中创建的中原大学。1953 年，以中原大学财经学院、政法学院为基础，荟萃中南地区多所高等院校的财经、政法系科与学术精英，成立中南财经学院和中南政法学院。之后学校历经湖北大学、湖北财经专科学校、湖北财经学院、复建中南政法学院、中南财经大学的发展时期。2000 年 5 月 26 日，同根同源的中南财经大学与中南政法学院合并组建"中南财经政法大学"，成为一所财经、政法"强强联合"的人文社科类高校。2005 年，学校入选国家"211 工程"重点建设高校；2011 年，学校入选国家"985 工程优势学科创新平台"项目重点建设高校；2017 年，学校入选世界一流大学和一流学科（简称"双一流"）建设高校。70 年来，中南财经政法大学与新中国同呼吸、共命运，奋勇投身于中华民族从自强独立走向民主富强的复兴征程，参与缔造了新中国高等财经、政法教育从创立到繁荣的学科历史。

　　"板凳要坐十年冷，文章不写一句空"，作为一所传承红色基因的人文社科大学，中南财经政法大学将范文澜和潘梓年等前贤们坚守的马克思主义革命学风和严谨务实的学术品格内化为学术文化基因。学校继承优良学术传统，深入推进师德师风建设，改革完善人才引育机制，营造风清气正的学术氛围，为人才辈出提供良好的学术环境。入选"双一流"建设高校，是党和国家对学校 70 年办学历史、办学成就和办学特色的充分认可。"中南大"人不忘初心，牢记使命，以立德树人为根本，以"中国特色、世界一流"为核心，坚持内涵发展，"双一流"建设取得显著进步：学科体系不断健全，人才体系初步成型，师资队伍不断壮大，研究水平和创新能力不断提高，现代大学治理体系不断完善，国际交流合作优化升级，综合实力和核心竞争力显著提升，为在 2048 年建校百年时，实现主干学科跻身世界一流学科行列的发展愿景打下了坚实根基。

"当代中国正经历着我国历史上最为广泛而深刻的社会变革，也正在进行着人类历史上最为宏大而独特的实践创新"，"这是一个需要理论而且一定能够产生理论的时代，这是一个需要思想而且一定能够产生思想的时代"①。坚持和发展中国特色社会主义，统筹推进"五位一体"总体布局和协调推进"四个全面"战略布局，实现"两个一百年"奋斗目标、实现中华民族伟大复兴的中国梦，需要构建中国特色哲学社会科学体系。市场经济就是法治经济，法学和经济学是哲学社会科学的重要支撑学科，是新时代构建中国特色哲学社会科学体系的着力点、着重点。法学与经济学交叉融合成为哲学社会科学创新发展的重要动力，也为塑造中国学术自主性提供了重大机遇。学校坚持财经政法融通的办学定位和学科学术发展战略，"双一流"建设以来，以"法与经济学科群"为引领，以构建中国特色法学和经济学学科、学术、话语体系为己任，立足新时代中国特色社会主义伟大实践，发掘中国传统经济思想、法律文化智慧，提炼中国经济发展与法治实践经验，推动马克思主义法学和经济学中国化、现代化、国际化，产出了一批高质量的研究成果，"中南财经政法大学'双一流'建设文库"即为其中部分学术成果的展现。

文库首批遴选、出版二百余册专著，以区域发展、长江经济带、"一带一路"、创新治理、中国经济发展、贸易冲突、全球治理、数字经济、文化传承、生态文明等十个主题系列呈现，通过问题导向、概念共享，探寻中华文明生生不息的内在复杂性与合理性，阐释新时代中国经济、法治成就与自信，展望人类命运共同体构建过程中所呈现的新生态体系，为解决全球经济、法治问题提供创新性思路和方案，进一步促进财经政法融合发展、范式更新。本文库的著者有德高望重的学科开拓者、奠基人，有风华正茂的学术带头人和领军人物，亦有崭露头角的青年一代，老中青学者秉持家国情怀，述学立论、建言献策，彰显"中南大"经世济民的学术底蕴和薪火相传的人才体系。放眼未来、走向世界，我们以习近平新时代中国特色社会主义思想为指导，砥砺前行，凝心聚

---

① 习近平：《在哲学社会科学工作座谈会上的讲话》，2016 年 5 月 17 日。

力推进"双一流"加快建设、特色建设、高质量建设，开创"中南学派"，以中国理论、中国实践引领法学和经济学研究的国际前沿，为世界经济发展、法治建设做出卓越贡献。为此，我们将积极回应社会发展出现的新问题、新趋势，不断推出新的主题系列，以增强文库的开放性和丰富性。

"中南财经政法大学'双一流'建设文库"的出版工作是一个系统工程，它的推进得到相关学院和出版单位的鼎力支持，学者们精益求精、数易其稿，付出极大辛劳。在此，我们向所有作者以及参与编纂工作的同志们致以诚挚的谢意！

因时间所囿，不妥之处还恳请广大读者和同行包涵、指正！

中南财经政法大学校长

序 言

　　现代经济本质上是信用经济，其发展离不开杠杆的作用。社会经济各部门都有可能出现资金盈余或短缺的情况，家庭部门是经常性资金盈余部门，而政府和企业是经常性赤字部门，金融部门作为社会信用的中介机构，将资金从资金盈余部门引流到资金短缺部门，此乃现代金融体系之基本法则。资金流通即借贷过程，伴随着信用交易与杠杆的使用，极大提升了投融资效率，为实体经济提供强力支撑。

　　资本结构一向是事关国家经济发展的重大课题。2008 年经济危机席卷全球，我国实施了"四万亿"财政计划，提出以扩大国内需求为主要目的的十项措施，避免了中国经济硬着陆。在财政扩张、货币宽松政策下，中国企业在 2008～2011 年明显增加对于财务杠杆的依赖，截至 2015 年底，从债务规模来看，国内非金融类企业部门总负债高达 201.87 万亿，相比于 2008 年增长 3.2 倍；从财务杠杆率来看，企业部门财务杠杆率上升了 24 个百分点，达到 123%。这一轮加大杠杆的举措短期内对经济带来明显的提振效果，极大活跃了国内的生产投资活动，着实为烈火烹油、鲜花着锦之盛。2010 年第一季度，中国国民生总值同比增长率达 12.2%，重回 2008年经济危机前水平。

　　然而，加大杠杆并非提振经济的长效举措。信用违约风险是杠杆的孪生兄弟，累积杠杆埋下了僵尸企业以及产能过剩等问题隐患。特别是国有企业，在"四万亿"财政计划中获得的债务融资占总债务比重激增，从而使自身背负了沉重的债务。以中国中钢为例，2012～2014 年平均资产负债比率高达 95%，并于 2015 年十月间爆发规模接近 20 亿人民币的"10 中钢债"违约事件。2015 年末，中央经济工作会议明确提出了供给侧改革的概念，其核心任务在于"三去一降一补"，即去产能、去库存、去杠杆、降成本、补短板。中央多次强调要把降低企业杠杆率作为重中之重，防范化解金融风险。

　　在去杠杆的宏观大背景下，银行收紧银根，提高信贷门槛为短期内不可避免的趋势。存在信息不对称、信贷风险高、缺少担保品等自身短板的中小企业首当其冲，银行出于逐利考虑必定会把为数不多的信贷资源分配给资质更优的国有企业。去杠杆可能会伤及无辜，不仅"错杀"效率高前景好的中小企业，甚至为影子银行等游离于监管之外的融资渠道提供可乘之机。因此，去杠杆还需配套助力中小企业融资等组合兼施并用。

大至国计民生，小到公司经营，现代经济的发展离不开杠杆的底色。杠杆是把双刃剑，其本质是经营风险，而非规避风险。不能因为杠杆使用伴随着风险，就采取因噎废食的举措。无论是帮扶中小企业融资，还是整治僵尸企业，必须要先洞彻公司融资的机制，并进一步探究公司资本结构决策背后所蕴含的现实意义。银行和政府如何判定某家公司存在过度举债的迹象？公司负债多少为宜？如何量化过度负债对公司经营带来的影响？公司的生产经营活动和举债之间存在怎样的关系？公司债券的市场价值是如何决定的？什么因素会影响债务成本？为何不同公司之间的负债率差异如此之大？想要解决这一系列问题，都需要一个科学严密的理论框架，以及可操作的实证检验方法。

1958 年，莫迪利亚尼和米勒（Modigliani and Miller）在《美国经济评论》（*American Economic Review*）发表了一篇标题为《资本成本、公司金融与投资理论》（*The Cost of Capital，Corporate Finance and the Theory of Investment*）的研究论文引起了产业界和学术界极大关注。资本结构首次作为科学化决策亮相，拉开了半个多世纪以来量化财务研究的序幕。其中，权衡理论为所有资本结构相关理论中发展最为壮大的一支理论学派。该理论充分考虑到公司举债的诱因和风险，不仅合理化公司举债行为，更为公司的最适财务杠杆比率提供预测参考。时至今日，已有众多学者对权衡理论进行修正和扩展，将公司融资行为和其他生产经营行为相结合，日益完善了公司财务的科学决策体系。鉴于此，本书对于资本结构理论的研究全部基于权衡理论。

权衡理论作为资本结构理论发展最为壮大的一支理论学派，因其实用性和延展性而受到学术界和产业界关注，对公司科学财务决策具有重要指导意义。但权衡理论并非公司财务决策的灵丹妙药，即便很多学者对其进行扩展，充分考虑各种现实摩擦，不断放松模型假设，各式各样的修正模型也无法完全适用于真实世界。我们选取了主流文献讨论较密集的四个扩展方向作为全书主体，分别是信用评级政策、经理人模糊趋避态度、债券担保和交易对手违约风险。这四个扩展方向均与公司融资政策高度相关，因此我们试图以这四个扩展方向作为载体，展示权衡理论的经济内涵和具体应用。

　　本书内容由五个章节构成。第一章梳理了资本结构权衡理论发展概况及其历史，对经典文献进行了简要回顾。第二章至第五章分别从四个视角出发对经典文献进行扩展，涵盖了公司金融热点研究议题，包括信用评级政策、经理人模糊趋避态度、债券担保以及交易对手风险。为了方便读者理解，我们对每个议题的研究背景都进行了详尽交代。每一章都相应提出了一个理论模型，并搭配数值分析，强调理论的应用性和对现实问题的解释。书中命题、定理、引理、推论等内容全部用斜体标示。数学公式、图片、表格、命题、定理、引理等全部采用多级编号法，一级编号为章节次序。模型中较为技术性的数学证明可参见全书附录，附录编号方法同正文章节次序。本书的完成，除了感谢各方贤达人士的不吝指教，作者特别要感谢助理团队（团队成员包含班铭媛、沈鑫、陈彦伶、芮滢、吴晓蔚）牺牲宝贵的假期，协助处理编译及文体润饰等各方面的工作。

目　录

第一章
资本结构权衡理论概述

资本结构作为公司财务决策的核心，一直是产业界和学术界的研究热点问题。从公司资产的角度来看，资本结构刻画的是重要会计恒等式，即资产等于负债加所有者权益，研究其中各会计要素的比例关系；从公司现金流的角度来看，资本结构则关注公司如何决定将现金流划分为两部分，一部分专门用于履行债务合约的固定现金流，另一部分则属于股东的剩余权益。

企业应如何确定其最佳资本结构？应举多少债为宜？当企业因高估最佳负债比率而过度负债时，公司将承受因过高的财务杠杆而带来的财务周转风险，并极可能引发破产危机。张维迎（1996）指出负债比例过高是我国国企资本结构普遍存在的重要问题。据国家经贸委和国有资产管理局等部门统计，我国国企1990年代平均负债比率达到70%以上，迈入21世纪后更超过80%。对比国际情况，英国与美国企业负债率一般在35%～45%，且逐年走低。德国与日本企业负债率约为60%左右。张维迎的观点反映出近年央企及国企因负债比率过高而导致偿债困难及违约破产之困境。以中国中钢为例，2012～2014年平均资产负债比率高达95%，并于2015年十月间爆发规模接近20亿元人民币的10中钢债违约事件①。保定天威2014年底账面总资产仅接近130亿元人民币，却背负高达近210亿元规模的负债，2015年10月13日无力返还近15亿元人民币的到期债务②。中国二重截至2014年9月累计有6.2亿元的银行贷款等债务逾期，上海证交所因其债务违约及亏损已暂停该公司股票上市交易。中国二重近三年到期的短期债务规模达到102.5亿元，而现金类资产仅10亿余元，未来不排除再度出现债务违约的可能③。一方面，倘若企业因无法归还到期债务而宣告破产，债权投资人将因无法顺利收回本金而蒙受损失，上下游厂商可能因被迫重整生产供应链而衍生庞大的外部成本，企业员工则陷入失业困境；另一方面，若低估最适负债比率而制定过于保守的举债融资政策，公司很可能因资金短缺而投资不足或被迫放弃有利的投资机会。如此一来，获利不如预期将对股价造成负面冲击，并打击企业内部士气，进而引发优秀员工或研发人才跳槽的风险。因此，如何确定负债政策及最优资本结构是公司财务决策的重要事务，也是促进

---

① 《中钢陷债务泥潭或面临破产　总裁被传已遭免职》，人民网，http：//energy. people. com. cn/BIG5/n/2014/0930/c71661 – 25766784. html。
② 中国政协新闻网，http：//cppcc. people. com. cn/BIG5/n/2015/0922/c34948 – 27617356. html。
③ 《ST二重债务逾期金额超65亿》，中国经济网，http：//finance. ce. cn/rolling/201501/29/t20150129_4462657. shtml。

国家经济稳定发展的重要课题。

第一节　资本结构决策主要理论

最优资本结构决策一直是公司金融研究的核心问题。莫迪利亚尼和米勒（1958）首先提出 MM 资本结构无关论，认为资本结构的选择并不影响公司本身价值，因此主张资本结构最优化论点并不存在。此模型基于一系列假设：（1）固定的投资决策，公司现金流不受融资政策影响；（2）不存在信息不对称或异质性预期，所有投资者都平等享有公司信息，且做出理性决策；（3）投资者和公司享有同样的借贷条件；（4）无税收，无破产成本，无代理成本，无交易成本（如股票发行费用）。尽管 MM 资本结构无关论无法对公司举债行为进行合理化解释，但后续研究多从其严格的模型假设出发，不断审视现实世界中的经济摩擦，对资本结构无关论进行了不同角度的修正，提升了理论对现实的指导意义。从这角度来说，MM 资本结构无关论奠定了资本结构理论的研究范式，可谓开山之作。

现有文献中，资本结构决策理论主要有三类：权衡理论（tradeoff theory）、优序融资理论（pecking order theory）及市场时机理论（market timing theory）。这三类理论从完全不同的角度提供了对企业资本结构决策的理解，我们将一一进行介绍。

权衡理论是最先被提出的资本结构理论，也是目前发展最为壮大的一支流派。其鼻祖可追溯至莫迪利亚尼和米勒（1963）对 MM 资本结构无关论的修正，主要贡献在于对无税收假设的放松。公司的营业所得收入需要先支付给债务人利息，后向税务部门缴纳税款，因此利息支出费用可用来抵扣企业税负，故称之为"税收豁免利益或税盾利益"。公司通过举债可享受税收豁免利益并增加自身价值，故税盾可用以解释公司使用财务杠杆的动机。然而，迈尔斯（Myers，1977）指出修正后的 MM 理论依然背离现实，仅考虑发债的税收豁免利益，则公司基于价值最大化目标应当完全以负债形式进行融资，而这显然与现实不符。

为此，迈尔斯（1977）在莫迪利亚尼和米勒（1963）的基础上额外考虑了破产成本。破产成本既包括法律诉讼和清算费用，也包括因破产而导致的市场份额损失、客户流失、供应商合作终止等间接成本。迈尔斯主张公司在决定资本结构时，应当同时考虑税收豁免利益与财务危机外部成本。当两者取得最佳权衡时，公司资本结构达到最优且公司价值最大。举债利弊之间的权衡正是权衡理论的精髓所在。

优序融资理论则从全新角度对 MM 资本结构无关论进行修正，迈尔斯和麦吉勒夫（Myers and Majluf，1984）以及麦尔斯（1984）通过放松信息对称的假设而将信号模型、逆向选择模型引入公司金融理论研究。信息不对称的根源在于公司的所有权和经营权分立，经理人相比外部投资者更加了解公司真实运营情况和未来发展态势。公司利用内部现金流进行融资被外部投资者视为公司运营基本面良好，利润充裕的信号；反之，公司向外募集资金则被投资者视为内部资金短缺的坏消息，因而会索取较高的回报率作为风险补偿。债权和股权融资的相比，只有当公司投资项目风险较大，无法保障未来固定利息现金流，才会放弃债权而选择股权融资，这种负面信号会使得股权投资者索取更高的回报率。因此，在信息不对称情形下，公司融资具有"先内源后外源""先债权后股权"的顺序偏好。

相较于前两个理论，市场择时理论从实证经验出发，放松了市场参与者是理性人的假设。贝克和伍勒（Baker and Wurgler，2002）在一篇实证文章中开创性地提出市场择时理论，认为公司往往在市净率较高（股票市值较账面价值高，股票价格被高估）时发行股票，而在市净率较低时进行股票购回。资本结构本质上是股票市场历史表现的累积结果，故公司的目标财务杠杆率并不存在。

以上三种资本结构理论各有侧重，各有千秋。权衡理论从债务融资的收益和成本角度出发，主张以债权为主的方式决定资本结构。市场择时理论则从股票市场非理性角度出发，主张以股权为主的方式决定资本结构。优序融资理论从公司投资决策和现金流角度出发，本质上否定最优资本结构的存在，并认为公司在融资时首先偏好低成本的内部资金，其次为债权融资，最后当内部资金及举债能量耗尽时才愿意在公开市场以股权形式融资。三种理论均能解释部分实证现象，也均存在理论盲区。因此，并不存在主导性资本结构理论，本书聚焦于权衡理论，因为权衡理论的发展最为深入，文献数量最为庞大。尽管早期的权衡理论较为简化，权衡理论因其良好的融合性和延展性，吸引了很多学者对其进行修正和扩展。

第二节　权衡理论发展历史

迈尔斯（1977）正式提出资本结构权衡理论，但因其纯为理论论述，缺乏数量模型，无法通过数量分析佐证其主张。布伦南和施瓦兹（Brennan and Schwartz，1978）引领资本结构理论文献进入数量研究的世代，革命性地将随机分析技术引入权衡理论，并运用数值模拟进行最优资本结构的比较静态分析。费雪等（Fischer et al.，1989）追随布伦南和施瓦兹提出动态模式下的权衡理论。布伦南和施瓦兹的模型在当代极具前瞻性，但仍存在三个问题。第一，模型因不具备封闭解而不利于大规模量化分析。第二，模型仅考虑被动的外生性债务违约行为（将公司资产价值小于负债面值的情况定义为破产事件），但现实中许多债务违约属股东的策略性行为（内生性质或主动性质）。第三，模型假设负债到期期限是有穷的，并仅考虑单期决策，意味着模型无法解释资本结构的永久性变化（permanent changes）。

为修正上述模型缺失，利兰（Leland，1994）利用或有求偿权法（contingent claim method）重新诠释权衡理论。利兰假定企业可永续经营，在此前提下主张公司透过发行永久债券来决定资本结构。利兰进一步将税收豁免利益、破产成本及公司债视为定态的风险性证券（类似或有求偿权的概念），接着应用莫顿（Merton）无套利定价理论导出各个风险性证券的定价公式及公司价值为主的资本结构决策模型。利兰的连续时间静态权衡模型因具备封闭解而便于比较静态分析，且可将多样化决策问题（包含负债比率、违约择时、债券定价及代理冲突等）融入单一模型中，故深受领域学者推崇。布伦南和施瓦兹的贡献是引领权衡理论进入数量研究世代，利兰则是将权衡理论发扬光大的关键人物。以利兰为首的权衡理论研究随即引起财经学界重视，并带给后续资本结构理论研究极其深远的影响。

利兰等陆续就负债到期期限结构、公司避险、代理冲突、债券交易成本及动态资本结构调整等议题修正模型，并发表多篇著作，其中，利兰和托夫特（Leland and Toft，1996）、利兰（1998）、戈德斯坦（Goldstein，2001）这三篇著作最具代表。利兰和托夫特（1996）舍弃利兰（1994）的模型假设，将无限的负债到期期限变更为有限期限，并利用到期负债可连续重置的条件建构出定态公司债模型。此做法相较利兰（1994）的模型更贴近现实（因现实中大部分公司债的到期期限皆为有穷的），也有利于探究债权到期期限结构配置对于资本结构决策的影响。该篇著作主要的结论是，资产替换问题所引发的代理冲突诱使公司发行短期债，可降低代理冲突对于公司价值造成的伤害，但税收豁免利益也会减少，公司因此减少财务杠杆的使用。

利兰和托夫特（1996）的模型虽将代理问题引入权衡理论，但未深入分析引起代理冲突的原因，也没有关注代理成本的衡量方法。基于此，利兰（1998）提出风险转换策略模型，以描述经理人在面对资产价值变化时如何实现风险管理目标。利兰（1998）认为当资产价值处在较高水平时，经理人因应避险需求会选择较低的风险水平，而当资产价值处在较低水平时，经理人会倾向追逐较高风险的投资机会而选择调高资产风险，从而引发资产替换代理冲突。一方面，利兰将风险转换策略模型与权衡理论相结合后发现，代理成本迫使公司使用较低的财务杠杆，发行较短期债券，且使债券价值降低，但代理成本比预期小，仅约资产价值的1.37%。另一方面，他发现进行避险可使公司增加约3%~5%的价值，容许公司使用较大的财务杠杆，避险利益与代理成本存在反向关系。利兰（1998）模型的另一特点是考虑了债券交易成本以及资本结构的动态调整行为，但并没有做进一步讨论。

有别于1994年、1996年及1998年三篇著作皆利用较简化的公司价值模型假设，戈德斯坦等（2001）将模型中公司息税前利润定义为主要的经济状态变量，对企业所得税与个人所得税做出区分，并考虑了资本结构动态调整行为。戈德斯坦等的模型认为，经理人因保有未来调整资本结构的选择权，会保留部分举债空间而选择较低的负债率，动态调整行为使公司选择相对于静态情况稍低的财务杠杆率。戈德斯坦等（2001）并未针对税制及公司盈余特性方面进行深入讨论，但该模型建立了公司资本结构与息税前利润之间的联系，这为后续探讨产品市场和生产行为如何影响资本结构决策的研究提供了重要基础。此外，区分个人税及公司税有助于后续研究利用权衡模型更精确地估计公司通过举债实际获得的税收豁免利益。综上所述，利兰等所提出的上述四个模型为近代权衡理论研究提供了重要基础平台，几乎所有后续的权衡理论研究皆以之为原始架构，并于决策分析时将之定义为基准模型。

时至今日，资本结构权衡理论研究已累积庞大数量，相关学者陆续将其视角拓展至各类经济金融议题。这些研究主要基于以下考虑：（1）更加全面地考虑公司债务融资的收益和成本因素。由于早期的权衡理论预测的公司最优杠杆率普遍较高，学者们试图将更多公司经营中面临的风险和诱因纳入分析框架，譬如流动性风险、利率风险、商业周期循环风险等。（2）内生化公司其他财务决策。早期权衡理论的应用主要集中于资本结构决策本身，而忽视了其他财务决策。诸如现金管理、风险管理、兼并收购等财务决策和资本结构之间存在的关联机制，仍存在理论研究空白。我们在此列举几类热点研究议题，以展示权衡理论的丰富内涵。

一、流动性风险

穆尔雷克（Morellec，2001）表明，当且仅当债务合同的保护性条款对资产的用途限定为债务担保品时，资产流动性的提升容许企业扩大举债规模。对于有公司资产作为担保品的公司债券而言，资产流动性的增强能够降低公司债券的收益率利差，提高公司最优的财务杠杆比率。但对于没有担保品的公司债券而言，情形则完全相反。该篇论文所提出的模型量化了担保品对公司运作和举债融资成本产生的影响，并预测了最优担保规模。考虑资产出售和债券保护性条款后，模型预测的公司债券收益率利差提升 10% ~ 30%，同时预测的财务杠杆率下降 30% ~ 60%，进而针对传统权衡理论中模型对财务杠杆率预测过高、对公司债券收益率利差预测过低的问题给出了基于资产流动性的解释。

二、景气循环风险

哈克巴特等（Hackbarth et al.，2006）受启发于公司的融资行为和破产发生与经济循环相关联的现象，首次将宏观经济状态循环风险纳入权衡理论模型。在或有求偿权模型中，公司现金流同时受到公司层面特异性冲击（idiosyncratic shock）和宏观总体性冲击（aggregate shock）带来的影响，反映不同的宏观经济情况。研究表明，公司杠杆率具有反周期变化现象，与科拉奇奇克和利维（Korajczyk and Levy, 2003）所提供的实证现证据契合，当把宏观经济因素放入动态权衡理论框架中，结果表明，公司在经济繁荣时期更频繁调整财务杠杆率，但调整幅度相对较小，但当经济萧条时，调整财务杠杆的方式则完全相反。

陈（Chen, 2010）在哈克巴特等（2006）的基础上，更加突出了宏观经济风险对公司债券收益率利差和财务杠杆率的影响。公司经营现金流和总和消费均由模型内生决定，资产价格由代表性家庭的递归偏好决定。在宏观经济衰退时期，风险价格上升，股东因存续价值（continuation value）降低而倾向放弃公司的所有权并决定申请破产。同时因大量公司在经济衰退时申请破产，资产清算成本升高，致使破产预期成本更高。因此考虑宏观风险后，模型预测的公司债券收益率利差更高，财务杠杆率更低。

三、高管薪酬与代理问题

何（He, 2011）在利兰（1994）的基础上拓展了股东与债权人之间的债务积压代理问题（debt-overhang agency problem）。相比传统权衡理论只考虑破产成本，何认为债务发行还会额外产生债务积压成本。公司在临近破产时，股东因负债压力而缩小投资规模，可能放弃有利（NPV 为正）的投资项目，这种代理成本透过经理人薪酬致使财务杠杆率从利兰（1994）所预测的 63.2% 降低至 39.5%。此外，由于经理人的薪酬支付对绩效的黏性（pay-performance sensitivity）和公司规模呈现负向关系，小公司受制于经理人薪酬往往选择相对较低的财务杠杆水平。

穆尔雷克等（2012）则聚焦于股东与经理人之间的代理问题对资本结构的动态影响。模型受启发于实务中经理人并不完全和股东利益保持一致的普遍现象。由于股东监督经理人的行为会引发昂贵的外部成本，模型认为在股东无力监管经理人的行为的情况下，经理人会利用此信息优势侵占部分的自由现金流作为私人利益。经理人确定负债比率时不仅要权衡破产成本和税收豁免价值，还要考虑债务对自由现金流的"监督"效应，即举债衍生的利息支出会削弱公司能够持有的自由现金流。结构估计的结果表明，债权人对公司治理的约束机制会促使经理人降低目标财务杠杆率，当代理成本占股权价值的 1.5% 时，模型产生的预测结果可以最佳地解释低杠杆谜题和动态资本结构调整惰性现象。

卡尔森和雷兹拉克（Carlson and Lazrak，2010）在利兰（1998）考虑资产债权人和股东的利益冲突（资产替换）的基础之上，延伸了经理人与股东的利益冲突以及经理人薪酬合约问题。自利且风险厌恶的经理人的薪酬分为现金和股票两部分。经理人在决定债务融资规模时需权衡债务税收豁免价值和事后资产替换效应的代理成本。此项研究不仅发现了最优财务杠杆率和经理人现金补偿比率之间存在非单调关系，也证实纳入代理成本的设定可以帮助权衡理论更好地解释真实世界中低财务杠杆率和高公司债收益率利差的现象。

四、产品市场竞争动态

苗（Miao，2005）将产业结构设定融入权衡模型，不再单独针对某一具有代表性的公司进行研究，而是在产品市场竞争均衡的框架下探究产业动态变化对于公司融资政策的影响。一方面，公司面临生产力技术冲击，技术进步一方面使得公司利润提升，预期破产概率降低，公司举债能力提升；另一方面，潜在进入者观察到公司利润上升，行业有利可图而加入市场，市场竞争的加剧削弱了公司的技术优势，并使得产品价格下跌，以至公司濒临退出市场。在考虑产业竞争结构的影响下，公司维持相对较低的财务杠杆水平。

五、人力资本风险

柏克（Berk，2010）探究了公司人力资本风险对财务杠杆水平的影响。由于公司破产导致的人力资本流失属于间接破产成本的形式之一，模型假设公司员工是厌恶人力资本风险的，但股东可以无成本地分散化人力资本风险。公司资本结构需要权衡员工对破产的风险厌恶以及举债带来的税收豁免利益。结果表明，当公司内部员工对于人力资本风险的厌恶程度越高时，最优杠杆比率越低。人力资本风险对于杠杆水平的影响具有自我强化特性，合理地解释了公司间存在恒常性杠杆横截面变异这一实证谜题。

六、利率风险

巨和欧阳（Ju and Ou-Yang，2006）将瓦西赛克（Vasicek，1977）所提出的随机利率模型引入动态权衡理论，刻画了利率长期均值和初值的差异变化对资本结构决策的影响。研究表明，若利率初值低于长期均值（呈现向上的利率期限结构），公司的最优选择是上调票息率和扩大举债规模，以保持票息收益和债券本金收益的市场价值不受到即期利率影响。这和传统权衡理论有本质区别，在常数利率水平的假设下，传统权衡理论的资本结构决策结果（包括最优杠杆比率、债务期限结构配置、票息率和本金）都高度依赖利率初值的选择。因此，除了初始利率，利率的长期均值水平更是公司资本结构决策需要考虑的重要因素。

七、兼并与收购

利兰（2007）探究了公司兼并（merger）带来的财务协同效应，并创新性主张此协同效应未必恒为正价值。如果两家公司的经营风险和破产成本大相径庭时，兼并会带来正负两种效应：一方面，兼并类似于投资组合可以将两家公司的经营风险分散化，此为正向效应；另一方面，兼并意味着两家公司放弃各自原先的最优杠杆，即错失最大限度的杠杆价值，此为负向效应。当后者大于前者时，兼并带来了负向的财务协同效应。

穆尔雷克和日丹诺夫（Morellec and Zhdanov，2008）分析了财务杠杆和收购活动（takeover）之间的相互作用机制。通过建立一个动态的收购模型，文章同时预测了投标公司的融资策略和收购时机及收购条件。在收购活动中，公司资本结构对于收购条款的制定产生承诺效应，能够决定收购竞争的结果。作者进一步证明在将杠杆、破产和收购条款同时内生化的情形下，模型存在不对称均衡，财务杠杆最低的投标者会在收购竞争中胜出。此外，模型还发现收购成功的公司的杠杆水平低于行业平均水平，但在收购完成后会提高其杠杆水平。

第三节　权衡理论面临的挑战

资本结构权衡理论研究虽已蓬勃发展，却不时有学者质问为何传统权衡模型基于理性预期假说以及完美市场的假设所得到的分析结果无法良好地与实证数据匹配。迈尔斯（Myers，1984）发现，与权衡模型理论预测结果相比，实务上众多公司存在举债不足或使用财务杠杆过于保守（under leverage）的情况，称之为资本结构之谜（capital structure puzzle）。迈尔斯认为，如果大多数公司实际上处于最优资本结构状态，则暗含传统权衡模型普遍高估公司的最优负债率。考特威格（Korteweg，2010）则发现，对于负债极少的公司，权衡理论高估最优负债率的问题更为严重。针对此问题，部分实证研究推断，传统权衡理论之所以得到偏高的最优负债率预测值，是因为其高估了举债的税收豁免价值。格雷厄姆（Graham，2000）、考特威格（2010）、范·宾斯布尔根等（Van Binsbergen et al.，2010）均利用实证数据估计公司负债的税收豁免价值，结果显示此价值仅约占公司价值的3%~5%，而这一数值被传统权衡理论预测在10%~20%，存在明显的高估现象。琼斯等（Jones et al.，1984）及黄和黄（Huang and Huang，2012）根据债券市场历史数据证实，传统权衡模型所估算出的债券收益率价差偏低，且此现象在短期债及投资级债券样本中更为显著。罗伯兹和苏菲（Roberts and Sufi，2009）则批评传统权衡理论因忽略负债协商因素而可能高估破产风险，并指出实务中当公司陷入财务危机时，债权人往往偏好于先与股东协商债务重整问题甚于清算公司资产迫使其宣告破产。罗伯兹和苏菲的发现也间接意味着传统权衡模型低估债券收益率价差问题并非违约风险遭到低估所致，要解决此问题尚需考虑其他经济因素（如流动性风险）。威尔奇（Welch，2004）

发现，实务中公司并不积极调整资本结构，暗示传统权衡理论可能高估公司调整财务杠杆的频率及调整幅度。雷蒙等（Lemmon et al.，2008）呼应威尔奇的论点，其研究结果证实公司长期财务杠杆相对稳定，并指出传统权衡理论所提出的资本结构调整决定因素（determinants）对于财务杠杆时间序列数据的解释力不足。格雷厄姆和哈维（Graham and Harvey，2001）利用财务经理人问卷调查，证实代理冲突并未对资本结构造成显著影响，暗指传统权衡理论可能过于夸大代理冲突对资本结构决策影响的重要程度。格雷厄姆和罗杰斯（Graham and Rogers，2002）、桂和柯萨里（Guay and Kothari，2003）及靳和乔瑞恩（Jin and Jorion，2006）发现公司通过衍生金融交易而获得的避险利益非常小（约占公司价值的1%或至多占股东价值的2.3%）甚至不显著，意味着传统权衡理论也可能因高估避险利益而夸大了公司避险需求对于资本结构决策的影响。面对上述质疑，理论学者多方尝试修正模型，但至今仍无法提出可同时回应以上所有质疑的解答。

第二章
信用评级转移对最优
资本结构决策的影响

本章旨在探究信用评级转移对企业最优资本结构决策的影响。本章所提出的静态资本结构权衡模型可以刻画两种实证现象：与信用评级挂钩的浮动票息债券和最低容许信用评级政策。我们的研究结果表明：只要目标的债券发行评级不是过低（投资级信评以上），发行与信用评级挂钩的浮动票息债券所获得的税收豁免利益会大于同面值的普通债券，且相对应的最优负债比率也较高。此外，我们发现最低容许信用评级政策导致公司的负债比率产生均值回归的现象。当公司的负债被迫降低评级至目标最低容许评级之下时，企业经理人为将其调整回期初的目标评级，会产生过度回购的行为。

第一节　前　言

企业在制定资本结构决策时，信用评级是最普适、最重要的衡量公司债务违约风险的标准[①]。受启发于公司财务杠杆率和信用评级之间的显著负向关系，大量文献纷纷致力于探讨信用评级管理制度对于公司融资行为的影响。奇斯根（Kisgen，2006a）提出了"信用评级—资本结构假说"（Credit Rating – Capital Structure Hypothesis，下文称之为"CR – CS"），证实信用评级能够直接影响企业经理人的资本结构决策结果。奇斯根（2006b）发现公司的实际行为遵循最低容许信用评级政策的实证证据。当面临信用评级遭受外部机构上调和下调时，企业采取的财务杠杆调整行为是非对称的：当被降低评级时，企业会下调财务杠杆率以期评级得以回升至先前较好的水平；反之被提高评级时，企业却不会调整财务杠杆率。曼梭等（Manso et al.，2008）融合了阿查理雅等（Acharya et al.，2002）以及蓝道和莫藤森（Lando and Mortensen，2005）的观点，发现相

---

① 标准普尔（2001）明确定义了"发行评级"（issue rating）是指债务人发行特定债务的可信程度。一个公司的信用评级公开披露给潜在投资者相关信用质量信息。如果一家公司出于战略性或竞争对手等因素考虑，不愿意公开披露其内部信息，那么信用评级是一个很显著且敏感的信息。Graham 和 Harvey（2001）曾针对 CFO 进行过一次大规模问卷调查，结果显示信用评级是 CFO 在发行债券时第二重要的考虑因素。在 Graham 和 Harvey（2001）之后，Molina（2005）表明财务杠杆率和信用评级在企业制定财务决策的过程中是必须同时被考虑的。因此，作者在书中将债券评级作为衡量违约风险的代理变量，以探究财务杠杆率对于违约概率的影响。

比于固定票息债券，发行与绩效挂钩的债券①将使得企业承受更大的破产风险。更高的破产成本意味着企业举债后的期初股权市值会变得更低，这表明将企业的财务表现或绩效（如以信用评级为代表）和债务现金流挂钩的做法可能并不有效。

在制定最优化资本结构的决策过程中，"企业价值最大化"是经理人最普遍遵循的财务目标。很多学术文献针对企业如何达到融资最优化的问题做出了深入探讨②。然而，本书所提到的信用评级管理问题，却未曾被传统的资本结构理论考虑。因此，我们根据直觉提出一个问题：信用评级管理会如何影响企业做出最优的资本结构决策？

本章的首要贡献是构建了一个基于公司价值的信用转移结构式模型，并进一步将其应用于公司资本结构的决策最优化分析。我们所提出的模型能够检验信用评级管理对于最优举债融资决策的影响。与现有的一系列马尔可夫链模型（如 Jarrow et al.，1997）不同，我们采用了考虑多重边界下的首次通过时间模型设定，以公司价值随机动态作为目标状态变量，最终开发了一套基于公司价值的评级转移量化系统。这种做法的好处是避免了"违约强度方法"（intensity-based approach）和资本结构基本理论意涵的冲突③。为确保信用评级存在于一个良好定义的完备空间，我们假设信用评级状态和公司价值区间之间存在一一对应的关系。本章提供了一个数值范例来计算基于公司价值的信用评级转移概率（rating transition probability）④。

我们所构建的基于公司价值的信用评级转移量化系统具有以下优势。首先，由于我们的系统运作在连续时间下，且信用评级随资产价值的变化而变化，长

①　与绩效挂钩的债券是债务合约的一种，它规定了债券利息与借款人的财务表现必须相互关联，财务表现包括但不限于信用评级和财务比率。在实务中，信贷挂钩票据（credit-sensitive notes，参见 Acharya et al.，2002）累计利率债券（step-up bonds，参见 Lando and Mortensen，2005）都是与绩效挂钩的债券种类。为了方便本书研究，这类债券都被统称为"与评级挂钩的浮动票息债券"（或简称为"浮动票息债券"）。信用评级与债券现金流挂钩的思想由来已久，这种信用挂钩的衍生投资品种最早可以追溯到 1980 年代（Das and Tufano，1996；Acharya et al.，2002；Lando and Mortensen，2005；Manso et al.，2008 对其发展过程进行了详细阐述）。

②　这包括系列研究（比如 Leland，1994；Leland and Toft，1996；Leland，1998；Collin - Dufrasne and Goldstein，2001；Goldstein et al.，2001；Ju et al.，2005；Miao，2005；Demarzo and Sannikov，2006）。

③　结构式方法（structural-form）强调破产系直接由公司资产价值和资本结构所共同决定。简化式方法（reduced-form）则是认为破产是服从一个外生的随机过程，与企业资本结构的变化不存在任何关联。本书所采用的结构式方法，即基于公司价值的框架，进行信用迁移问题的研究。

④　为了方便我们能从市场数据中估计出信用转移边界（rating transition boundary），我们采用了有穷的债券期限（finite maturity）模型设定，类似于 Ju 等（2005）提出的静态公司债券定价模型。

程转移概率（long rating-migration distance）的估计准确度得以大幅提升①。此外，通过评级转移边界和当前资产价值，投资者可以轻松掌握公司当前的信用评级情况，而不必再花费大量金钱和时间复查信用评级数据。最后，评级转移边界仅受到财务杠杆率的影响（Graham and Harvey，2001；Molina，2005），且评级转移概率的预测结果可以真实反映公司特征的表现（如资产价值波动率）。

本章提出了两个拓展模型，将资本结构决策问题与信用评级相关的两类实证现象相互结合。其中之一是模型考虑了公司发行与评级挂钩的浮动票息债券的情况，这不仅反映了公司债的现金流和信用评级挂钩，也提供了公司通过降低（或提高）债券利息率，进而受益于（或受损于）债券评级调升（或调降）的证明。另外一个模型则考虑了由最低容许信用评级政策所衍生出的评级依赖的可回售选择权债券。在这种情况下，为了简化分析的需要，模型假设企业经理人仅有一次调整公司资本结构和信用评级的机会。只有当评级无法维持在目标范围时，经理人才能采取债券回购措施。回购的实际金额取决于公司的信用评级政策（即债券的目标发行评级）且必须于债券发行日决定。通过债券回购措施，公司可以暂时性地恢复至先前较高的信用评级。

本章的研究结果提供了两个新奇有趣的学术观点。第一，当模型容许公司的信用评级与债券利息率挂钩时，只要债券的发行评级没有过低（如投资级信评以上），与同等面值的普通债券相比，公司通过发行评级挂钩债券能够获得更高的税收豁免利益。因此，容许信用评级与债券利息率挂钩的契约条款会促使企业经理人发行更大规模的债券，从而使得对应的最优财务杠杆率也相对较高。第二，当公司遵循最低容许评级政策时，因维持最低容许评级而进行的债券回购行为会导致财务杠杆率出现均值回归的现象。当公司负债的评级跌落至目标最低容许评级之下时，企业经理人必须采取过度回购政策以向上调整当前评级。

本章的组织架构如下：在第二章第二节，我们先构建一个基于公司价值的信用转移结构式模型，接着将其应用于公司资本结构的决策最优化分析。第三节和第四节将从两个方面拓展该模型——分别考虑了与评级挂钩的浮动票息债券发行设定和评级依赖的可回售选择权债券的设定，并进一步阐述这

---

① 以往文献对于长程转移概率（如罕见事件发生概率）的估计都比较粗糙，惯用做法是将其数值缺失记作 0（参见 Jarrow et al.，1997）。这将会导致公司的破产成本和债务逾时风险被低估。

两种特殊债券的发行对于企业资本结构决策带来的影响。第五节将对全章进行总结。

第二节　基于公司价值的信用
评级转移结构式模型

莫顿（1974）最早提出了将公司资产的总价值视为公司偿债能力的指标的观点，并且认为一旦当前偿债能力无法充分地履行债券所衍生的到期偿债义务，公司将濒临破产，债权人也因债务逾时违约而迫使公司进入清算程序（此概念与 Leland，1994 定义的外生性公司破产事件相仿）。莫顿（1974）所提出的公司债券定价理论的基本核心在于将债券面值视为单一的破产门槛（或可称为破产触发阈值），再结合上文提到的将公司资产的总价值视为偿债能力的观点来对公司破产事件赋予明确的数理定义。这意味着当公司资产的总价值低于到期债券的面值时，公司无力偿还债券本金，从而遭受债权人清算进入破产程序。值得注意的是，莫顿（1974）所构建的破产模型的性质属于静态，因为该模型为了简化起见采用零息债券的设定，所以仅能考虑债券到期还本时的破产可能。布雷克和考克斯（Black and Cox，1974）改进了他的方法，进一步提出动态强制性破产的模型。与静态破产模型不同，动态破产模型主张在债券存续期内的任一时间点下，只要公司的资产总价值跌落破产触发阈值（许多文献直接将破产触发阈值设定为债券面值），即使公司股东有能力履行当前债务和偿付债券利息，债权人有权得以强制公司进行破产清算程序。强制性破产模型的重要特征在于能够刻画公司债券发行实务中的保护性契约条款的特性（欲知更多关于保护性契约条款 debt protective covenant 的意义，可参见 Leland，1994）。这种破产模型被后续研究称之为"首次通过时间（first-passage-time）"模型。综合以上两类模型的特征，本书采用考虑多重边界下的首次通过时间模型设定，以公司资产的总价值作为目标状态变量，构建了一个基于公司价值的信用评级转移结构式模型。为确保模型中的转移边界存在，我们做出一个重要假设，即信用评级状态和公司价值区间之间存在一一对应的关系。为方便理解评级转移结构式模型背后的经济含义，我们绘制了图2-1加以阐述。

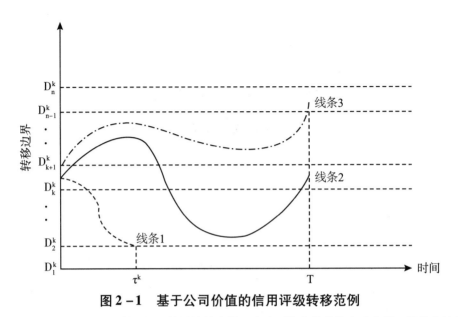

图2-1 基于公司价值的信用评级转移范例

注：本图的线条描绘了信用评级转移结构式模型中公司资产价值的变动路径。债券存续期间的时间段落为 $[0, T]$，初始信用评级为状态 k，违约时间为 τ^k，一系列评级转移边界为 D_i^k，i，$k \in N$，$k \neq 1$。路径1（点线）绘制了信用评级从初始状态跌落至违约级 D 的情况。路径2（实线）绘制了信用评级在债券到期日重新回到初始状态的情况。路径3（点虚线）绘制了信用评级在债券到期日最终达到 $n-1$ 状态的情况。

在解释图2-1之前，我们首先针对相关符号做出定义。为了不失一般性，我们考虑一个零杠杆公司在期初尚未举债的情况，该公司的经理人在 $t=0$ 时刻发行一笔到期日为 $t=T$ 的附息债券。债券在有限区间 $[0, T]$ 内可在二级市场进行交易。$N=\{1, 2, \cdots, n\}$ 代表所有可能的信用评级状态，状态 n 代表最高的信用评级（比如 AAA 级），状态 2 代表最低的信用评级，状态 1 代表违约评级。举例来说，我们考虑一个信用评级系统，包括 AAA、AA、A、BBB、BB、B、CCC 和 D 评级，那么所有可能评级状态的总数 $n=8$。D_i^k，i，$k \in N$，$k \neq 1$ 的含义为，给定初始的信用评级为状态 k 下，评级在未来转移至状态 i 所对应的资产价值下边界（也可称其为信用评级转移触发阈值）。全部的评级转移边界都是与资本结构决策在期初同时确定的，并且暗含公司为维持特定评级而必须具有的最低偿债能力（即最小公司价值）。一旦公司资产价值触及该边界，公司负债的信用评级将会立即遭到向上或者向下的调整。无论初始评级为何种状态，评级转移边界和目标评级之间存在严格单调递增的关系，这种机制设计有助于确保更高的负债信用评级能够对应更强的偿债能力。

此外，对于任一初始评级状态 k 而言，$D_1^k = 0$，意味着当公司达到此评级时不具有也不需要任何偿债能力。边界 D_2^k 与触发破产阈值的函数有关，可以用公司债券的面值表示（换言之，当公司的剩余资产价值仅足够偿还债券的本金时，股权的净市场价值降至 0，公司迫于债券保护性契约条款必须申请破产清算）。τ^k 表示，在给定初始信用评级状态为 k 下，公司经理人宣告申请破产清算的时间点。其意义可被理解为在债券存续期内，公司资产价值首次触碰破产阈值 D_2^k 的时间点，等价于公司负债的信用评级首次达到违约评级状态的时间点。这种针对随机破产时间的定义方式良好地遵循马尔可夫链状态空间中的吸收特征（absorbing property），即一旦达到该时间点，公司负债的信用评级即进入"吸收"状态（终止运行）。

接下来我们阐述图 2-1 的经济含义。线条 1（点线）刻画了在债券存续期内，信用评级从初始状态 k 降落至状态 D。经理人在期初做出公司的资本结构决策后，随即确定了一系列的信用评级转移边界，它和初始的偿债能力（初始资产价值）共同决定了公司负债的初始信用评级于状态 k[①]。随着时间流逝，资产价值路径将于某一时间（先于时间 t = T）触及违约破产阈值 D_2^k，该时间点就是我们上文定义的 τ^k。一旦公司因违反债权保护性契约条款而被迫必须宣布申请破产后，债权人即可强制要求经理人清算并且出售公司的剩余资产，再以资产出售的所得资金偿付债权的本金。在此情况下，债权人甚至可依据破产保护法进一步通过重组经营管理团队的人员安排来接管整间公司。因此，点线终止于时间 τ^k，此时的公司信用评级即处于吸收状态。

线条 2（实线）刻画了信用评级在债券到期日又回到了初始评级状态 k 的情况。除了资产价值在 t = T 时刻位于区间 $[D_k^k, D_{k+1}^k]$ 内，价值的路径在债券存续期内始终大于违约破产阈值 D_2^k。这对于公司的偿债能力提出了两方面的要求：不仅要求公司在债券到期日有足够的偿债能力以维持评级状态，还要求在整个

① 由于信用评级系统不适用于全股权的公司，在经理人未做出资本结构决策时（公司无负债），我们不进行任何评级。初始评级取决于公司总资产价值（偿债能力）和债券面值（杠杆率），这和 Graham 和 Harvey（2001）、Molina（2005）提出的观点是一致的，即杠杆率和信用评级是同时被决定的。给定公司关于资本结构的有关信息，投资者可以直接观察到它的初始信用评级，并且估计相应的评级转移边界。

债券存续期间不能让破产发生。

　　线条 3（点划线）刻画了信用评级从初始的状态 k 转移至在债券到期日时的 n−1 状态。和线条 2 类似，线条 3 也要求公司的偿债能力在债券存续期内始终保持在区间 $[D_2^k, D_n^k]$ 内，同时在终点保持在区间 $[D_{n-1}^k, D_n^k]$ 内。

　　综上，我们可以得到两点启发：（1）信用评级转移是由公司的资产价值变化驱动的，意味着不同的信用评级能够反映出公司具有不同的偿债能力；（2）信用评级转移边界之间的距离控制了评级转移概率的分布形态。通过此结构式模型，我们可以很容易地观测到连续时间意义下的瞬时信用评级状态，并且计算对应的评级转移概率。在下面小节，我们将建立模型以实现图 2−1 的构想。

一、模型

　　我们考虑一个连续交易的经济体，在此经济体系内存在一个代表性的未举债公司，该公司的资产价值在任意时间 t 下可表示为 $V(t)$，$t \in R_+$，其动态服从扩散过程见式（2.1）：

$$\frac{dV(t)}{V(t)} = (\mu - \delta)dt + \sigma dW_P(t) \tag{2.1}$$

其中，μ 代表资产升值率，δ 代表股利支付率，σ 代表波动率。$W_P(\cdot)$ 为定义在完备概率空间 $(\Omega, \mathcal{F}, (\mathcal{F}_t)_{t \geq 0}, P)$ 下的单维维纳过程。Ω 为样本空间，包括子样本空间 N。σ−代数 $\mathcal{F}_t$ 包含所有在 t 时刻之前的资产价值信息，并且对于经济体内所有决策者都是可获得的。P 表示历史概率的实测度。为确保模型在风险中立测度下正常运作，我们假设经济体内容许无风险债券的交易，且该债券的回报率表示为 r。

　　接下来我们考虑评级过程的相关设定。令 $\{\eta^k(s); s \in [0, T], k = 2, \cdots, n\}$ 表示定义在有限评级状态空间 N 的一个马尔可夫过程，起始状态为 $\eta^k(0) = k$。依据图 2−1 的想法，我们可将评级过程的表达式转换成公司资产价值的形式，具体为：

$$\begin{cases} \{\eta^k(s) = k\} \equiv \{V(s) \in [D_k^k, \infty]\}, & k = n \\ \{\eta^k(s) = k\} \equiv \{V(s) \in [D_k^k, D_{k+1}^k]\}, & k = 2, \cdots, n-1 \end{cases} \tag{2.2}$$

以及当 $0 < s \leqslant T$ 时

$$\begin{cases} \{\eta^k(\omega, s) = j\} \equiv \{\inf_{0 \leqslant u \leqslant s} V(s) \in [D_2^k, \infty], V(s) \in [D_j^k, \infty]\}, j = n \\ \{\eta^k(\omega, s) = j\} \equiv \{\inf_{0 \leqslant u \leqslant s} V(s) \in [D_2^k, \infty], V(s) \in [D_j^k, D_{j+1}^k]\}, j = 2, \cdots, n-1 \\ \{\eta^k(\omega, s) = j\} \equiv \{\inf_{0 \leqslant u \leqslant s} V(s) \in [0, D_2^k]\}, j = 1 \end{cases}$$

$$(2.3)$$

其中，$\inf_{0 \leqslant u \leqslant s} V(s)$ 表示为在区间 $[0, s]$ 内资产价值路径的最小值。破产时间可以由式（2.2）和式（2.3）表示，如式（2.4）所示。

$$\tau^k \equiv \inf\{\eta^k(s) = 1 \mid s \in [0, T]\} \equiv \inf\{V(s) \leqslant D_2^k \mid s \in [0, T]\} \quad (2.4)$$

应用概率理论，由式（2.2）~式（2.4）可得，在债券存续期间内任一时间点下的信用评级转移的连续时间下 $n \times n$ 概率矩阵：

$$P_{0,s} = \begin{pmatrix} p_n^n(0, s) & p_{n-1}^n(0, s) & \cdots & p_1^n(0, s) \\ p_n^{n-1}(0, s) & p_{n-1}^{n-1}(0, s) & \cdots & p_1^{n-1}(0, s) \\ \vdots & \vdots & \vdots & \vdots \\ p_n^2(0, s) & p_{n-1}^2(0, s) & \cdots & p_1^2(0, s) \\ 0 & 0 & \cdots & 1 \end{pmatrix} \quad (2.5)$$

在式（2.5）中，对于任意 $j, k \in N$，有

$$p_j^k(0, s) \equiv P(\eta^k(s) = j \mid \eta^k(0) = k)$$

以上表示为在历史测度 P 下，评级由 $t = 0$ 时刻状态 k 转移到 $t = s$ 时刻状态 j 的概率。对于所有 k 而言，每一行数值的加总一定等于 1。考虑到违约状态为吸收态，因此最后一行中，除去最后一个数值为 1，其他数值均为 0。

为求解转移矩阵，我们假设可测空间 $(\Omega, \mathcal{F}, (\mathcal{F}_t)_{t \geqslant 0}, P)$ 内存在一个等价鞅测度 Q，以方便我们求解转移概率和测算违约时间。从 P 测度到 Q 测度转换对应拉东—尼柯迪姆导数（Randon - Nikodym derivatives）可表示为 $dQ/dP := \xi(s)$，$s \in [0, T]$，且满足以下积分式：

$$\xi(T) = \xi(0) + \int_0^T \xi(s)\gamma(s)dW_P(s)$$

其中 $\gamma(s) \equiv (r - \mu)/\sigma$ 为 $\mathcal{F}$ 可测过程，代表信息集 $\gamma(s)$ 在 $t = s$ 前是可测的。应用格萨诺夫定理（Girsanov's theorem），可得维纳过程在测度 P 到 Q 的转换有下式成立：

$$W_Q(t) = W_P(t) - \int_0^t \gamma(s)\,ds$$

因此我们可以将资产价值的动态式（2.1）改写为：

$$\frac{dV(t)}{V(t)} = (r - \delta)dt + \sigma dW_Q(t) \tag{2.6}$$

给定式（2.6），应用鞅方法，我们可以得到风险中性测度下的转移概率为：

命题 2.1 给定非违约的初始状态 k，在时间 t = s 下，由初始状态转移至状态 j 的风险中性概率为：

$$q_j^k(0, s) = \begin{cases} N(\theta_2) - \left(\dfrac{D_2^k}{V(0)}\right)^{\chi} N(\theta_1), & j = n \\[2ex] N(\theta_4) - N(\theta_6) - \left(\dfrac{D_2^k}{V(0)}\right)^{\chi}\left[N(\theta_3) - N(\theta_5)\right], & j = 2, \cdots, n-1 \\[2ex] \left(\dfrac{D_2^k}{V(0)}\right)^{\chi} N(\theta_7) + 1 - N(\theta_8), & j = 1 \end{cases}$$

其中 $s \in [0, T]$，$\chi = \dfrac{2\lambda}{\sigma^2}$，$\lambda = r - \delta - \left(\dfrac{1}{2}\right)\sigma^2$。$N(\cdot)$ 为标准正态的累计密度函数，其中：

$$\theta_1 = f(2, -1, 0, -1); \quad \theta_2 = f(0, 1, 0, -1);$$
$$\theta_3 = f(2, -1, 0, -1); \quad \theta_4 = f(0, 1, 0, -1);$$
$$\theta_5 = f(2, -1, -1, 0); \quad \theta_6 = f(0, 1, -1, 0);$$
$$\theta_7 = f(1, -1, 0, 0); \quad \theta_8 = f(-1, 1, 0, 0)。$$

复合函数为 $f(a, b, c, d) = (\sigma s^{0.5})^{-1}(a\ln D_2^k + b\ln V(0) + c\ln D_{j+1}^k + d\ln D_j^k + \lambda s)$。

通过命题 2.1 中的公式，我们可以检验在债券存续期间内公司的信用评级的演化过程。这将会帮助我们在下面几个小节中对可违约的（易脆的）或有求偿权进行定价，如公司债券，税收豁免利益和破产危机成本。我们将在附录 1 中更详细地对命题 2.1 进行证明。

二、数值算例

在这一小节中我们通过一个数值算例来理解评级转移边界和转移概率。给定 V(0) = \$ 100，r = 5%，δ = 3.75%，σ = 38.02%[①]，和 T = 5。我们将通过五个步骤求解评级转移边界。第一步，我们建立全经济体范围下的五年期评级转移概率矩阵，该矩阵由市场数据（如 S&P's special report）估计而得。第二步，给定该概率矩阵和以上参数，我们基于全经济体范围下的信用迁移，寻找评级转移边界矩阵。第三步，我们将矩阵中每个数值除以最后一列数值，得到一个新矩阵，标记为评级转移的期限结构。该矩阵中每个数值都代表着与转移距离一一对应的特殊乘子，以反映最小必要的偿债能力。给定某一初始评级状态，同行的所有乘子构成了评级转移的概率结构。第四步，通过公司资产价值和转移概率结构矩阵的对角线，我们得到初始评级状态与债券发行规模（以债券面值为单位测度）的对应关系。特别注意，这一步是们确定初始信用状态的准则。最后一步，将债券面值乘以相应的评级转移结构得到评级转移边界序列，同时暗含得到了格雷厄姆和哈维（2001）以及莫莉纳（Molina，2005）所讨论的公司信用评级与财务杠杆率之间的负向关系。

在以往文献中，信用评级的长程转移概率往往被记录为 0（主因是在现存市场数据的报告记载中信用评级发生长程转移的次数非常稀少），意味着传统模型多半低估（高估）了评级的长程（短程）转移概率。此外，这导致的另一个后果是我们无法根据市场数据估计评级转移边界。幸运的是，克里斯滕森等（2004）引入了连续时间的隐马尔可夫链模型来解决这一问题。利用该模型估计评级转移概率的好处是可以有效地提升估计评级转移罕见事件（如长程转移事件）的发生概率的精确度。由于估计工作并不是本书想讨论的主要问题，因此我们这里的处理办法是直接使用五年期的转移概率矩阵，经过一定调整后绘制成表 2-1。调整工作基于以下几个方面的考虑：（1）确保矩阵内每个数值都是非负数，且每行数值的加总为 1；（2）确保更高的评级不会有更高的破产发生概率；（3）确保随着迁移距离的增加，对应的发生概率会降低；（4）给定某一评级状态下，由临近评级状态转移至此状态的概率大于其他评级状态。

---

① 波动率的取值参考巨等（2005）。

表 2 - 1　　　　　全经济体范围下五年期的信用评级转移概率

初始评级	信用评级							
	AAA	AA	A	BBB	BB	B	CCC	D
AAA	9.61E-01	3.64E-02	2.11E-03	1.38E-04	3.14E-06	1.39E-07	1.06E-08	1.13E-08
AA	7.76E-03	8.86E-01	1.02E-01	4.06E-03	2.32E-04	1.25E-05	1.44E-06	1.06E-06
A	1.50E-03	1.97E-02	8.78E-01	7.97E-02	1.52E-02	5.37E-03	4.33E-04	2.84E-05
BBB	1.34E-03	1.96E-03	7.72E-02	8.58E-01	5.44E-02	6.24E-03	8.97E-04	3.55E-04
BB	1.19E-04	2.62E-04	1.44E-02	1.49E-01	7.54E-01	7.43E-02	6.28E-03	1.61E-03
B	1.65E-05	2.33E-04	4.59E-03	2.23E-02	3.57E-02	6.96E-01	1.80E-01	6.04E-02
CCC	2.80E-07	1.72E-06	1.41E-04	9.11E-04	3.96E-03	8.17E-02	5.87E-01	3.26E-01
D	0	0	0	0	0	0	0	1

注：这张表格展示了全经济体范围下五年期的信用评级转移概率，参考了 Christensen et al. (2004)。我们在此基础上做了一定调整，使得表格内每一个数值都满足以下性质：（1）非负性，且同行数值加总和为1；（2）更高的信用评级的破产概率更低；（3）迁移距离越长，迁移的可能性越小；（4）给定某一评级状态，由临近评级状态转移到此状态的概率大于其他评级状态。

全经济体范围下的评级转移边界矩阵绘制成表2-2。通过加权处理，得到全经济体范围下评级转移结构，如表2-3所示。转移结构矩阵内的乘子决定了所需偿债能力的强度。同一行内的乘子随目标评级状态而单增，换言之，如果公司想保持更高的评级状态，所需的最低偿债能力也更高。

表 2 - 2　　　　　　全经济体范围下评级转移边界

初始评级	信用评级							
	AAA	AA	A	BBB	BB	B	CCC	D
AAA	16.51	6.63	3.39	1.61	0.96	0.70	0.58	0
AA	580.47	25.71	7.95	3.84	2.13	1.52	1.18	0
A	924.08	416.56	25.03	13.17	8.69	4.44	2.14	0
BBB	951.90	746.61	244.16	20.04	9.37	5.66	3.62	0
BB	1 686.59	1 297.39	471.98	170.66	22.75	9.51	5.18	0

续表

初始评级	信用评级							
	AAA	AA	A	BBB	BB	B	CCC	D
B	2 529.76	1 430.70	669.03	380.78	272.56	40.69	15.71	0
CCC	5 223.39	3 739.36	1 620.28	1 012.47	662.21	235.71	35.23	0
D	N/A	N/A	N/A	N/A	N/A	N/A	N/A	N/A

注：这张表格展示了全经济体范围下信用评级转移边界。信用评级转移概率采用表2-1的结果。这里的参数选择为 $r = 5\%$，$\delta = 3.75\%$，$\beta = 40\%$，$\alpha = 30\%$，$T = 5$，$\sigma = 38.02\%$，$V(0) = \$100$。

表2-3   **全经济体范围下评级转移结构**

初始评级	信用评级							
	AAA	AA	A	BBB	BB	B	CCC	D
AAA	28.3446	11.3811	5.8115	2.7617	1.6522	1.2014	1	0
AA	490.8550	21.7397	6.7188	3.2436	1.8048	1.2860	1	0
A	431.7437	194.6243	11.6963	6.1519	4.0587	2.0723	1	0
BBB	262.7213	206.0619	67.3879	5.5299	2.5871	1.5624	1	0
BB	325.4149	250.3215	91.0655	32.9285	4.3885	1.8356	1	0
B	161.0033	91.0553	42.5798	24.2344	17.3466	2.5895	1	0
CCC	148.2484	106.1293	45.9863	28.7354	18.7945	6.6899	1	0
D	N/A	N/A	N/A	N/A	N/A	N/A	N/A	N/A

注：这张表格展示了全经济体范围下评级转移结构。每一个数值代表特定的乘子，以衡量在各自评级转移过程下所需的最小偿债能力。乘子的大小决定了所需偿债能力的强度。同一行内的乘子随目标评级状态而单增，换言之，如果公司想保持更高的评级状态，所需的最小偿债能力也更高。

表2-4展示了隐含的初始评级状态和债券发行规模的负向关系。当债券发行规模越大时，公司负债将会获得一个较低的初始评级状态。上述关系和很多实证证据都是互相吻合的（包括 Huang and Huang，2003；Klock et al.，2005；Molina，2005；Kisgen，2006a；Guttler and Wahrenburg，2007）。基于以上结果可得，给定任何目标信用评级，企业经理人能够做出最优的资本结构决策。

表 2 - 4 **初始评级和债券发行规模的关系**

变量	初始评级（投资级）			
	AAA	AA	A	BBB
FV($)	0 ~ 3.5280	3.5280 ~ 4.5998	4.5998 ~ 8.5497	8.5497 ~ 18.0834
变量	初始评级（垃圾级）			
	BB	B	CCC	D
FV($)	18.0834 ~ 22.7867	22.7867 ~ 38.6175	38.6175 ~ 99.9999	N/A

注：这张表格展示了初始评级和债券发行规模的关系。初始评级包括 AAA 级，AA 级，A 级，BBB 级，BB 级，B 级，CCC 级。债券发行规模以面值为衡量标准。表内数值是由表 2 - 3 和初始资产价值 V(0) = \$100 共同决定的。

我们计算得到评级转移概率并制成表 2 - 5[①]。该矩阵的每一行表示为，给定某一初始评级，债券到期日的信用评级的概率分布。每个数值表示为给定某一初始评级，债券到期日时转移至该状态的概率。如果初始评级很低，那么对应的转移边界通常会较高，公司在未来较难以达到好的评级，也更容易发生违约破产。基于此，初始评级很低的公司最终会大概率地出现评级恶化情形，并且会更频繁地面临财务危机。

表 2 - 5 **债券存续期内信用评级转移概率**

面值（初始评级）	债券到期日评级							
	AAA	AA	A	BBB	BB	B	CCC	D
\$2(AAA)	6.24E-01	2.94E-01	6.77E-02	1.35E-02	9.98E-04	9.64E-05	1.04E-05	2.00E-05
\$4(AA)	5.82E-05	4.26E-01	4.58E-01	9.61E-02	1.71E-02	2.17E-03	3.67E-04	5.48E-04
\$6(A)	1.46E-05	5.78E-04	5.25E-01	2.68E-01	1.11E-01	7.72E-02	1.50E-02	2.84E-03
\$13(BBB)	3.32E-06	8.94E-06	1.83E-03	5.13E-01	3.09E-01	1.10E-01	3.04E-02	3.63E-02
\$20(BB)	7.08E-08	2.92E-07	8.28E-05	5.02E-03	4.16E-01	3.69E-01	1.01E-01	1.09E-01
\$30(B)	4.50E-07	1.06E-05	3.96E-04	3.22E-03	7.33E-03	4.62E-01	2.79E-01	2.48E-01
\$60(CCC)	8.97E-09	7.23E-08	1.04E-05	9.63E-05	5.69E-04	2.17E-02	3.16E-01	6.62E-01
\$N/A(D)	0.00E+00	0.00E+00	0.00E+00	0.00E+00	0.00E+00	0.00E+00	0.00E+00	1.00E+00

注：这张表格计算了债券存续期内信用评级转移概率。我们考虑公司发行不同规模的债券，债券面值分别为 2 美元、4 美元、6 美元、13 美元、20 美元和 60 美元。这里的参数选择为，r = 5%，δ = 3.75%，β = 40%，α = 30%，T = 5，σ = 38.02%，V(0) = \$100。

[①] 由于我们在这一小节的目的是给出估计转移边界的算例，债券面值的取值是为方便计算，并非是最优化的。

三、应用于资本机构决策问题（基础模型）

在这一节中我们重建由巨等（2005）提出的静态资本结构权衡模型，重建后的模型不仅实现了信用评级—资本结构假说（CR－CS），还融合了我们前文提到的基于公司价值的信用评级转移思想。

为了不失一般性，我们考虑一个在 t＝0 时刻零杠杆的公司，发行一笔面值为 $D_L^k(0)$、到期日为 T 的不可购回附息债券（non-callable coupon bond）。公司资产价值的随机动态满足式（1）。在初始时间，该公司的经理人需要确定最优的初始信用评级政策——确定一个与长期目标一致的非违约的评级状态 k[①]。基于最优的信用评级政策，公司的财务杠杆率（即负债比率）被限定在一个相应区间内[②]。在给定的评级政策下，通过最大化股东权益价值的目标，经理人再进一步寻求最优的资本结构决策。公司所发行的每一笔债券都会对应一系列的评级转移边界，D_1^k，…，D_8^k，由债券面值 F_L^k 决定。债券按照年化利率 C_L^k 连续性地支付利息，年化利率仅由初始评级决定[③]。举债所衍生的利息费用具有节税效果（即存在税收豁免利益），税率为 β。债券带来的税收豁免利益价值在初期可表示为 $TB_L^k(0)$。

与利兰（1994）和巨等（2005）的模型设定类似，债券具有保护性条款，约束了债券的最低容许评级。该条款的具体要求是在债券存续期内，一旦信用评级跌至状态 D 时，公司将会被债权人强制要求申请破产清算。破产的随机触发时间点可表达为：

$$\tau_L^k \equiv \inf(s \in [0, T], \eta^k(s) = 1) \equiv \inf(s \in [0, T], V(s) \leqslant F_L^k)$$

一旦公司宣布破产，股东权益将不复存在，权益的净市场价值降为零，剩余的公司资产价值只有一部分比例 1－α 可以被债权人收回，其余部分将在清算过程中消耗。鉴于以上，我们将破产成本定义为当破产发生时所有由清算过程

---

① 公司决定长期的目标评级的依据往往是非常复杂的，受许多因素影响（如经理人偏好，产业变化等），并且很大程度上与资本结构决策独立。为了聚焦我们的核心问题，这里我们不再试图探究最优长期信用评级的问题。

② 这里隐含的初始评级和债券发行规模的相关关系，在表 2－4 中有所体现。

③ 为了方便和后续章节中所讨论的与评级挂钩的浮动票息债券进行对比，这里我们将利息率视为外生的，它是通过观测市场上相同初始评级的其他违约债券的平均水平决定的。

造成的资产价值损耗，其当前的预期价值可标记为 $BC_L^k(0)$。

参照利兰和托夫特（1996）和巨等（2005），债券的初始市场价值由三部分构成，第一是利息收入的预期总现值；第二是假如破产发生，当下能够收回的剩余资产价值；第三是假如破产不发生，在债券到期日 T 能够收回的债券全额本金。上述的三部分价值可表示为式（2.7）：

$$D_L^k(0) = E_0^Q \left(\int_0^T C_L^k e^{-rs} 1_{(\tau_L^k > s)} ds + \frac{TV_L^k(0)}{V(0)} (1 - \alpha) V(\tau_L^k) e^{-r\tau_L^k} 1_{(\tau_L^k \leq T)} + F_L^k e^{-rT} 1_{(\tau_L^k > T)} \right)$$

$$(2.7)$$

其中，$TV_L^k(0) = V(0) + TB_L^k(0) - BC_L^k(0)$ 为期初考虑财务杠杆效果后的公司总价值，$1_{(\cdot)}$ 代表示性函数。$\frac{TV_L^k(0)}{V(0)}$ 刻画的是在破产时刻，公司重组，债权人接管公司取代旧股东位置，成为公司新股东后再通过举债获得的预期总价值。原因是模型假设在破产清算程序结束后，新股东将会仿照先前股东重新发行相同条件的债券（但是发行规模会较小），并得到 $\frac{TV_L^k(0)}{V(0)}$ 倍的剩余资产价值 $(1 - \alpha)$ $V(\tau_L^k)$。通过命题 2.1，$D_L^k(0)$ 的解析解为：

$$D_L^k(0) = \int_0^T C_L^k e^{-rs} \sum_{j=2}^n q_j^k(0, s) ds + \int_0^T TV_L^k(0)(1 - \alpha) F_L^k(V(0))^{-1} e^{-rs} f_{\tau_L^k}(s) ds$$

$$+ F_L^k e^{-rT} \sum_{j=2}^n q_j^k(0, T) \qquad (2.8)$$

其中

$$f_{\tau_L^k}(s) \equiv \frac{\partial q_1^k(0, s)}{\partial s} = \left(\frac{D_2^k}{V(0)} \right)^\chi \sqrt{2\pi}^{-1} e^{-0.5(\theta_7(s))^2} \frac{\partial \theta_7(s)}{\partial s}$$

$$- \sqrt{2\pi}^{-1} e^{-0.5(\theta_8(s))^2} \frac{\partial \theta_8(s)}{\partial s} \qquad (2.9)$$

代表在 $t = s$ 时刻首次达到破产评级的概率密度。

在进行破产清算的过程中，公司会消耗部分的剩余资产价值，标记为 $\alpha V(\tau_L^k)$。因此，破产成本的现值可以表示为

$$BC_L^k(0) = E_0^Q (\alpha V(\tau_L^k) e^{-r\tau_L^k} 1_{(\tau_r^k \leq T)}) \qquad (2.10)$$

或

$$BC_L^k(0) = \int_0^T \alpha F_L^k e^{-rs} f_{\tau_r^k}(s) ds \qquad (2.11)$$

值得注意的是，在式（2.8）中的可赎回剩余资产价值的部分，我们采用了考虑财务杠杆效果后的情况，而破产消耗的资产价值则不考虑财务杠杆效果。这是因为式（2.11）衡量的是在公司尚未举债时，对于原股东而言的破产成本。

只要公司不发生破产，公司可以一直享有由利息支出带来的税收豁免利益。因此这些税收豁免利益的总预期现值可以表示为式（2.12）。

$$TB_L^k(0) = E_0^Q\left(\int_0^T \beta C_L^k e^{-rs} 1_{(\tau_L^k > s)}\,ds\right) = \int_0^T \beta C_L^k e^{-rs} \sum_{j=2}^n q_j^k(0,\,s)\,ds \qquad (2.12)$$

股东权益的预期价值等于考虑财务杠杆效果后的公司总价值减去负债价值，即：

$$E_L^k(0) = V(0) + TB_L^k(0) - BC_L^k(0) - D_L^k(0) \qquad (2.13)$$

为使得股东权益最大化，可以将式（2.13）对债券面值求微分，令其为0，即可得到最优的举债规模和对应的最优资本结构比率。

第三节　与信用评级挂钩的浮动票息债券

债券利息率和无风险利率的差值，称之为风险溢价（或利差），代表了债务人对于债券投资人承担的各种风险所提供的收益率补偿。[①] 通常来说，债券风险的变化体现于信用评级的变化（即转移）。因此，我们在基础模型中所做的假设是可能与某些现实情况不相符的，即公司不会仅仅依靠初始评级来决定债券的票面利息率。在基础模型中，我们仅考虑了当前评级，忽略了未来评级转移的特性，然而在债券存续期内，公司信用却是可能提升或恶化的。考虑到债券票面利息率和信用评级之间存在的强烈关联性，在实务中很多公司都曾经尝试发行与评级挂钩的浮动票息债券（参考 Das and Tufano，1996；Acharya et al.，2002；Lando and Mortensen，2005）。有趣的是，曼梭（Manso et al.，2008）所提出的研究结论主张将信用评级和债券现金流挂钩的做法是无效率的。因为，

---

① 债券投资伴随的经济风险主要包含违约风险、流动性风险、利率风险等。假若投资以外币计价的债券，投资人还需要额外承担汇率风险。由于本书的模型并未考虑流动性风险和利率风险，且未采用跨国交易的相关设定，因此我们的债券定价模型中的利差主要反映的是债务人对于债券投资人承担的违约风险而提供的风险补偿。基于此，本书提到的债券收益率价差等价于信用价差。

与同市值的固定票息债券相比，发行与评级挂钩的浮动票息债券将面临更高的破产成本，更低的初始股东权益市值。根据以上的情况，我们的研究可以延伸出两个重要问题：首先，发行与评级挂钩的浮动票息债券会如何影响最优的资本结构决策；其次，企业为何要发行与评级挂钩的浮动票息债券，具体的发行诱因为何。在第三章我们将与评级挂钩的浮动票息债券设定和权衡理论相结合来拓展我们的基础模型，换言之，我们将固定票息替换为与评级挂钩的浮动票息进行研究。

一、模型

关于主要经济背景的模型设定，拓展模型和基础模型保持一致，因此这里我们不再加以赘述。针对模型中主要的公司金融变量的定义，我们把对应的表达式下角标 L 替换为 f。接下来，我们将集中精力讨论与评级挂钩的浮动票息债券的主要特征。当发行这种特殊债券时，在债券存续期内公司所支付的利息金额将不再是固定的，而是会随着信用评级的转移变化而发生跳跃。这种现象用数学表示为：对于 $0 \leqslant s \leqslant T$，

$$C_f^k(s) = C^{AAA}1_{(\eta^k(s)=AAA)} + C^{AA}1_{(\eta^k(s)=AA)} + C^A1_{(\eta^k(s)=A)} + C^{BBB}1_{(\eta^k(s)=BBB)}$$
$$+ C^{BB}1_{(\eta^k(s)=BB)} + C^B1_{(\eta^k(s)=B)} + C^{CCC}1_{(\eta^k(s)=CCC)}$$
$$= \sum_{j=2}^n C^j1_{(\eta^k(s)=j)} \tag{2.14}$$

必须注意的是，在式（2.14）中，C^D 没有发挥任何作用，这是因为债券的保护性条款规定，一旦信用评级跌落至状态 D，公司将直接由债权人强制性接管并且被迫申请破产清算，而不再支付任何利息。为了方便比较，此拓展模型和基础模型保持一致的利差水平。即，给定 $\eta^k(s) = k$，有 $\dfrac{C_f^k(s)}{F_f^k} - r = \dfrac{C_L^k}{F_L^k} - r$ 成立，其中 k 代表一个特定的非违约评级状态。

接下来我们考虑浮动票息债券的初始价值。我们将改写替换式（2.7），替换 C_L^k 为式（2.14）可得：

$$D_f^k(0) = E_Q \Big(\sum_{j=2}^n \int_0^T C^j e^{-rs} 1_{\{\tau_f^k > s\} \cap \{\eta^k(s) = j\}} ds + \Big(\frac{TV_f^k(0)}{V(0)} \Big) (1 - \alpha) V(\tau_f^k) e^{-r\tau_f^k} 1_{\{\tau_f^k \leq T\}}$$

$$+ F_f^k e^{-rT} 1_{\{\tau_f^k > T\}} \mid \mathscr{F}_0 \Big) \tag{2.15}$$

与基础模型相比，式（2.7）和式（2.15）的主要差异在于利息支付。因为在浮动票息设定下，利息不再仅取决于初始评级状态，利息价值的结构变得更加复杂。给定不同的瞬间评级状态，公司所支付的利息都会有不一样的现值。在计算利息的总和价值时，每一部分的利息都会被单独地计算，加总后即可求得利息的总预期价值。在下面的小节中，我们将会进一步明晰与评级挂钩的浮动票息与固定票息的差异。应用命题 2.1 和式（2.9），式（2.15）可以求得：

$$D_f^k(0) = \sum_{j=2}^n \int_0^T C^j e^{-rs} q_j^k(0, s) ds + \int_0^T TV_f^k(0)(1 - \alpha) F_f^k (V(0))^{-1} e^{-rs} f_{\tau_f^k}(s) ds$$

$$+ F_f^k e^{-rT} \sum_{j=2}^n q_j^k(0, T)$$

基于式（2.10）和式（2.12）的原理，破产成本和税收豁免利益的现值在此拓展模型中有以下形式：

$$BC_f^k(0) = E_Q(\alpha V(\tau_f^k) e^{-r\tau_f^k} 1_{\{\tau_f^k \leq T\}} \mid \mathscr{F}_0) \tag{2.16}$$

和

$$TB_f^k(0) = E_Q \Big(\sum_{j=2}^n \int_0^T \beta C^j e^{-rs} 1_{\{\tau_f^k > s\} \cap \{\eta^k(s) = j\}} ds \mid \mathscr{F}_0 \Big) \tag{2.17}$$

注意式（2.16）和式（2.10）基本是一样的，这是因为，对于与评级挂钩的浮动票息债券而言，无论评级如何变化，只会对票面利息率带来影响，但不会影响保护性条款的内容，触发破产的条件依旧是当评级跌落至违约级。和式（2.12）相比，拓展模型中发行债券所享有的税收豁免利益的价值对于信用评级迁移的敏感度更高，这仍是因为在式（2.17）中，债券的票面利息率是由瞬间信用评级状态而非初始状态决定的。式（2.16）和（2.17）的显性解可以表示为：

$$BC_f^k(0) = \int_0^T \alpha F_f^k e^{-rs} f_{\tau_f^k}(s) ds$$

和

$$TB_f^k(0) = \sum_{j=2}^n \int_0^T \beta C^j e^{-rs} q_j^k(0, s) ds$$

股东权益的初始市场价值等于未考虑财务杠杆效果下的资产价值，加上税收豁免利益价值，减去破产产成本以及债券价值，即

$$E_f^k(0) = V(0) + TB_f^k(0) - BC_f^k(0) - D_f^k(0)$$

二、与评级挂钩的浮动票息债券对最优资本结构决策的影响

在这一小节我们将探讨发行与评级挂钩的浮动票息债券会如何影响公司的最优资本结构决策，以及公司发行这种特殊债券背后的关键诱因是什么。在分析的开始，我们首先要确立相关参数。为了简单起见，我们将全经济体范围下信用评级转移结构和表 2-3 的设定保持一致。假设在不考虑财务杠杆效果的情况下，期初的公司资产总价值为 100 美元，划分为 100 股股票，每股股票价值 1 美元。资产价值的动态变化遵循股利支付率 δ = 3.75%，和波动率 σ = 38.02%。公司发行债券的到期时间为 T = 5，有效公司税率 β = 40%，破产成本参数 α = 30%，无风险利率 r = 5%。五年期的评级挂钩浮动票息所对应的平均风险溢价为[①]：

$$
\frac{C_f^k(s)}{F_f^k} - r = 1_{(\eta^t(s)=AAA)}40\text{bps} + 1_{(\eta^t(s)=AA)}55\text{bps} + 1_{(\eta^t(s)=A)}120\text{bps}
$$

$$
+ 1_{(\eta^t(s)=BBB)}210\text{bps} + 1_{(\eta^t(s)=BB)}330\text{bps}
$$

$$
+ 1_{(\eta^t(s)=B)}470\text{bps} + 1_{(\eta^t(s)=CCC)}620\text{bps}
$$

给定一些模型参数的合理范围，我们求解了拓展模型的主要结果，如表 2-6 所示。

我们可以发现，对于不同的初始目标信用评级，由基础模型和拓展模型所预测的最优财务杠杆率之间的大小关系是不一致的。当初始信用评级设定在投资级或者 BB 级，浮动票息债券对应的最优财务杠杆率比发行固定票息债券的对应情况还低（比较第 1 列和第 6 列的数字）。但若初始信用评级被设定在低于 BB 级，这一现象将发生反转。为了解释这一现象，我们将注意力转移至两个模型下税收豁免利益和破产成本的比较。这是因为利息收入价值和税收豁免利益价值是严格正相关的，因此深入了解两种债券的利息结构是非常有必要的（如表 2-7 所示）。

[①] 我们和 Huang and Huang（2003）以及莫迪的调查报告（Moody's special report）设定了同样水平的信用违约利差。许多实证文章发现平均信用利差和目标信用评级之间存在显著负向关系，这些文章包括 Longstaff and Schwartz，1995；康（Kan，1998）；黄和黄，2003；蓝道和莫藤森，2005；奇斯根（Kisgen，2006b）。

表 2-6 与评级挂钩的浮动票息债券和普通债券的主要模型结果对比

初始目标评级	与评级挂钩的浮动票息债券					固定票息债券				
	债务/总资产	税盾价值 ($)	破产成本 ($)	债务价值 ($)	每股价格变化 ($)	债务/总资产	税盾价值 ($)	破产成本 ($)	债务价值 ($)	每股价格变化 ($)
AAA	3.5158%	0.3476	0.0003	3.6165	0.0035	3.5162%	0.3371	0.0003	3.5902	0.0034
AA	4.5775%	0.4873	0.0011	4.7997	0.0049	4.5792%	0.4517	0.0011	4.7106	0.0045
A	8.4613%	1.0652	0.0208	9.3040	0.0104	8.4721%	0.9367	0.0208	8.9825	0.0092
BBB	17.7075%	2.5089	0.3863	20.0687	0.0212	17.7566%	2.2264	0.3863	19.3599	0.0184
BB	22.1800%	3.5653	0.8300	26.0836	0.0274	22.2560%	3.2132	0.8300	25.1963	0.0238
B	25.7608%	4.4500	1.3331	30.9361	0.0312	24.4334%	4.0905	1.1303	29.0596	0.0296
CCC	37.6325%	6.4182	3.8009	43.8945	0.0262	37.6206%	6.4509	3.8009	43.9792	0.0265
无目标	25.7608%	4.4500	1.3331	30.9361	0.0312	24.4334%	4.0905	1.1303	29.0596	0.0296

注：这张表格展示了与评级挂钩的浮动票息债券和普通债券的主要模型结果对比。初始信用评级为 k（从 AAA 级至 CCC 级）。第 1 和 6 列汇报了债务价值占总资产的比重；第 2 和 7 列汇报了税盾收益价值；第 3 和 8 列汇报了破产成本；第 4 和 9 列汇报了债券市值；第 5 和 10 列汇报了每股债务价值。这里的参数选择为，$r=5\%$，$\delta=3.75\%$，$\beta=40\%$，$\alpha=30\%$，$T=5$，$\sigma=38.02\%$，$V(0)=\$100$。浮动票息债券（或固定票息债券）的平均信用利差取决于瞬时评级（或初始评级），且当瞬时评级为 AAA 级时等于 40bps，评级为 AA 级时等于 55bps，评级为 A 级时等于 120bps，评级为 BBB 级时等于 210bps，评级为 BB 级时等于 330bps，评级为 B 级时等于 470bps，评级为 CCC 级时等于 620bps。评级转移边界由初始评级和最优资本结构共同决定。

与评级挂钩的浮动票息债券和普通债券的现值结构对比

表 2-7

公司支付利息时评级

初始目标评级	AAA		AA		A		BBB	
	浮动票息价值（$）	固定票息价值（$）	浮动票息价值（$）	固定票息价值（$）	浮动票息价值（$）	固定票息价值（$）	浮动票息价值（$）	固定票息价值（$）
AAA	3.4566E-01	3.4566E-01	4.2622E-01	4.1470E-01	7.8865E-02	6.8689E-02	1.6653E-02	1.2665E-02
AA	3.2953E-06	3.3869E-06	4.6320E-01	4.6320E-01	6.7948E-01	6.0824E-01	6.5483E-02	5.1187E-02
A	3.5326E-07	4.0559E-07	3.1569E-05	3.5266E-05	9.6173E-01	9.6173E-01	1.1047E+00	9.6464E-01
BBB	1.5382E-07	2.0225E-07	5.6677E-07	7.2505E-07	3.5236E-04	4.0351E-04	2.3291E+00	2.3291E+00
BB	9.8163E-09	1.5088E-08	5.0225E-08	7.5111E-08	2.9631E-05	3.9667E-05	4.4749E-03	5.2312E-03
B	4.4068E-07	1.0537E-06	1.2898E-05	2.8844E-05	7.2314E-04	1.3789E-03	9.0634E-03	1.4551E-02
CCC	9.7054E-08	2.0130E-07	7.6006E-07	1.5338E-06	1.1407E-04	2.0607E-04	1.2116E-03	1.9113E-03

初始目标评级	BB		B		CCC		Totd	
	浮动票息价值（$）	固定票息价值（$）	浮动票息价值（$）	固定票息价值（$）	浮动票息价值（$）	固定票息价值（$）	浮动票息价值（$）	固定票息价值（$）
AAA	1.4932E-03	9.7146E-04	1.8106E-04	1.0080E-04	2.3455E-05	1.1309E-05	8.6910E-01	8.4280E-01
AA	8.9184E-03	5.9635E-03	1.0340E-03	5.9164E-04	1.8435E-04	9.1350E-05	1.2183E+00	1.1293E+00
A	3.4445E-01	2.5730E-01	2.1410E-01	1.3685E-01	3.8130E-02	2.1108E-02	2.6631E+00	2.3417E+00
BBB	2.9956E+00	2.5625E+00	7.5121E-01	5.4985E-01	1.9594E-01	1.2421E-01	6.2722E+00	5.5661E+00
BB	3.4260E+00	3.4260E+00	4.7007E+00	4.0222E+00	7.8197E-01	5.7950E-01	8.9131E+00	8.0330E+00
B	3.0739E-02	4.1237E-02	7.8595E+00	7.7610E+00	3.2250E+00	2.4082E+00	1.1125E+01	1.0226E+01
CCC	8.7016E-03	1.1742E-02	5.0383E-01	5.8174E-01	1.5532E+01	1.5532E+01	1.6045E+01	1.6127E+01

注：这张表格展示了与评级挂钩的浮动票息债券和普通债券（或固定票息债券）的现值结构对比。这里的参数选择为，$r = 5\%$，$\sigma = 38.02\%$，$V(0) = \$100$，$\beta = 40\%$，$\alpha = 30\%$，$\delta = 3.75\%$（或初始评级），且当评级为 AAA 级时瞬时评级（或初始评级），评级为 AA 级时信用利差取决于平均利差取决于瞬时评级，评级为 A 级时等于 120bps，评级为 BBB 级时等于 210bps，评级为 BB 级时等于 330bps，评级为 B 级时等于 470bps，评级为 CCC 级时等于 620bps。浮动票息债券（或固定票息债券），评级为 AA 时等于 55bps，评级为 A 级时等于 40bps。

　　从表 2 - 7 中，我们可知，只有当瞬时评级和初始评级相同时，同一变量的数值是完全一样的。否则，当瞬时评级低于初始评级时，公司会支付更高利息，反之亦然。但一个反例是，当初始目标评级为 CCC 级，无论在何种情况下，浮动漂息都比固定票息拥有更高的利息现值。这里我们给出两点理由解释这一现象。首先，信用评级和信用利差存在非线性的负向关系，即利差会随着评级的下降而增加；其次，在估计评级转移概率时存在非对称性。

　　图 2 - 2 和图 2 - 3 将用以解释这种非对称性。结合两张图来看可知，信用评级下跌的概率远远超过了上升的概率，上升概率几近于 0。这里暗含着一个有趣的结论：一个有负债的公司无论初始信用评级为何，评级在未来总是更可能下跌而非上升[1]。总结来看，以上解释可以帮助我们理解为何发行与评级挂钩的浮动票息债券所能够享有的税收豁免利益价值（表 2 - 6 的第 2 列）往往会大于发行固定票息债券的情况（第 7 列），但初始评级为 CCC 级除外[2]。

　　表 2 - 6 的第 3 列和第 8 列展示了浮动票息和固定票息在破产成本方面的数值结果，二者几乎不存在差异。令人意外的是，我们的结果和曼梭等（2008）的结论是相悖的。他们的文章表明，发行与绩效挂钩的债券相比于同面值的固定票息债券，公司将会面临更大概率的破产风险，因此前者存在更高的破产成本。我们和这篇文章的差异主要可归咎于两个方面。首先，在他们的模型设定中，破产是内生决定的，这是遵循了利兰（1994）关于无保护性条款债券（unprotected debt）的设定。触发破产的时间点是通过最大化股东权益预期价值而内生求解得到的（文献将此求解概念称为 smooth-pasting condition）。其次，他们的债券定价模型采用了永续债券的设定，意味着债券面值永远不会返还给债权人，因此在计算破产成本时无须考虑债券面值的影响。综上来看，在考虑内生性的破产设定下，和相同面值的固定票息债券相比，假设公司得以发行与评级挂钩的浮动票息债券，经理人会基于股东价值极大化的目标最优地选择一个更高的破产触发边界。但是在外生破产的设定下，无论发行何种债券，该边界都是同样地由债券的票面价值决定的。又因为破产成本和破产触发边界之间存在严格

---

[1]　这一结果也与 Kim and Nabor（2007）的观点有类似之处，他们认为，信用评级机构面临信用升级和降级时损失函数不对称，因此，升级和降级的频率也不相同。

[2]　Lando and Mortensen（2005）指出，发行累进利率债券所享有的税收豁免利益价值要比发行标准债券的情况低，这一结果和我们的是不一致的。造成这种差异的原因可能在于模型设定的不同。他们的文章采取了简约式的设定，认为公司违约破产和资本结构变化之间是不存在任何关联的，但是我们的模型采用了结构式的设定，公司债券违约是通过公司资产价值和资本结构共同决定的。

的正向关系，因此这合理地解释了我们前文提到的两篇文章的不一致性。

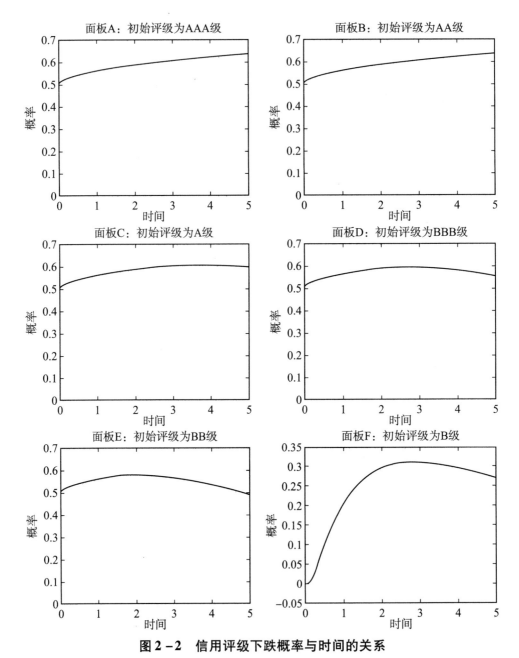

图2-2　信用评级下跌概率与时间的关系

注：本图描绘了信用评级下跌（至初始评级之下）概率与时间的关系。面板 A-F 分别绘制了初始评级为 AAA、AA、A、BBB、BB、B 的情况。这里的参数选择为，r = 5%，δ = 3.75%，β = 40%，α = 30%，T = 5，σ = 38.02%，V(0) = \$100。

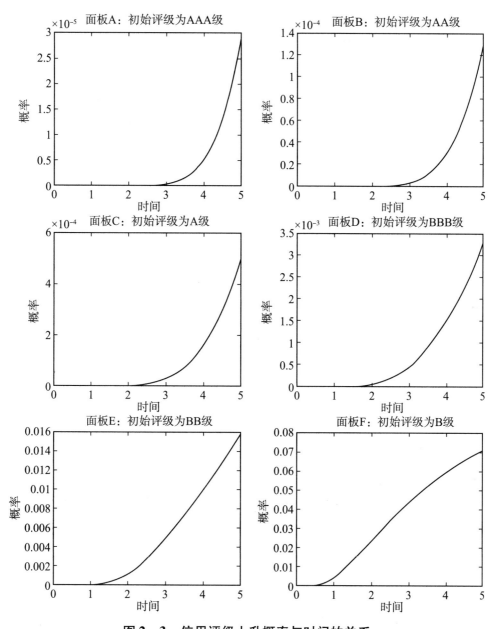

图 2 – 3 信用评级上升概率与时间的关系

注：本图描绘了信用评级上升（至初始评级之上）概率与时间的关系。面板 A ~ F 分别绘制了初始评级为 AAA、AA、A、BBB、BB、B 的情况。这里的参数选择为，$r = 5\%$，$\delta = 3.75\%$，$\beta = 40\%$，$\alpha = 30\%$，$T = 5$，$\sigma = 38.02\%$，$V(0) = \$100$。

此外，值得注意的是在不考虑初始目标评级（或初始评级被设定为 B 级）的情况。此时的浮动票息债券对应的破产成本为 1. 331 美元，大于固定票息债券对应的 1.1303 美元，这意味着前者对应更高的最优财务杠杆率。这是因为当初始目标评级政策不存在时，举债决策将不受任何评级政策的约束，因此最优的举债规模仅取决于税收豁免利益和破产成本之间的权衡结果（即传统权衡理论）。基于权衡理论，发行与评级挂钩的浮动票息债券和发行相同面值下的固定票息债券相比，前者会获得更大的税收豁免利益价值，并承受更少的外部性破产损失。

为了明晰公司为何会发行与评级挂钩的浮动票息债券，我们接着着眼于探讨债券的市值（表 2-6 的第 4 列和第 9 列），以及每股价格随财务杠杆率的变化率（表 2-6 的第 5 列和第 10 列）。我们可以发现在大部分情况下，相同面值的浮动票息债券具有相对更高的市场价值，除了初始目标评级被设定在 CCC 级的情况。类似地，发行浮动票息债券时，股东所能获得的财务杠杆净价值也会更高。这背后的经济直觉是，只要公司没有过度举债，初始信用评级没有过低，发行与评级挂钩的浮动票息债券可以使债券投资人获取更高的利息收入，同时使股东获取更大的税收豁免利益。简言之，只要在债券发行时初始信用评级不是太差，发行与评级挂钩的浮动票息债券对于公司整体来说是更有利的。

第四节　评级依赖的可回售选择权债券

接下来我们从投资者的角度出发讨论评级对于投资债券的影响。一些法律法规规定了哪些投资者可以购买风险债券（Cantor and Packer，1994；SEC，2003）。比如，自 1936 年起传统金融机构（如商业银行）被限制不得持有投机级别的债券。从 1989 年起，多国法律更明文规定金融机构的存贷款不能投资于高收益型的垃圾债券。考虑到以上事实，奇斯根（2006b）提出观点认为，长期保持某一良好信用评级能够给公司带来长远利益。由于法律法规对于特定的机构投资者持有公司债券的行为做出了限制，这提供企业经理人合理动机去盯住某一最低容许信用评级，如此能有利于企业进行举债或者是通过货币市场进行短期借贷融通。一般来说，假若有意遵循最低容许信用评级政策，经理人通常会盯住投资级别（BBB 级别）。当公司负债的信用评级下跌至投机级别时，经理人会试图在二级市场通过债券回购交易（debt repurchase）进行减债，降低财务杠杆率，以恢复至先前较好的投资级别评级。为了刻画这一有趣的实证现象，在本章我们将再一次拓展基础模型，考虑评级依赖的可回售选择权债券（debt embedded with a rating-dependent callable option）。特别需要指出，我们严格限定只有当公司负债的信用评级跌落至目标最低容许评级之下时，这一选择权才被允许执行。

一、模型

我们仍延续前文对于主要经济背景的设定，在模型中针对主要的公司金融变量，我们将对应的数学表达式的下角标 L 替换为 R。我们考虑一个情形，企业经理人同时确定初始目标信用评级为 k，长期最低容许信用评级为 m，且前者至少要高于后者 m≤k。这样的信用评级政策容许经理人拥有一次重组公司资产以及调整资本结构的机会，即债券投资者能够在特定的时机执行回售权，将自身持有的债券以预先决定好的条件（通常是以票面价值或是当前的市场价值作为回售价格）卖回给公司①。这种选择权是评级依赖的，意味着只要当公司的信用评级无法持续保持在状态区间［m，n］内（且在债券存续期间内）才被允许执行。因此，为了落实最低容许评级的管理政策，一旦公司评级跌落至目标最低容许评级之下（即评级跌至 m－1 状态），经理人即可立刻进行回购措施。随机回购时间的数学定义可被表示为式（2.18）。

$$\psi_m^k \equiv \inf(\eta^k(s) = m-1 \mid n \geq k \geq m > 2, \ s \in [0, T])$$

$$\equiv \inf(V(s) \leq D_m^k \mid n \geq k \geq m > 2, \ s \in [0, T]) \tag{2.18}$$

在进行回购交易时，经理人将以票面价值为条件赎回（部分）在外流通的债券。回购的交易规模 ρ∈［0，1］是事先确定好的，以保证实施回购措施能够使得公司的信用评级恢复至初始目标评级②。回购之后，公司的破产触发门槛从

---

① 由于本章所采用的模型设定仅容许一次调整资本结构的机会（在债券存续期内），我们假设公司调整资本结构的过程中不会衍生任何外部成本（如债券交易成本）。

② 这种假设可以方便我们刻画一重要的实证现象——在实务中公司将会有一目标杠杆率，并且在长期下盯住这一水平（参考 Graham and Harvey，2001；Fama and French，2002；Leary and Roberts，2005）。

F_R^k 下降至 $(1-\rho)F_R^k$，恰巧为剩余债券的总面值。相应的评级转移边界也以同样比率下降至 $(1-\rho)D_1^k$，$\cdots$，$(1-\rho)D_8^k$。因为 $(1-\rho)F_R^k = (1-\rho)D_2^k < D_m^k$，公司违约破产不可能发生在债券回购交易之前，因此，我们可得到式 (2.19)。

$$\tau_R^{k,m} \equiv \inf(\eta^k(s) = 1 \mid n \geqslant k \geqslant m > 2,\ s \in (\psi_m^k,\ T])$$
$$\equiv \inf(V(s) \leqslant (1-\rho)F_R^k \mid n \geqslant k \geqslant m > 2,\ s \in [0,\ T]) \qquad (2.19)$$

为了检验式 (2.18) 和式 (2.19)，命题 2.1 可以被简化为以下推论。

推论 2.1 给定初始评级 k，在 t = s 时刻前发生回购的累积概率为，$0 \leqslant s \leqslant T$，

$$Q(\psi_m^k \leqslant s \mid \mathcal{F}_0) \equiv 1 - q_\psi^{k,m}(0,\ s) = 1 + \left(\frac{D_m^k}{V(0)}\right)^\chi N(\theta_9) - N(\theta_{10}) \qquad (2.20)$$

其中，$\theta_9 = \left[\ln\left(\dfrac{D_m^k}{V(0)}\right) + \lambda s\right](\sigma s^{0.5})^{-1}$；$\theta_{10} = \left[\ln\left(\dfrac{V(0)}{D_m^k}\right) + \lambda s\right](\sigma s^{0.5})^{-1}$。式 (2.20) 对 s 求偏导数可以得到在 t = s 时刻发生回购的概率密度函数：

$$f_{\psi_m^k}(s) = \frac{-\partial q_\psi^{k,m}(0,\ s)}{\partial s} = \left(\frac{D_m^k}{V(0)}\right)^\chi \sqrt{2\pi}^{-1} e^{-0.5(\theta_9(s))^2} \frac{\partial \theta_9(s)}{\partial s}$$
$$- \sqrt{2\pi}^{-1} e^{-0.5(\theta_{10}(s))^2} \frac{\partial \theta_{10}(s)}{\partial s}$$

推论 2.2 给定初始评级 k，在 t = s 时刻前发生破产的累积概率为，$0 \leqslant s \leqslant T$，

$$Q(\tau_R^{k,m} \leqslant s \mid \mathcal{F}_0) \equiv 1 - q_{\tau_R}^{k,m}(0,\ s) = 1 + \left[\frac{(1-\rho)F_R^k}{V(0)}\right]^\chi N(\theta_{11}) - N(\theta_{12})$$
$$\qquad (2.21)$$

其中，$\theta_{11} = \left[\ln\left(\dfrac{(1-\rho)F_R^k}{V(0)}\right) + \lambda s\right](\sigma s^{0.5})^{-1}$；$\theta_{12} = \left\{\ln\left(\dfrac{V(0)}{[(1-\rho)F_R^k]}\right) + \lambda s\right\} \cdot (\sigma s^{0.5})^{-1}$。

式 (2.21) 对 s 求偏导数可以得到在 t = s 时刻发生破产的概率密度函数：

$$f_{\tau_R^{k,m}}(s) = \frac{-\partial q_R^{k,m}(0,\ s)}{\partial s} = \left(\frac{(1-\rho)F_R^k}{V(0)}\right)^\chi \sqrt{2\pi}^{-1} e^{-0.5(\theta_{11}(s))^2} \frac{\partial \theta_{11}(s)}{\partial s}$$
$$- \sqrt{2\pi}^{-1} e^{-0.5(\theta_{12}(s))^2} \frac{\partial \theta_{12}(s)}{\partial s}$$

接下来我们将评级依赖的可回售选择权置于或有求偿权定价的框架。首先，债券的期初市场价值可以表示为

$$D_R^{k,m}(0) = E_0^Q\left(\int_0^T \left[C_R^k 1_{(\tau_R^{k,m} > s,\ \psi_m^k > s)} + (1-\rho)C_R^k 1_{(\tau_R^{k,m} > s \geqslant \psi_m^k)}\right]e^{-rs}ds\right.$$

$$+ \rho F_R^k e^{-r\psi_m^k} 1_{(\psi_m^k \le T)} + (1_{(\tau_R^{k,m} > T, \psi_m^k > T)} + (1-\rho)1_{(\tau_R^{k,m} > T \ge \psi_m^k)}) F_R^k e^{-rT}$$
$$+ TV_R^k(0)(V(0))^{-1}(1-\alpha)V(\tau_R^{k,m})e^{-r\tau_R^{k,m}}1_{(\tau_R^{k,m} \le T)}) \tag{2.22}$$

式 (2.22) 所表达的经济含义如下: 因为回购措施会对债券的市值造成影响, 所以利息价值对于债券总价值的贡献必须区分为以下两个部分: (1) $\int_0^T (1-\rho)C_R^k e^{-rs}1_{\{\tau_R^{k,m} > s \ge \psi_m\}}ds$ 这一部分表示回购交易后的剩余利息的预期现值; (2) $\int_0^T C_R^k e^{-rs}1_{\{\tau_R^{k,m} > s, \psi_m > s\}}ds$ 这一部分表示若回售选择权尚未被执行, 全额利息的总现值。类似地, 偿还给债权人的本金也存在以下三种可能: (1) 若在债券存续期内, 信用评级始终保持在目标最低容许评级之上, 债权人将可在债券到期时收回全额本金 F_R^k; (2) 在发生回购时, 经理人将通过发行新股来进行融资, 并将募集到的金额 ρF_R^k 返还给债权人; (3) 如果可回售选择权已经执行, 且在债券到期之前尚未破产, 在到期日经理人将返还剩余债券的本金 $(1-\rho)F_R^k$ 给债权人。最后, 在破产之日, 债权人可收回的剩余资产价值为金额 $\left[\dfrac{TV_R^k(0)}{V(0)}\right](1-\alpha) \cdot V(\tau_R^{k,m})$。应用命题 2.1 和推论 2.1 和推论 2.2, 我们可以将式 (2.22) 的显性解表示为:

$$D_R^{k,m}(0) = \int_0^T [((1-\rho)q_{\tau_R}^{k,m}(0,s) + \rho q_\psi^{k,m}(0,s))C_R^k + \rho F_R^k f_{\psi_m}(s)]e^{-rs}ds$$
$$+ \int_0^T TV_R^k(0)(1-\alpha)(1-\rho)F_R^k(V(0))^{-1}f_{\tau_R^{k,m}}(s)e^{-rs}ds$$
$$+ ((1-\rho)q_{\tau_R}^{k,m}(0,T) + \rho q_\psi^{k,m}(0,T))F_R^k e^{-rT}$$

接下来我们考虑破产成本和税收豁免利益的价值。从式 (2.19) 中可以发现, 发生回购交易的时间点必然早于破产发生。因此, 发生回购后, 触发破产的门槛下降至剩余债券的本金, 即 $V(\tau_R^{k,m}) = (1-\rho)F_R^k$。类似于式 (2.10), 破产成本的总现值为:

$$BC_R^{k,m}(0) = \int_0^T \alpha(1-\rho)F_R^k e^{-rs}f_{\tau_R^{k,m}}(s)ds$$

另一方面, 在计算税收豁免利益时, 我们需注意到在回购活动的前后, 公司支付给债权人的利息金额是不同的, 这是因为回购交易的发生降低了债券的本金。在本拓展模型中, 初始的税收豁免利益价值包含两个部分: 回购之前和之后, 即:

$$TB_R^{k,m}(0) = \int_0^T \beta((1-\rho)q_{\tau_R}^{k,m}(0, s) + \rho q_{\psi}^{k,m}(0, s))C_R^k e^{-rs}ds$$

类似于式（2.13），股东权益的期初预期价值由四个部分构成：未考虑财务杠杆效果下的公司资产价值，加上税收豁免利益价值，减去破产成本，减去债券价值，即：

$$E_R^{k,m}(0) = V(0) + TB_R^{k,m}(0) - BC_R^{k,m}(0) - D_R^{k,m}(0)$$

二、评级依赖的可回售选择权债券对于最优资本结构决策的影响

这一小节我们关注评级依赖的可回售选择权债券是如何影响最优资本结构的。为了便于后面的分析，我们将目标最低容许评级设定为 BBB 级（即至少必须维持在投资级别）[1]。在此我们的参数选择和基础模型保持一致。从模型设定中可以看出，债券回购行为会对目标最低容许评级产生重要影响。为了更进一步探究这一影响，我们分别计算存在和不存在目标最低容许评级政策下模型的主要结果，如表 2 – 8 所示[2]。

表 2 – 8　有无最低容许评级政策的主要模型结果对比（以最大化股权价值为目标）

面板 A：基础模型

初始目标评级	债务/总资产	回购率	恢复后评级	税盾价值（$）	破产成本（$）	每股价格变化（$）
AAA	3.516156%	N/A	N/A	0.337116	2.6646E – 04	3.3685E – 03
AA	4.579165%	N/A	N/A	0.451711	1.0943E – 03	4.5062E – 03
A	8.472111%	N/A	N/A	0.936665	2.0848E – 02	9.1582E – 03
BBB	17.756551%	N/A	N/A	2.226419	3.8626E – 01	1.8402E – 02

---

[1]　Johnson（2003）指出，一旦公司的信用评级遭降级至 BBB 级，将会更加频繁地迁移至其他更低的等级，暗含着公司很可能未来会被降低至 BB 级，甚至更低的等级。Kisgen（2006a）也指出，经理人最担心信用评级从投资级（investment-grade）跌落至垃圾级（junk-grade）。

[2]　为了与传统权衡理论进行对比，在求算最优债券回购率时，我们额外考虑经理人以最大化财务杠杆价值的目标为决策依据的情况（见面板 B）。

续表

面板 B：以最大化股东权益为目标

初始目标评级	债务/总资产	回购率	恢复后评级	税遁价值（$）	破产成本（$）	每股价格变化（$）
AAA	3.516155%	13.4165%	BBB	0.337016	1.1906E－04	3.3690E－03
AA	4.579164%	4.5829%	BBB	0.451498	8.5810E－04	4.5064E－03
A	8.472111%	0.0000%	N/A	0.936665	2.0848E－02	9.1582E－03
BBB	17.756551%	0.0000%	N/A	2.226419	3.8626E－01	1.8402E－02

面板 C：以恢复初始评级为目标

初始目标评级	债务/总资产	回购率	恢复后评级	税遁价值（$）	破产成本（$）	每股价格变化（$）
AAA	3.516172%	90.2567%	AAA	0.336397	2.0021E－11	3.3640E－03
AA	4.579304%	85.0798%	AA	0.447589	5.5743E－09	4.4759E－03
A	8.481949%	47.4028%	A	0.799737	9.7357E－04	7.9876E－03
BBB	17.756551%	＞0.0000%	BBB	2.226419	3.8626E－01	1.8402E－02

注：这张表格展示了有无最低容许评级政策的主要模型对比结果。我们考虑目标初始评级为 AAA 级至 BBB 级的情况。最优回购率是以恢复至初始评级和最大化股权价值的目标分别求解而得。第 1 列汇报了最优债务比率，第 2 列汇报了最优回购率，第 3 列汇报了公司评级通过回购而恢复的状态，第 4 列汇报了税收豁免利益，第 5 列汇报了破产成本，第 6 列汇报了财务杠杆价值效果对于每股价值的影响。这里的参数选择为，$r = 5\%$，$\delta = 3.75\%$，$\beta = 40\%$，$\alpha = 30\%$，$T = 5$，$\sigma = 38.02\%$，$V(0) = \$100$。浮动票息债券（或固定票息债券）的平均利差取决于瞬时评级（或初始评级），且当评级为 AAA 级时等于 40bps，评级为 AA 级时等于 55bps，评级为 A 级时等于 120bps，评级为 BBB 级时等于 210bps。

在表 2－8 第 2 列中展示了回购比率。在面板 B 和 C 中，随着目标初始评级和目标最低容许评级之间的距离增加，回购比率也在增加。有趣的是两个面板所对应的经济直觉解释却是不同的。在面板 B 中，我们基于股东价值最大化的目标来决定最优的回购率。随着目标初始评级和目标最低容许评级之间的距离增加时，来自回购行为的权衡净收益（即税收豁免利益减去破产成本）越来越大。因此经理人有动机进行大规模的回购行为。但是在面板 C 中，我们基于让公司的信用评级恢复至初始评级的目标来决定回购率。随着目标初始评级和目标最低容许评级之间的距离越大，公司越迫切需要通过回购措施来恢复初始评级。回购交易的规模和需要恢复的评级高低是严格正相关的，这合理地解释了面板 C 中回购率的数值趋势。

表 2 – 8 的第 6 列数值汇报了在不同的目标初始评级和目标最低容许评级的距离下，财务杠杆对于每股价值的影响效果。与基础模型（面板 A）相比，传统权衡理论下的回购率更大，目标最低容许评级政策下的回购率则更小。为更清楚地探究这一点，我们将权衡理论和回购率结合起来，绘制成图 2 – 4。图中每条线的顶点意味着最优的回购率，它最大化了净权衡收益的百分比（即最大化股东权益预期价值）。这一数值和面板 B 的第二列数值一样，当目标初始评级被设定为 AAA 级时等于 13.4165%，当目标初始评级为 AA 级时等于 4.5829%，当目标初始评级为 A 或 BBB 级时等于 0.0000%。我们同样可以发现，若以最大化股东权益价值为目标，企业通过回购措施获得的信用评级提升效果往往非常微弱（面板 B 的第 3 列）。这意味着，如果公司需要很大程度上改进信用质量，

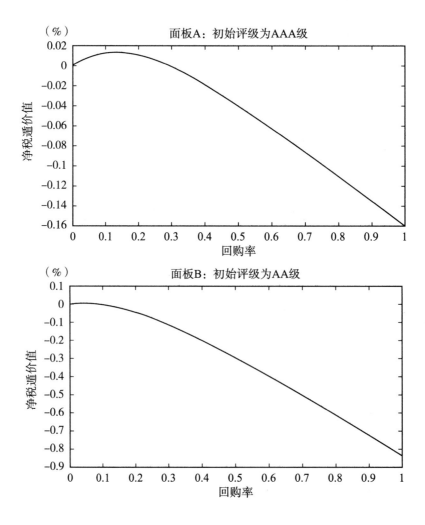

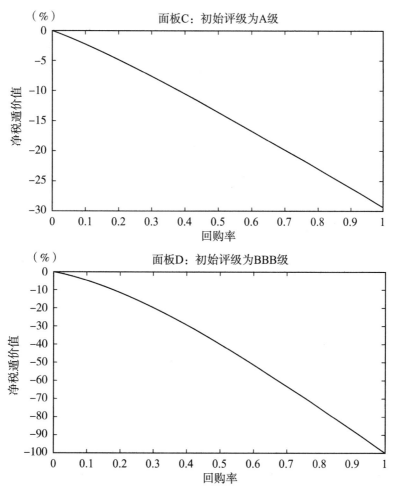

图 2 - 4　目标最低容许评级政策：净税收豁免利益价值变动率与债券回购率的关系

注：本图描绘了在目标最低容许评级政策下，净税收豁免利益价值变动率与债券回购率的关系。面板 A—D 分别绘制了目标初始目标评级为 AA、AA、A、BBB 的情况。净税收豁免利益价值变动率的计算方式为

$$X(0, \rho) = \beta\left\{\int_0^T C_R^k e^{-rs} q_\psi^{k,m}(0, s)ds + \int_0^T (1 - \rho)C_R^k e^{-rs}\left[1 - q_\psi^{k,m}(0, s)\right]ds\right.$$

$$\left. - \int_0^T (1 - \rho)C_R^k e^{-rs}\left[1 - q_\psi^{k,m}(0, s)\right]ds\right\} - \int_0^T \alpha(1 - \rho)F_R^k e^{-rs}f_{\tau_R^{k,m}}(s)ds$$

这里的参数选择为，r = 5%，δ = 3.75%，β = 40%，α = 30%，T = 5，σ = 38.02%，V(0) = \$100。

经理人需要实行过度回购（参考面板 C 第 2 列的数值）。通过图 2 - 4 我们可以发现，如果进行了大规模的债券回购交易，公司股东将承受极大的净权衡损失，这也是面板 C 中第 6 列的数值小于面板 A 和 B 同位置数值的原因。这一结果并不使我们意外。回忆在信用评级—资本结构假说中，在制定公司的资本结构决

策时，经理人需要在更高评级带来的利益与净税收豁免利益（税收豁免利益减去破产成本）之间进行权衡。很显然，如果恢复至更高评级带来的利益更大，经理人会选择过度回购。这一现象也回应了奇斯根（2006a）所提到的观点——在实际情况中维持较高评级给公司带来的好处也许会超过使用财务杠杆所能获得效益。

接下来我们考虑在目标最低容许评级政策下的财务杠杆率动态变化。表2－9汇报了当评级跌落至目标最低容许评级BBB级以下时，调整/未调整的财务杠杆率与初始目标财务杠杆率之间的距离。第4列的数值衡量的是调整后财务杠杆率和初始目标财务杠杆率的距离。可以发现面板B中的数值几乎趋近于0，且显著小于面板A中的数值。更确切地来说，如果公司通过债券回购措施来恢复之前的信用评级，财务杠杆率也将会相应地回调至之前的目标水平。[①] 从另一个角度来说，如果在最大化股东权益价值目标下，信用改善效果显得微弱，那么财务杠杆率变化也会很微小，因为回购交易的规模很小。基于以上结果，我们可以得到两点经济启示：首先，当前财务杠杆率向初始目标财务杠杆率的靠近程度与信用改善程度存在严格的正向关系；其次，如果经理人长期盯住目标最低容许评级，则财务杠杆率的恒常性变动将呈现出均值回归的现象[②]。

表2－9　调整后/前财务杠杆率与初始财务杠杆率的距离（当评级跌落BBB级时）

面板A：以最大化股东权益为目标

初始目标评级	调整后债务比率(1)（%）	调整前债务比率(2)（%）	初始债务比率(3)（%）	(1)－(3)（%）	(2)－(3)（%）
AAA	31.349567	36.207487	3.516155	27.833412	32.691332
AA	29.413562	30.826549	4.579164	24.834398	26.247384
A	16.250780	16.250780	8.472111	7.778669	7.778669

---

① 这种财务杠杆率的变动和实证文章是相呼应的（参考Graham and Harvey，2001；Fama and French，2002；Leary and Roberts，2005），表示公司在实际情况中将会调整当前评级至长期目标，即初始目标评级。
② 很多实证文章都发现了均值回归这一重要的杠杆率动态形式（包括Jalilvand and Harris，1984；Fama and French，2002；Leary and Roberts，2005）。理论文章柯森林－杜夫瑞斯尼和戈德斯坦（Collin-Dufrasne and Goldstein，2001）指出，调整发行在外的债务规模将会导致杠杆率均值回归。我们的文章认为，公司为调整信用评级而进行债券回购活动，这与以往文献建立起了联系。

续表

面板 B：以恢复初始评级为目标

初始目标评级	调整后债务比率 (1)（%）	调整前债务比率 (2)（%）	初始债务比率 (3)（%）	(1) - (3)（%）	(2) - (3)（%）
AAA	3.527981	36.207487	3.516172	0.011809	32.691316
AA	4.599747	30.826549	4.579304	0.020444	26.247245
A	8.546820	16.250780	8.481949	0.064870	7.768831

注：这张表格展示了当评级跌落 BBB 级后，调整后/前财务杠杆率与初始财务杠杆率的距离。目标初始评级考虑从 AAA 级至 A 级三种情况。最优回购率是以恢复初始评级和最大化股权价值的目标分别求解而得。第 1 列汇报了调整后财务杠杆率，第 2 列汇报了调整前财务杠杆率，第 3 列汇报了初始目标财务杠杆率，第 4 列汇报了调整后财务杠杆率和初始目标财务杠杆率的差值，第 5 列汇报了调整前财务杠杆率和初始目标财务杠杆率的差值。这里的参数选择为，$r = 5\%$，$\delta = 3.75\%$，$\beta = 40\%$，$\alpha = 30\%$，$T = 5$，$\sigma = 38.02\%$，$V(0) = \$100$。浮动票息债券（或固定票息债券）的平均利差取决于瞬时评级（或初始评级），且当评级为 AAA 级时等于 40bps，评级为 AA 级时等于 55bps，评级为 A 级时等于 120bps。评级转移边界由初始目标杠杆率和最优资本结构所共同决定。调整后/前杠杆率的计算方法为：$E_Q\left((1 - \rho) F_R^k / TV_R^k(\psi_m^k) \mid \mathcal{F}_0\right)$ 和 $E_Q\left((1 - \rho) \cdot F_R^k / TV_R^k(\psi_m^k) \mid \mathcal{F}_0 \vee \{\rho = 0\}\right)$。

接下来我们将注意力转移至财务杠杆率的动态。由于需要对信用评级进行管理，公司将目标初始评级设定在和长期目标保持一致的水平，即初始目标评级可视为长期变化的均值水准。在债券存续期间内，一旦公司信用评级跌落至目标最低容许评级之下，经理人将会立刻执行可回售选择权以恢复信用评级。无论回购率如何，只要回购率的决定是基于恢复至初始信用评级的目标，财务杠杆率总可以被调整直到靠近初始水平的情况。如此，表 2-9 的第 4 列数值刻画了这一均值回归的现象。我们的结论可以推广至有无穷多个可调整的信用评级状态，证实了在实践中目标最低容许评级政策可以导致财务杠杆率的恒常性变化产生均值回归的现象。

第五节　结　　论

通过多重边界下的首次通过时间模型设定，我们提出了一个基于公司价值的信用转移结构式模型,在或有求偿权定价的思想下,求解最优资本结构决策问题。和传统的方法相比(比如 Leland 的系列文章提出的常微分方程法),我们利用鞅定价方法求解了或有求偿权的价值。为了探究和信用评级管理有关的问题,我们从两个方向拓展了基础模型,分别刻画了与评级挂钩的浮动票息债券和目标最低容许评级政策两种实证现象。

我们的结果阐述了信用评级转移会如何影响企业的最优资本结构决策。首先,只要公司在发行债券时的目标初始评级没有过低,发行与评级挂钩的浮动票息债券不仅能够使债权人赚取更多的利息,也可以使股东获得更大的税收豁免利益。因此,在制定资本结构决策时,经理人会偏向于发行与评级挂钩的浮动票息债券。此外我们发现,相比发行固定票息债券,发行与评级挂钩的浮动票息债券可以使股东受益更多,因此,在实践中股东存在发行这类浮动票息债券的动机(Lando and Mortensen,2005)。

我们证明了目标最低容许评级政策是产生财务杠杆率均值回归现象的原因。我们的结论可以和奇斯根(2006a)建立联系,证实了很多文献所提到的财务杠杆率均值回归行为(Jalilvand and Harris,1984;Fama and French,2002;Leary and Roberts,2005)。此外,我们发现当信用评级下滑时,经理人为恢复至目标初始评级而进行债券回购,使得财务杠杆率被调整回靠近初始水平。在此过程中,即使会牺牲净税收豁免利益,经理人仍会倾向于采取过度回购的举措。

本书在未来还会有很多的拓展方向。例如,经理人可以考虑同时做出最优的资本结构和信用评级决策。其他有趣的拓展还包括动态回购政策、随机利率期限结构等。

第三章
模糊厌恶与资本结构调整

本章通过考虑由市场不完备性导致的定价核不确定性，研究了模糊趋避对公司资本结构调整政策的影响。在模型中，经理人对风险调整后的息税前利润增长率抱有最坏的预期，导致违约（或重组）概率向上（或向下）扭曲。这一关键特征使得公司调整杠杆的意愿较弱，调整速度较慢，调整规模较小，从而解释了"杠杆惰性之谜"。此外，本章发现模糊趋避下的动态重组对公司财务杠杆决策的影响十分有限，模糊趋避在解释"低杠杆之谜"的有效性优于动态重组。

第一节　前　言

早期的资本结构权衡理论认为，公司的资本结构决策是静态的，一旦确定最优杠杆率，则默认永久不变。但事实上，公司会在某些时刻调整公司资本结构，比如赎回发行在外的旧债务，发行更大规模的新债务，公司向目标财务杠杆率调整行为对资本结构决策具有重大意义。在以往文献中，动态重组（dynamic restructuring）被认为是解释"低杠杆之谜"的关键因素之一①。然而，威尔奇（Welch，2004）向这一观点发起了挑战，他认为传统的动态权衡理论夸大了公司进行资本结构调整的可能性（即夸大调整频率）。事实上，公司鲜少（极不频繁）为了维持目标财务杠杆率而对资本结构进行调整，即"杠杆惰性之谜"（leverage inertia puzzle）。法玛和佛伦奇（Fama and French，2002），何瓦基缅等（Hovakimian et al.，2001），格雷厄姆和哈维（2001）相应地提供了负债比率具有缓慢均值回归现象的实证证据，再一次证实了"杠杆惰性之谜"的存在。此外，动态重组还有另一方面不足，使人怀疑其预测资本结构的能力，即它使得权衡模

---

① 米勒（1977）提出了"低杠杆之谜"，它指的是一个真实存在的事实，即平均而言，公司的杠杆率相对于我们从权衡理论中预测的水平较低。戈德斯坦等（2001）建立了一个基于EBIT的动态权衡模型，发现动态重组对最优杠杆率的负面影响。斯崔布拉夫（Strebulaev，2007）使用结构估计方法，发现动态重组有助于权衡理论更好地解释"低杠杆之谜"。

型中对财务杠杆价值效应（税收豁免价值）的过度预测问题更加突出[①]。由此可见，动态重组或许并非是同时解释"低杠杆"和"杠杆惰性之谜"的灵丹妙药。如何在一个一体画的框架内同时解释这两个谜题，至今仍是一个悬而未决的问题。

为了探讨这一问题，本章创造性地将模糊理论（ambiguity）引入动态权衡理论。这一想法受启发于最近几部著作，这些著作为公司杠杆和债券定价方面的谜题提供了模糊厌恶（又称模糊趋避，ambiguity-aversion）视角下的解释（如David，2008；Boyarchenko，2012；Chen and Yeh，2018）。他们证明了模糊趋避对于改进权衡理论模型对真实数据的拟合优度以及解释杠杆横截面变异（cross-sectional variation）的重要性[②]。在前人的研究基础上，本章将企图探究模糊趋避对公司杠杆动态调整政策的影响，以及这些影响能否对破解"低杠杆"和"杠杆惰性之谜"提供新的思路。

借鉴孔特（Cont，2006）、泰森（Thijssen，2011）、陈和张（Chen and Chang，2019）等文献，我们考虑了不完备市场（incomplete market）下的定价核模糊性（pricing kernel ambiguity）[③]。金融市场不完备性的根源在于公司息税前利润现金流（EBIT）不可交易，对公司 EBIT 的金融求偿权（financial claims）承担着不可对冲风险，其公允价格是未知的。因此经济体内所有决策者（包括外部投资者、公司经理人、股东等）在针对公司求偿权定价时，都面临着定价核模型的不确定性或模糊性。定价核模糊性通过概率测度变化可转化为决策者对风险调整后的 EBIT 预期增长率的模糊性。我们使用陈和叶（Chen and Yeh，2018）的 no-good-deal 多重先验测度方法建立经理人对定价核模糊厌恶模型，然后将该模糊厌恶模型应用于戈德斯坦等（2001）的基于 EBIT 的经典动态权衡模型，得到修正的权衡模型。基于修正的权衡模型，我们能够研究经理人在对杠杆调整大小、破产择时和重组时间做出结构性决策时，对定价核不确定性的

[①] 对财务杠杆价值效应的高估往往伴随着"低杠杆之谜"。几项实证研究（Graham，2000；Korteweg，2010；Van Binsbergen et al.，2010）认为，在利兰（1994）、利兰和托夫特（1996）和巨等（2005）的静态权衡理论中的税收豁免价值被高估。戈德斯坦等（2001）和哈克巴特等（Hackbarth et al.，2006）的研究表明，动态重组使公司的杠杆率降低，但公司享受了更大的税收豁免收益。

[②] 例如，陈和叶（2018）证明了模糊趋避对解释行业内杠杆的横截面变异具有强解释力。这种杠杆差异很难用传统实证文献中的标准决定因素来解释（Graham and Leary，2011）。

[③] 在文献中可以找到各种模糊性的来源，包括通货膨胀（David，2008）、宏观经济状态（Boyarchenko，2012）、资产价值增长率（Korteweg and Polson，2010）、公司现金流增长率（Lee，2014）以及定价核（Chen and Yeh，2018）等。尽管这些论文考虑了诸多不同的模糊来源，它们与我们的研究结果相似，都认为在模糊趋避态度下的债务融资成本（债券收益率价差）相对较高，致使公司采取了较为保守的债务政策。这说明我们的主要结果并不依赖于模糊性来源的选择。

反应。

本章所提出的模糊厌恶模型的显著特征之一在于其建立在不完备市场环境中。然而，以往文献通常处理的是完备市场中的模糊性。这种假设并不妥当，因为穆克尔吉和塔隆（Mukerji and Tallon，2001）曾证明经理人的模糊趋避内生地造成了市场的不完备性。由于我们的核心问题并非研究模糊性和市场不完备的内生关系，而是聚焦模糊性如何影响资本结构动态调整，因此我们对市场不完备做了外生化处理。在模型中，市场不完备变量可以帮助度量信息约束，以明晰模糊性对资本结构决策影响的传导机制（详细描述请参见第三章第二节）。

我们模型的另一个特征是采用 no-good-deal 多重先验（multi-prior）方法建模，该方法借鉴于陈和叶（2018）。该方法有许多吸引人的优点。首先，它提供了一种简单的方法来校准衡量模糊程度的参数。根据 no-good-deal 条件，我们可以推导得到模糊度的显形解（explicit form），可从宏观经济变量（如市场组合夏普比率和无风险利率）直接度量模糊程度。反观传统的模糊理论，既无法内生地求解模糊度的显形解，也没有指出如何确定或估计不可观测的模糊参数。其次，该方法特别适用于公司等群体决策分析。因为传统模糊理论使用主观偏好校准模糊性参数，并且假设所有群体内决策者采用相同的模糊参数，这显然是没有考虑群体内异质性的过强假设。在本章的建模方法下，模糊度是用客观的 no-good-deal 条件来度量的，不受群体内主观偏好因素影响，这有助于避免决策者群体中（如外部投资者、经理人、股东）模糊偏好不一致的问题[1]。再次，该方法允许我们在保持模糊程度（或信息约束）不变的情况下，分析针对信息约束（模糊程度）的比较静态。在本章提出的方法中，模糊程度和信息约束是分开测量的，而传统的模糊理论无法将二者分开讨论。

本章主要发现了三方面的重要结果。首先，本章的数值结果突出了模糊性在研究公司资本结构调整政策中的重要性。研究表明，模糊趋避能够延迟公司动态调整杠杆时间。这种结果可以通过两种相反机制加以解释。一方面，经理人受到模糊厌恶的影响会选择一个较低的重组阈值（restructuring value threshold），这意味着更频繁的动态调整杠杆行为。而另一方面，仍旧受到模糊厌恶态

---

[1] 加尔拉皮等（Garlappi et al.，2017）认为，在一群决策者中，主观信念之间的异质性可以看作对决策过程结果的残余差异性（residual disagreement）。这种模糊性不能通过群体内商议来消除，导致了群体模糊性偏好的不完备性。偏好不完备性在估计模糊性的相关参数或解决决策问题时可能会造成严重困难。

度影响，经理人对风险调整后的 EBIT 预期增长率抱有最坏的预期①，即公司预期增长速度缓慢，这暗含更不频繁地出现动态调整杠杆的行为。在这两方面力量的相抵之下，后者力量大于前者，因此，模糊厌恶致使经理人推迟了动态调整的预期时间。

其次，本章发现模糊厌恶下最优杠杆调整规模相对较小。这是因为经理人受到模糊厌恶的影响会选择一个较低的重组阈值，而杠杆率的调整规模随着初始资产价值与重组价值阈值距离的缩小而缩小。正如前文所述，较小的杠杆调整幅度是更接近真实世界的。与传统动态权衡理论（即不考虑模糊性）相比，修正模型生成的模拟重组概率和杠杆调整幅度更接近利里和罗伯兹（Leary and Roberts，2005）、厄兹泰金和佛兰纳里（Oztekin and Flannery，2012）、考特威格等（Korteweg et al.，2018）估算的实证结果。这些结果为"杠杆惰性之谜"提供了一个模糊趋避视角下的有力解释，同时也打破了长期以来关于资本结构调整速度或估计的实证争论（如 Flannery and Rangan，2006；Huang and Ritter，2009；Oztekin and Flannery，2012）的僵局，指明了一个新的且可行的研究方向。

最后，本章发现，以往文献夸大了动态重组对于"低杠杆之谜"的解释力度，从解释力度来看，模糊趋避更具备有效性。这一结论主要有两方面证据作为支撑。首先，考虑模糊趋避效果后，会稀释动态调整对于"低杠杆"的预测效果。具有模糊趋避态度的经理人主观上对于调整杠杆或进行资本重组的意愿明显下降，部分挤出了动态重组对最优杠杆的负面影响。因此，考虑模糊趋避致使动态重组对公司杠杆选择的影响十分有限。

其次，另一有力证据在于模糊趋避能够解决传统权衡理论的短板，利息税收豁免价值预测过高问题，而这一点恰恰是动态权衡理论无法做到的。动态权衡理论不仅没有修正传统权衡理论预测税收豁免价值能力不足的缺陷，还放大了这一缺陷。在不考虑模糊性的情形下，动态权衡模型预测的税收豁免价值超过 10%，远远大于相应静态模型预测的税收豁免价值。在考虑模糊性后，修正模型对于税收豁免价值的估计结果却意外地好，其大部分都在实证估计的范围

---

① 在多重先验期望效用理论中，经理人在进行经济决策时，对状态变量设定中存在的模糊性参数抱有最坏情况想法，即表现出对模糊性的厌恶。经理人的悲观情绪（pessimism）可以被理解为模糊厌恶影响经济决策行为的一个机制。在允许异质预期或模糊性的权衡理论模型中（模糊性的存在总是伴随着概率多重性，进而导致异质预期存在），无论假设经理人对资本结构决策持悲观情绪，还是假设模糊厌恶偏好，在结果上都是一致的。

内，大约为公司价值的3%～5%（例如，Graham，2000；Korteweg，2010；Van Binsbergen et al.，2010）。这一意外发现可通过破产概率的机制进行合理化解释。如前文所述，在模型中引入模糊性会提高公司破产的可能性，从而降低公司享受税收豁免利益的预期价值。相比之下，动态重组允许公司获得更大的税收豁免利益，是因为重组可以被视为在未来增加财务杠杆的一组选择权。公司在行使这些选择权后，发行更大规模的债务，必须支付更多的利息，从而享有更多由利息带来的抵税好处，提高了财务杠杆带来的税收豁免价值。

本章与一系列关于公司资本结构模糊趋避的工作论文密切相关。李（Lee，2014）运用静态平滑理论（static smoothness theory）对公司现金流增长率的模糊性偏好进行了建模，研究了模糊性厌恶如何导致经理人保持较低的杠杆水平。伊兹哈柬等（Izhakian et al.，2017）将资产收益率的方差作为模糊性的度量标准，发现了一种反直觉的模糊度—杠杆正向关系[①]。陈和叶（2018）提出了一种no-good-deal多重先验方法来对定价核模糊建模，并将这种模糊理论融合到静态权衡理论中。他们的研究发现，模糊趋避不仅会减少杠杆的使用，还会影响公司的违约时间、债券估值、对冲需求以及由债务问题导致的代理冲突（agency conflict）。尽管这些论文以不同的方式对模糊性偏好进行建模，但始终没有跳脱静态资本结构决策的框架。而对资本结构的动态调整是真实存在于实务操作的，忽视这一现象会使得理论对现实的指导性大大降低。本章弥补了这一系列文献的不足，将动态调整纳入考虑范围，着重关注经理人模糊厌恶偏好如何影响公司重组行为以及杠杆调整政策。

本章还涉及戈德斯坦等（2001）、巨等（2005）、哈克巴特等（2006）、巴姆拉等（Bhamra et al.，2010）、陈（2010）、何（2010）和穆尔雷克等（2012）的动态资本结构权衡模型。在这些论文中，解释资本结构动态的经济因素包括代理冲突、宏观经济条件和再融资成本，而没有考虑到模糊性对资本结构动态的影响。本章我们抛弃完备市场假设和理性预期假设，将定价核模糊引入动态

---

① 这种杠杆模糊关系的理论预测部分得到了实证分析结果的支持。回归估计表明，在不存在控制变量的情况下，市场杠杆与模糊度之间的关系为正相关，而在控制了公司的各种特征后，两者之间的关系为负相关。他们将这一理论预测归因于不确定性对债务成本（债务收益率价差）的负面影响。他们关于模糊性对债务成本影响的观点实际上与现有的文献相悖。戴维（David，2008），考特威格和波尔森（Korteweg and Polson，2010），柏雅尔辰科（Boyarchenko，2012），陈和叶（2018）一致认为，模糊趋避导致公司债券风险溢价较大。

权衡理论。修正后的动态权衡模型可供实证方法检验，显式反映模糊趋避对公司资本结构重组时间以及杠杆调整政策的影响，这为"杠杆惰性之谜"以及"低杠杆之谜"提供了一种基于模糊性厌恶的理论解释。

最后，本章对随机折现因子（SDF）模型不确定性（model uncertainty）和错置（misspecifiaction）进行了研究。韩森和杰甘纳森（Hansen and Jagannathan，1997）以及哈德瑞克和张（Hodrick and Zhang，2001）提出了 SDF 错置的观点。Cogley（2001）进一步分析了 SDF 错置的分解结构。孔特（2006）将市场不完备性导致的定价核（或 SDF）多重性解释为模型不确定性，考察了其对金融衍生品估值的影响，成为模型不确定性研究的先驱著作。柏利伊等（Boyle et al.，2008）研究了代理人对 SDF 错置的担忧如何影响不完备金融市场中决策的稳健性。泰森（Thijssen，2011）、孔特和底格斯特（Cont and Deguest，2013）、陈和张（2019）分别将 SDF 模糊模型应用于不可逆转的投资决策、股权相关性估计和抵押保险定价问题。我们通过在动态资本结构决策中引入 SDF 模糊性来进一步推进这一类文献的发展。

第二节　不完备市场中的定价核模糊性

本节构建了一个由市场不完备性引起的定价核模糊性模型。首先简要回顾了"good-deal 区间定价理论"（good-deal pricing bound theory），然后说明定价核模糊是如何从模型中产生的，并根据 no-good-deal 条件推导模糊的结构形式。最后利用"最大—最小期望效用理论"（max-min expected utility theory）描述对定价核模糊的厌恶偏好。

一、主要经济背景设定

我们考虑一个可测的持续交易的概率空间 $(\Omega, \mathcal{F}, (\mathcal{F}_t)_{t\geqslant 0}, \mathbb{P})$，其中 Ω

表示状态空间，$\mathbb{P}$ 表示概率推测，演化路径 $(\mathcal{F}_t)_{t \geq 0}$ 为二维布朗运动 $[B(t), W(t)]$，以表示经济不确定性。为了固定利率期限结构，假设无风险债券允许被交易，并按固定利率 r 连续支付利息。

公司在初始状态是零杠杆的，可视作由一组资本资产组成的集合。与利兰（1994），戈德斯坦等（2001）等文章的观点类似，这些资产的总价值不受财务杠杆决策的影响（资本结构设定将在第三章第三节中讨论）。经理人的行为符合股东的最大利益，并且在经理人的尽职努力下，资本资产产生了不可交易的 EBIT 现金流。[①] 这些 EBIT 现金流服从如式（3.1）所示的扩散过程：

$$\frac{df(t)}{f(t)} = \mu_f dt + \sigma_{fB} dB^{\mathbb{P}}(t) + \sigma_{fW} dW^{\mathbb{P}}(t), \quad f(0) \equiv \mathbf{f} \qquad (3.1)$$

其中，μ_f 表示漂移率，σ_{fB} 表示可分散波动率，σ_{fW} 表示不可分散波动率。

根据考克兰和萨 - 瑞奎何（Cochrane and Saa - Requejo, 2000），苗和王（Miao and Wang, 2007）以及泰森（Thijssen, 2011）采用的不完备市场设定，我们考虑了一种可交易的基础资产（如一个充分分散化的市场组合），用于对冲与公司现金流有关的金融证券风险。基础资产的价值服从布朗运动：

$$\frac{dS(t)}{S(t)} = \mu_S dt + \sigma_S dB^{\mathbb{P}}(t), \quad S(0) \equiv \mathbf{S} \qquad (3.2)$$

其中，μ_S 表示增长率，σ_S 表示非负常数波动率。

根据考克兰和萨 - 瑞奎何（2000）中的推论5，物理测度下随机折现因子 Λ 可被表示为式（3.3）：

$$\frac{d\Lambda(t)}{\Lambda(t)} = -rdt - h_S dB^{\mathbb{P}}(t) - \upsilon\sqrt{\mathcal{A}^2 - h_S^2}dW^{\mathbb{P}}(t); \quad -1 \leq \upsilon \leq 1 \qquad (3.3)$$

其中，υ 控制了随机折现因子方差的大小。由于 $\upsilon \in [-1, 1]$，故随机折现因子方差 $E_t^{\mathbb{P}}\left[\left(\frac{d\Lambda(t)}{\Lambda(t)}\right)^2\right]$ 处于 0 至 $\mathcal{A}^2$ 的范围内。参数 $\mathcal{A}^2$ 的含义可表示为随机折现因子方差的上限。扩散项 h_S 和 $\upsilon\sqrt{\mathcal{A}^2 - h_S^2}$ 分别表示承担可对冲、系统性风险 $B^{\mathbb{P}}(\cdot)$ 和不可对冲、不可分散的特有性风险 $W^{\mathbb{P}}(\cdot)$ 的价格。如式（3.3）所

[①] 对于模型的模糊性，考虑代理冲突并不是必需的。许多模糊理论研究不依赖于代理冲突的设定（例如，Thijssen, 2011; Ju and Miao, 2012）。此外，代理冲突问题超出了本章的研究范围。因此，本章假设经理人与股东之间不存在代理冲突，也不考虑最优契约问题。经理人动态薪酬在模型分析中没有发挥作用。

示，随机折现因子（SDF）适用于所有经济主体，包括外部潜在投资者、股东以及经理人。

二、简单回顾 good-deal 区间定价理论

我们可以看到，只要 $\sigma_{fW} > 0$，公司的 EBIT 与基础资产价值动态相关系数 $\rho \equiv \mathrm{corr}\left(\dfrac{\mathrm{df}}{\mathrm{f}}, \dfrac{\mathrm{dS}}{\mathrm{S}}\right) = \dfrac{\sigma_{fB}}{\sqrt{\sigma_{fB}^2 + \sigma_{fW}^2}} = \sigma_{fB}\sigma_f^{-1}$ 就永远不为 1。因此，公司 EBIT 现金流的动态无法从基础资产交易中被完美复制，这意味着永远不可能实现完全对冲。换言之，标准无套利条件的单一定价法不能对与公司的 EBIT 现金流相关的金融证券（如公司债）进行估值。简而言之，由于承担非对冲不可分散风险的公平价格是未知的，与金融证券价格一一对应的随机折现因子是非唯一的，我们无法确定公司金融证券的精确价格。因此，我们仅能确定公司金融证券的价格界限。Good-deal 区间定价规则如定理（3.1）：

定理 3.1　假设公司不可交易 EBIT 现金流的扩散过程服从式（3.1），可交易基础资产的价值动态服从式（3.2）。根据 good-deal 区间定价理论，随机折现因子可表示为：

$$\frac{\mathrm{d}\Lambda(t)}{\Lambda(t)} = -\mathrm{r}\mathrm{d}t - \mathrm{h}_S\mathrm{d}\mathrm{B}^{\mathbb{P}}(t) - \mathrm{h}\mathrm{d}\mathrm{W}^{\mathbb{P}}(t);$$

$$\mathrm{h} \in \left[-\sqrt{\mathscr{A}^2 - \mathrm{h}_S^2}, \sqrt{\mathscr{A}^2 - \mathrm{h}_S^2}\right] \tag{3.4}$$

令 x^c 表示模型中由公司 EBIT 现金流衍生的待定价的永久性证券。Good-deal 区间定价的下边界可以通过下式求得：

$$\underline{\mathrm{C}}(0) = \min_{\Lambda}\mathrm{E}_0^{\mathbb{P}}\left[\Lambda(0)^{-1}\int_0^\infty \Lambda(s)\mathrm{x}^c(\mathrm{f}(s))\mathrm{d}s\right] \tag{3.5}$$

s. t. $\mathrm{S} = \Lambda(0)^{-1}\mathrm{E}_0^{\mathbb{P}}[\Lambda(t)\mathrm{S}(t)]$; $\Lambda(t) \geqslant 0$; $\mathrm{E}_t^{\mathbb{P}}\left[\left(\dfrac{\mathrm{d}\Lambda(t)}{\Lambda(t)}\right)^2\right] \leqslant \mathscr{A}^2$; $0 \leqslant t \leqslant \infty$

利用对应的极大值，我们可以得到 good-deal 区间定价的上边界[1]。

---

① 为了便于理解风险价格在随机折现因子中的含义，我们将式（3.3）重写为式（3.4）。式（3.5）的形式由 Cochrane and Saa - Requejo，2000；Hung and Liu，2005；Chen et al.，2011 得到。关于 good-deal 区间定价法的数学证明，请参考 Cochrane 和 Saa - Requejo（2000）。

Good-deal 区间定价理论的核心在于对随机折现因子波动性的约束。韩森和杰甘纳（1991）将对随机折现因子波动性的约束解释为公开市场中夏普比率的上界。考克兰和萨 – 瑞奎何（2000）在其数值计算中将随机折现因子方差的上界设定为基础资产夏普比率的 2 倍，即 $\mathcal{A}^2 = 2h_S$。他们认为，与夏普比率异常高的资产在交易过程中往往被视为一种近似的套利机会，因此投资者将追逐能够带来两倍于基础资产夏普比率的好交易机会（即文中所指 good-deal）。投资者的逐利行为形成了"准无套利"（quasi no-arbitrage）条件，构成了所有金融证券交易的 good-deal 区间，这些价格区间有助于判断一笔交易是否为好交易（即近似的套利机会）。此外我们可以从直觉上发现，超出 good-deal 区间的交易总是会给买家或卖家带来异常高的夏普比率[①]。

三、从定价核模糊到 EBIT 模型错置

这一部分我们着重解释随机折现因子（或定价核）模型如何产生模糊性，以及如何将定价核模糊转换为 EBIT 模型错置。

如式（3.4）所示，系统性风险的市场价格 h_s 是唯一且可以被观察到的，而不可分散风险的确切价格是未知的。经理人依据 no-good-deal 条件，即 $\{h \in \mathbb{R}: h^2 \leqslant \mathcal{A}^2 - h_s^2\}$，从集合内主观选择一个不可分散风险对应的价格 $h \in [-\sqrt{\mathcal{A}^2 - h_s^2}, \sqrt{\mathcal{A}^2 - h_s^2}]$。该集合内存在无数种选择，这种选择不唯一性源于 EBIT 的不可交易性（经理人无法得知 EBIT 的市场公允价格），这也导致了金融市场的不完备性。因此，在定价核模型设定中，模糊性体现于不可分散风险的市场价格。换言之，承担不可分散风险的所需的风险补偿和定价核都可以视作模糊性的来源。这与定价模型选择的模糊性（Cont，2006；Cont and Deguest，2013）或关于定价测度的模糊性（Thijssen，2011；Chen and Chang，2019）的经济意涵是相通且一致的。

在此基础上，我们通过使用贴现因子 $\tilde{\Lambda}(t) \equiv e^{-rt}$ 和不可分散风险的参考价格 $\hat{h}$，将物理测度转化为鞅测度。通过测度转换，我们得到了风险调整后的

---

① 有关随机折现因子选择对套利机会、夏普比率和交易价格界限的影响的更详细说明，请参见附录2。

EBIT 参考模型：

$$\frac{df(t)}{f(t)} = (\mu_f - \sigma_{fB}h_S - \sigma_{fW}\hat{h})dt$$
$$+ \sigma_{fB}dB^Q(t) + \sigma_{fW}dW^Q(t) \qquad (3.6)$$

从该模型中我们可以看到，风险调整后的 EBIT 动态的漂移项包含风险价格。如果决策者能够察觉到自己所承担的风险应该得到的合理补偿，该漂移项将缩减为无风险利率，即 $\mu_f - \sigma_{fB}h_S - \sigma_{fW}\hat{h} = r$。然而，我们已经意识到不可分散风险的价格存在不确定性，导致风险调整后的 EBIT 预期增长率无法估计。在对风险调整后的 EBIT 动态建模时，经理人从 no-good-deal 集合 $\{h \in \mathbb{R}: h^2 \leq \mathcal{A}^2 - h_S^2\}$ 中主观挑选一个不可分散风险价格 $h \equiv \hat{h} - h'$[①]。经理人在对公司金融证券价格评估时，事实上使用的是近似的（或错置的）EBIT 现金流模型：

$$\frac{df(t)}{f(t)} = [\mu_f - \sigma_{fB}h_S - \sigma_{fW}(\hat{h} - h')]dt$$
$$+ \sigma_{fB}dB^{Qh}(t) + \sigma_{fW}dW^{Qh}(t) \qquad [②] \qquad (3.7)$$

其中 $\mathbb{Q}h$ 相对于风险中性测度 $\mathbb{Q}$ 而言，是一个绝对连续受扭曲测度（absolutely continuous contamination measure）。$B^{Qh} = B^Q$ 是在测度 $\mathbb{Q}h$ 下的布朗运动；W^{Qh} 遵循测度转化的形式，类似于多重先验理论文献中概率场景转换（如 Gagliardini et al.，2009）：

$$W^{Qh}(t) = W^Q(t) - \int_0^t h'ds$$

h' 为满足 no-good-deal 条件下的受扭曲漂移项为：

$$(\hat{h} - h')^2 = h^2 \leq \mathcal{A}^2 - h_S^2 \Leftrightarrow E_t^{\mathbb{P}}\left[\left(\frac{d\Lambda(t)}{\Lambda(t)}\right)^2\right] \leq \mathcal{A}^2 \qquad (3.8)$$

[①] 在此模型中，我们将主观选择的不可分散风险价格作为内生决策变量。当且仅当决策者模糊厌恶时，决策者在做出经济决策时悲观地选择 $h = (\mathcal{A}^2 - h_S^2)^{0.5}$。随机折现因子方差的上限 $\mathcal{A}^2$ 由开放市场中夏普比率的外生上限决定。有关 $\mathcal{A}^2$ 测定及校准详情，将分别在第二章第四节及第四章第一节讨论。此外，值得注意的是，主观价格与参考价格之间的偏差 $|h'| = |h - \hat{h}|$ 是不可观测的。这是因为参考价格是未知的（尽管主观价格对决策者本身是可知的）。

[②] 式（3.7）给出了 EBIT 模型错置的含义。已有几篇实证论文对公司盈余现金流和金融债券定价模型错置设定进行了验证或评估。例如，基特和施瓦库玛（Jeter and Shivakumar，1999）提出了计量模型中公司非正常权责发生制估计的错置。夏特兰和图尔莱（Chatelain and Teurlai，2006）在新古典欧拉方程中发现了现金流错置的证据。梅森和杰甘纳森（1997）以及哈德瑞克和张（2001）使用结构估计的方法发现了定价核错置。

四、模糊性的结构形式推导

接下来，我们将说明如何使用 no-good-deal 条件确定模糊性参数，也由此建立模糊理论和区间定价理论之间的联系。在多重先验理论中，文献往往将状态变量（state variable）模型错置的上约束作为模糊性参数。本章将从 no-good-deal 条件出发，推导 EBIT 模型错置上约束的形式。

"熵"（entropy）是最常用于度量模型错置的指标。它有助于量化 EBIT 模型式（3.7）与参考模型式（3.1）之间的偏离程度。参考韩森和沙金特（2001）的做法，我们将贴现后的相对熵定义为：

$$\Re(\mathbb{Q}h) \equiv \int_0^\infty - E_0^h(\log m(t)) d\tilde{\Lambda}(t)$$

其中，$E_0^h(\cdot)$ 表示在测度 $\mathbb{Q}h$ 下初始时刻的期望值。$m(\cdot)$ 表示从测度 $\mathbb{P}$ 转换成测度 $\mathbb{Q}h$ 的拉东—尼柯迪姆导数（Randon – Nikodym derivatives）。通过 $W^{\mathbb{Q}h}(t) = W^{\mathbb{Q}}(t) - \int_0^t h' ds$，$W^{\mathbb{Q}}(t) = W^{\mathbb{P}}(t) + \int_0^t \hat{h} ds$，$m(t) = e^{\int_0^t -h dW^{\mathbb{Q}h}(s) + \int_0^t h^2/2 ds}$ 以及 no-good-deal 条件，我们可以推导出 EBIT 模型错置的上界：

$$\Re(\mathbb{Q}h) \leqslant \phi \equiv \int_0^\infty - 0.5(\eta - h_s) h_s t d\tilde{\Lambda}(t) = 0.5(\eta - h_s) h_s r^{-1} \quad (3.9)$$

其中，η 表示市场上可观察到的夏普比率上限（按基础资产夏普比率缩放后），即 $\eta \equiv \frac{A^2}{h_s}$[①]。式（3.9）不仅给出了衡量模糊的显式形式，还帮助我们确定多重先验策度的集合，以用于当存在定价核模糊情况下为决策者提供决策指导。

模型中使用 ϕ 作为我们的模糊参数，它是由宏观经济变量组成的，包括基础资产的夏普比率、无风险利率和开放市场夏普比率的上限。这里能刻画一个普遍经济现象，即模糊程度与经济景气成反比。很多实证研究证实了这一现象，例如布伦南等（2001）和培瑞兹—奎洛斯和提默曼（Perez – Quiros and Timmermann，2000）证明，在经济衰退大背景下，往往出现市场夏普比率的增长。考

---

① 在该模型中，所有经济主体都可以免费收集有关公开市场夏普比率观察结果的信息。因此，公司经理人和所有外部债券投资者（潜在贷款人）共享同样的信息。通过使用相同的信息集，所有决策者都采用相同的策略来校准 η（或 A^2）的取值。

特威格和波尔森（Korteweg and Polson，2010）以及博雅尔辰科（2012）发现，在市场存在压力时期，债券估值的不确定性程度有所增加。萨维尔和威尔森（2013）的研究表明，当有关宏观经济的坏消息被公布时，股票市场的夏普比率会更高。

五、定价核模糊下的最大—最小决策法则

现在我们考虑公司经理人所面临的决策问题。与博雅尔辰科（2012），陈和叶（2018）一样，我们考虑经理人是风险中性且模糊厌恶态度，并假设所有外部贷款人都具有这种偏好。这样的假设有助于我们确定经理人对风险和模糊性的偏好[①]。

基尔博和施梅德勒（Gilboa and Schmeidler，1989）提出的多重先验期望效用理论的核心是，一个具有模糊厌恶偏好的经理人会在从一组条件先验测度中选择的最坏情况下做出能够最大化其期望效用的决策。基于此，我们将公司经理人的价值规划定义为式（3.10）

$$\max_{x \in \mathbb{R},\ \mathbb{Q}h \in \mathcal{H}(\phi)} \min FV(f;\ h,\ x,\ \rho),\ \mathcal{H}(\phi) = \{\mathbb{Q}h \in \mathcal{H} : \mathfrak{R}(\mathbb{Q}h) \leq \phi\} \quad (3.10)$$

其中，$FV(f;\ h,\ x,\ \rho)$ 表示先验测度 $\mathbb{Q}h$ 下公司价值的条件期望值，x 表示一组资本结构决策变量的向量（包括债券发行金额、票面利率水平、破产阈值、重组阈值）[②]。式（3.10）的形式符合最大—最小期望效用理论，也等价于韩森和沙金特（2001；2008）和韩森等（2006）所示的约束稳健性控制理论[③]。

我们的模糊性模型和泰森（2011）的一个重要区别在于它与标准理性预期效

---

① Chen and Yeh（2018）通过研究债券对冲和资产替代问题，合理化了经理人的模糊厌恶态度。他们的结论是，考虑到对冲成本和资产替代代理成本，潜在的贷款人往往表现出对模糊的厌恶情绪。因此，在进行债务融资决策和债券发行定价时，管理者应该将自己的模糊性态度顺从外部贷款人的态度。否则，他们就无法从外部借贷者获得融资。这是因为经理人和潜在债券投资人就债券所承担的不可分散风险的合理补偿，会存在认知分歧。从模糊厌恶的贷款人角度来看，合理补偿远远高于模糊偏好（ambiguity-seeking）的管理者所认为的那样。因此，若模糊偏好的经理人发行公司债券收益率太低，则无法吸引外部模糊厌恶的投资者。因此在我们的模型中，所有外部贷款人都是模糊厌恶的，管理者的模糊态度与贷款人一致。
② 公司价值函数的显式形式见式（3.16）（见第三章第三节）。
③ 模糊厌恶（模型不确定性）在概念上等同于对模型错误规范的恐惧，因此式（3.10）可以转化为
$$\max_{\vartheta \geq 0}\ \max_{x \in \mathbb{R}_+,\ h \in \mathbb{R}} \min\ (FV(f;\ h,\ x,\ \rho) + \Theta(\mathfrak{R}(\mathbb{Q}h) - \phi))$$
其中 $\max_{x \in \mathbb{R}_+,\ h \in \mathbb{R}} \min(FV(f;\ h,\ x,\ \rho) + \Theta\mathfrak{R}(\mathbb{Q}h))$ 表示相应的稳健性控制惩罚因子，Θ 为正的惩罚参数。有关这两类稳健性控制问题之间转换定理的详细信息，请参见韩森等（2006）。

用理论的联系不同。在泰森（2011）和大多数研究模糊理论的文献中，这种联系通常依赖于模糊度参数。若不存在模糊性，则模糊度参数外生假设为 0（$\phi = 0$）。然而，这种假设与我们的基本假设不兼容，因为模糊度参数不是人为设定的，而是由 no-good-deal 条件内生度量的，如第三章第二节所讨论的，模糊的大小是由宏观经济情况反映的，形如 $\phi = 0$ 表示模糊性的大小是无法被合理化的。

在我们的模型中，可通过信息约束 ρ 将模糊偏好与理性期望的效用模型联系起来。当 ρ 较低（较高）时，经理人从市场投资组合中了解到的单个公司 EBIT 动态信息较少（较多）。信息约束的强度（意即 $\sqrt{1-\rho^2}$ 的值）本质上决定了模糊对决策和 EBIT 模型设定的影响程度。该思路可以用如下方式呈现：

$$\frac{df(t)}{f(t)} = \left[\mu_f - \sigma_{fB} h_S - \sigma_{fW} h \right] dt + \sigma_{fB} dB^{Qh}(t) + \sigma_{fW} dW^{Qh}(t)$$

$$= \left[\mu_f - (h_S \rho + h\sqrt{1-\rho^2})\sigma_f \right] dt + \sigma_f (\rho dB^{Qh}(t) + \sqrt{1-\rho^2} dW^{Qh}(t))$$

如果 $\rho \to 100\%$，信息约束被移除，模糊度对风险调整后的 EBIT 预期增长率（$h\sqrt{1-\rho^2}$）的影响消失，式（3.10）的值降低为对应的无模糊的情况：$\max_{x \in \mathbb{R}_+} FV(\mathbf{f}; 0, x, 1)$。

六、考虑定价核模糊下的资产价值动态

在第三章第二节的最末，我们考虑公司资产的估值以及资产的价值动态。资产价值可以表示为未来 EBIT 折现流量的预期总和，即对于任意 $t > 0$ 和来自 $\mathcal{H}(\phi)$ 的先验测度 Qh，

$$V(t; h) = \mathbb{E}_t^h \int_t^\infty \tilde{\Lambda}(s-t) f(s) ds$$

为了节省篇幅，我们在附录 3 中给出了求解资产价值的显式形式及其动态的数学证明。资产价值的动态表达式可以表示为：

$$V(t; h) = \frac{f(t)}{(r - \mu_f + \sigma_{fB} h_S + \sigma_{fW} h)}, \quad V(0; h) = V(h)$$

利用伊藤引理和式（3.7）可得

$$\frac{dV(t; h)}{V(t; h)} = (\mu_f - \sigma_{fB} h_S - \sigma_{fW} h) dt + \sigma_{fB} dB^{Qh}(t) + \sigma_{fW} dW^{Qh}(t) \quad (3.11)$$

由于 EBIT 现金流或资产价值之间的关系是严格单调的，因此它们都可以作为模型中的状态变量。在第三章第三节中，我们将遵循戈德斯坦等（2001）的方法，使用资产价值作为状态变量，构建定价核心模糊的资本结构模型。为了便于说明，我们有时将资产价值表示为 V 或 V(h)。

第三节 基于 EBIT 的权衡理论的应用

本章利用扭曲的风险调整后资产动态［式（3.11）］作为状态变量模型，重新构建了戈德斯坦等（2001）提出的权衡理论模型。在模型建立阶段，我们将不可对冲风险的价格 h 等价于选择条件先验测度 Q_h，该参数为任意常数①。完成模型建立后，我们求解资本结构变量和最优的条件测度 h^*。我们的模型求解策略与戈德斯坦等（2001）是一致的，因为在这两个模型中，状态变量过程的漂移系数和波动系数都是与时间无关的。为了研究模糊偏好如何影响动态重组对资本结构决策，我们分别重建了静态和动态权衡模型。

一、静态资本结构模型

遵循戈德斯坦等（2001）的观点，我们考虑这样一种情况，公司打算发行永久性债券，承诺只要公司具有偿债能力，就会向债权人支付固定利息 I。公司决定违约的阈值用 Vb(h，I，ρ) 表示，即当 V(h) = Vb(h，I，ρ) 时，公司违约。违约阈值是由平滑过渡条件（smooth-pasting condition，即破产时股东权益对

---

① 在附录 4 中，我们证明了所有公司求偿权的价值对不分散风险价格（条件先验）的变化表现出单调的敏感性。此外，与考克兰和萨－瑞奎何（2000）一样，夏普比率的上界、基础资产的夏普比率和无风险利率都是常数，在这些设定下，模糊参数是固定的。因此，根据 $h \in \left[-\sqrt{\eta h_S - h_S^2}，\sqrt{\eta h_S - h_S^2} \right]$ 和最大－最小决策函数，我们的模型给出了最优先验为角解 $h^* = \sqrt{\eta h_S - h_S^2}$。这表明，具有模糊厌恶偏好的经理人所选择的条件先验一定与时间无关（角解不是时间的函数）。针对这种时间无关的性质，在推导公司求偿权定价公式时，我们将不可分散风险价格视作任意常数。

资产价值的敏感性为零）内生求解得到的。一旦发生破产，资产清算过程中会损失一笔金额 $Vb(h, I, \rho) \cdot \beta$，其中 β 表示破产成本率。

令 $\xi(V; h, \delta, \rho)$ 表示针对公司资产的一般化的永久求偿权，这一承诺只要公司具有偿债能力，就会向债务持有人持续支付固定利息 δ。戈德斯坦等（2001）发现该证券的值满足如式（3.12）所示的常微分方程（ODE）：

$$[r + (h_f - h^s\rho - h\sqrt{1-\rho^2})\sigma_f]V\xi_V + \left(\frac{1}{2}\right)\sigma_f^2 V^2 \xi_{VV} + \delta - r\xi = 0 \qquad (3.12)$$

其中 $h_f = \dfrac{\mu_f - r}{\sigma_f}$ 表示公司资产的夏普比率，式（3.12）第一项 $r + (h_f - h_s\rho - h\sqrt{1-\rho^2})\sigma_f$ 等价于 $\mu_f - \sigma_{fB}h_s - \sigma_{fW}h$[①]。上述 ODE 的核心形式与戈德斯坦等（2001）中的式（8）非常相似。由于状态变量过程具有恒定的增长速度和波动率，这两种 ODE 的通解也有相似之处。式（3.12）的通解可以表示为

$$\xi(V; h, \delta, \rho) = \delta r^{-1} + \omega_1 V(h)^{-X(h, \rho)} + \omega_2 V(h)^{-Y(h, \rho)}$$

其中

$X(h, \rho)$

$$\equiv \frac{r + (h_f - h_s\rho - h\sqrt{1-\rho^2})\sigma_f + \sqrt{(r + (h_f - h_s\rho - h\sqrt{1-\rho^2})\sigma_f - 0.5\sigma_f^2)^2 + 2r\sigma_f^2}}{\sigma_f^2} - \frac{1}{2}$$

$Y(h, \rho)$

$$\equiv \frac{r + (h_f - h_s\rho - h\sqrt{1-\rho^2})\sigma_f - \sqrt{(r + (h_f - h_s\rho - h\sqrt{1-\rho^2})\sigma_f - 0.5\sigma_f^2)^2 + 2r\sigma_f^2}}{\sigma_f^2} - \frac{1}{2}$$

两个常数 $\langle \omega_1, \omega_2 \rangle$ 由边界条件确定[②]。边界条件的设计取决于待定价的公司证券类型。我们与戈德斯坦等（2001）的通解相似性决定了公司证券定价形式的相似性。下面我们分两步推导了基于资本结构价值规划的公司证券定价公式：第一步考虑公司经营期间（即有偿付能力）的情况，第二步考虑公司破产（债券违约）的情况。

1. 公司证券的估值：公司持续经营的情况

首先考虑公司有偿付能力的情况。在这种情况下，政府、债务人和股东分别通过税收、利息支付和股利分享公司的现金流。因此，如果这三种求偿权

---

① 证明细节请见附录3。
② 相比较而言，可参考戈德斯坦等（2001）中的式（15）。

（证券）都由一个决策者持有，只要公司价值保持 Vb(h，I，ρ) 以上，她就有权获得全部的流出现金。我们将此证券的值定义为 $\xi_{solv}(V；h，I，ρ)$。该债权应满足式（3.12）和两个边界条件：

$$\lim_{V\uparrow\infty}\xi_{solv}(V；h，I，ρ)=V(h) \text{ 和 } \lim_{V\downarrow Vb(h,I,ρ)}\xi_{solv}(V；h，I，ρ)=0$$

根据戈德斯坦等（2001）的式（10）和式（11），该证券的价值有如下显式形式：[①]

$$\xi_{solv}(V；h，I，ρ)=V(h)-Vb(h，I，ρ)\left[\frac{V(h)}{Vb(h，I，ρ)}\right]^{-X(h,ρ)} \qquad (3.13)$$

接下来我们考虑在公司经营期间的利息求偿权价值 $\xi_{int}(V；h，I，ρ)$。当公司违约时，该求偿权价值等于零；当资产价值接近无穷时，该求偿权的价值等于利息支付的资本化价值 Ir^{-1}。因此，定价公式满足式（3.12），其中 δ = I，且满足两个边界条件，分别为

$$\lim_{V\downarrow Vb(h,I,ρ)}\xi_{int}(V；h，I，ρ)=0 \text{ 和 } \lim_{V\uparrow\infty}\xi_{int}(V；h，I，ρ)=Ir^{-1}$$

利息的求偿权价值可表示为

$$\xi_{int}(V；h，I，ρ)=Ir^{-1}\left[1-\left(\frac{V(h)}{Vb(h，I，ρ)}\right)^{-X(h,ρ)}\right] \qquad (3.14)$$

同理我们可以得到股东、政府和债权人在公司经营期内的求偿权价值：

$$E_{solv}(V；h，I，ρ)=(1-\tau)(1-\tau_d)\underbrace{\left[\xi_{solv}(V；h，I，ρ)-\xi_{int}(V；h，I，ρ)\right]}_{\text{before-tax value of dividend flows}}$$

$$(3.15)$$

$$G_{solv}(V；h，I，ρ)$$
$$=\underbrace{\left[1-(1-\tau)(1-\tau_d)\right]\left[\xi_{solv}(V；h，I，ρ)-\xi_{int}(V；h，I，ρ)\right]}_{\text{taxes from equity holders}}$$
$$+\underbrace{\tau_i\xi_{int}(V；h，I，ρ)}_{\text{taxes from debt holders}}$$
$$D_{solv}(V；h，I，ρ)=(1-\tau_i)\times\underbrace{\xi_{int}(V；h，I，ρ)}_{\text{before-tax value of interest flows}}$$

其中，τ_i 和 τ_d 分别表示利息和股息的个人所得税税率。

2. 公司证券的估值：公司破产的情况

接下来我们把注意力转向公司破产的情况。违约求偿权的价值等于资产总

---

① 式（3.12）在 δ = f 时的通解是 $\xi_{solv}(V；h，I，ρ)=V(h)+\omega_1 V(h)^{-X(h,ρ)}+\omega_2 V(h)^{-Y(h,ρ)}$。根据两个边界条件，$\lim_{V\uparrow\infty}\xi_{solv}(V；h，I，ρ)=V(h)$ 和 $\lim_{V\downarrow Vb(h,I,ρ)}\xi_{solv}(V；h，I，ρ)=0$，我们可以得到如式（3.13）所示的 $\xi_{solv}(\cdot)$ 的显性形式。

值减去经营期间的价值:

$$\xi_{def}(V;\ h,\ I,\ \rho) = V(h) - \xi_{solv}(V;\ h,\ I,\ \rho)$$

$$= Vb(h,\ I,\ \rho)\left[\frac{V(h)}{Vb(h,\ I,\ \rho)}\right]^{-X(h,\rho)}$$

违约证券的价值由为债权人、破产损失和政府纳税共享:

$$D_{def}(V;\ h,\ I,\ \rho) = (1-\tau)(1-\tau_d)(1-\beta)\xi_{def}(V;\ h,\ I,\ \rho)$$

$$BC_{def}(V;\ h,\ I,\ \rho) = \beta\xi_{def}(V;\ h,\ I,\ \rho)$$

$$G_{def}(V;\ h,\ I,\ \rho) = (1-(1-\tau)(1-\tau_d))(1-\beta)\xi_{def}(V;\ h,\ I,\ \rho)$$

值得注意的是,破产时债务回收价值(recovery payment)的税率是 $1-(1-\tau)\cdot(1-\tau_d)$,而不是 τ_i。因为一旦发生违约,债权人将接管公司成为新的股东,他们收到的剩余资产的价值相当于未来所有贴现股利的总和,因而按照股利适用税率纳税。

我们的模型还考虑了资本重组成本,这些成本产生于债券发行过程,但先于将募集到的资金分配到股东手中。根据大多数文献,假设这部分成本与债券的初始价值成正比:

$$RC(V;\ h,\ I,\ \rho) = \pi(D_{def}(V;\ h,\ I,\ \rho) + D_{solv}(V;\ h,\ I,\ \rho))$$

3. 资本结构决策问题求解

我们接下来推导出公司资本结构决策的最优解。首先从平滑过渡条件 $\left.\frac{\partial E_{solv}}{\partial V}\right|_{V=Vb} = 0$ 可求解最优破产触发水平 Vb^*。将式(3.15)对 V 求导,令该表达式为零且 $V = Vb$,由 $Vb = Vb^*$ 得到

$$Vb^* = \theta(h,\ \rho)Ir^{-1} \equiv Vb^*(h,\ I,\ \rho)$$

其中,$\theta(h,\ \rho) \equiv \dfrac{X(h,\ \rho)}{X(h,\ \rho)+1}$。接着,根据式(3.10),我们用 $D_{def}(\cdot) + D_{solv}(\cdot) + E_{solv}(\cdot) - RC(\cdot)$ 替换 $FV(\cdot)$,则经理人的资本结构决策目标函数可表示为:

$$\max_{I\geq 0}\ \min_{Qh\in\mathcal{H}(\phi)}\mathbb{E}_0^h\big[D_{def}(\mathbf{V}(h);\ h,\ I,\ \rho) + D_{solv}(\mathbf{V}(h);\ h,\ I,\ \rho)$$

$$+ E_{solv}(\mathbf{V}(h);\ h,\ I,\ \rho) - RC(\mathbf{V}(h);\ h,\ I,\ \rho)\ \big|$$

$$Vb(h,\ \rho) = Vb^*(h,\ I,\ \rho)\big] \tag{3.16}$$

经理人的目标是从多重先验测度 $\mathcal{H}(\phi)$ 中选择经风险调整的 EBIT 增长率最坏情况(即最低 EBIT 增长率),并且在此最坏情况下选择一个能够使股东总财富

最大化的最优票面利率水平[1]。

将式（3.16）对扭曲测度下漂移项 h 微分在数学上是难以处理的。因此，我们通过数值计算的方法，寻找包含风险调整后 EBIT 增长率的最坏情况下的 h^*，即不可分散风险的价格。结果显示，最优解为角解 $h^* = \sqrt{\eta h_S - h_S^2}$[2]。将 h^* 代入式（3.16），利用一阶微分条件（First-Order Condition，FOC）得到最优票面利率的封闭解：

$$I^* = \mathbf{V}(h^*) r \left[\theta(h^*, \rho) \right]^{-1} \left\{ \left[1 - \theta(h^*, \rho) \right] \left[\frac{\Gamma}{(\Gamma + \vartheta(h^*, \rho))} \right] \right\}^{\frac{1}{X(h^*, \rho)}}$$

(3.17)

其中，$\Gamma \equiv (1-\pi)(1-\tau_i) - (1-\tau)(1-\tau_d)$，$\vartheta(h^*, \rho) \equiv \theta(h^*, \rho)(1-\tau)(1-\tau_d)[1-(1-\pi)(1-\beta)]$。

值得注意的是，当 ρ→100%，式（3.17）简化为戈德斯坦等（2001）的式（35）。式（3.17）的解使我们能够了解最优息票与各种公司特征（如公司规模、资产增长率、资产波动性）之间的结构关系。例如，大公司发行的债券通常支付更多的利息。将 I^* 代入模型可以得到最优资本结构下公司财务变量的显式解，包括杠杆率（即负债比率）、债券收益率价差、债务回收率（recovery rate）、税收豁免价值等。这些财务变量将用以我们在第三章第四节中对数值分析的讨论。

还应注意 Γ 应该是正的，因为举债具有税收优势。我们将债务的税收优势衡量为：由于债务发行，股东的总财富增加的百分比，即：

$$\frac{TV(\mathbf{V}(h^*); h^*, I^*, \rho)}{[\mathbf{V}(h^*)(1-\tau_{\text{eff}})]} - 1$$

其中，

$$TV(\mathbf{V}(h^*); h^*, I^*, \rho) = E_{\text{solv}}(\mathbf{V}(h^*); h^*, I^*, \rho)$$
$$+ D_{\text{def}}(\mathbf{V}(h^*); h^*, I^*, \rho)$$
$$+ D_{\text{solv}}(\mathbf{V}(h^*); h^*, I^*, \rho)$$

---

[1] 在式（3.16）的定义中，我们考虑的是公司的总价值，而不是股权价值。原因在于，发债所得将作为股利分配给现有股东，因此股东的总财富并不等于股权价值。当前股东获得的总价值（就在债券发行之前）等于股权价值 $E_{\text{solv}}(\cdot)$ 加上出售债权的公允价值 $D_{\text{def}}(\cdot) + D_{\text{solv}}(\cdot)$ 减除重组成本 $RC(\cdot)$。

[2] 在附录 4 中，我们证明了公司总价值与条件先验变化具有单调关系。因此，给定式（3.16）

$$h \in \left[-\sqrt{\eta h_S - h_S^2}, \sqrt{\eta h_S - h_S^2} \right]$$

将得到最优解为角解 $h^* = \sqrt{\eta h_S - h_S^2}$。这意味着有模糊厌恶偏好的经理人选择的条件先验将是独立于时间的。

$$-RC(\mathbf{V}(h^*);\ h^*,\ I^*,\ \rho)$$

表示最优杠杆水平下股东的总财富，$\mathbf{V}(h^*)(1-\tau_{eff})$ 代表股东在无负债情况下的财富，$\tau_{eff}\equiv 1-(1-\tau)(1-\tau_d)$ 是公司的实际税率（effective tax rate）。为了便于理解税收豁免价值的含义，我们进一步按照戈德斯坦等（2001）的公式（37）推导出

$$TV(\mathbf{V}(h^*);\ h^*,\ I^*,\ \rho)=\mathbf{V}(h^*)\left[(1-\tau_{eff})+\Gamma\left(\frac{\Gamma\theta(h^*,\ \rho)}{\Gamma+\vartheta(h^*,\ \rho)}\right)^{1/X(h^*,\rho)}\right],$$

该式隐含了税收优势的显性形式$\dfrac{\Gamma}{1-\tau_{eff}}\left(\dfrac{\Gamma\theta\ (h^*,\ \rho)}{\Gamma+\vartheta\ (h^*,\ \rho)}\right)^{1/X(h^*,\rho)}$。正的 Γ 表明，对任意 $\pi>0$，实际税率都足够高，足以支付债务重组成本和债务持有人所缴的税款，以使债务获得正的税收豁免利益。

二、动态资本结构模型

本小节通过考虑定价核模糊和向上调整财务杠杆的选择权，重新构建了基于 EBIT 的动态权衡模型。与静态权衡模型类似，该模型有一个公司违约的阈值 $Vb(\cdot)$；同时也会有一个阈值 $Vu=\varpi V$，当在这个阈值状态下，公司将发行在外的债券赎回，然后再发行规模更大的新债券（即重组）。所有已发行的债务均可按面值赎回。我们首先确定所有相关求偿权在"阶段0"的情况，即从当前时间到第一个资本结构调整时间。然后，利用比例特性（scaling property），确定求偿权的现值。

在继续推导之前，我们可以将 $\xi_{up}(V;\ h,\ I,\ \varpi,\ \rho)$ 和 $\xi_{ban}(V;\ h,\ I,\ \varpi,\ \rho)$ 分别定义为公司重组和破产时支付 1 美元的求偿权现值。由于这两个求偿权不会连续产生利息，它们的值满足式（3.12），其中 $\delta=0$，且满足相应的边界条件：$\xi_{up}(Vb;\ h,\ I,\ \varpi,\ \rho)=0$，$\xi_{up}(Vu;\ h,\ I,\ \varpi,\ \rho)=1$，$\xi_{ban}(Vb;\ h,\ I,\ \varpi,\ \rho)=1$ 和 $\xi_{ban}(Vu;\ h,\ I,\ \varpi,\ \rho)=0$。根据戈德斯坦等（2001）的式（52）和式（54），我们可以得到：

$$\xi_{up}(V;\ h,\ I,\ \varpi,\ \rho)$$

$$= \frac{V^{-X(h,\rho)}\big[Vb(h,\ I,\ \varpi,\ \rho)\big]^{-Y(h,\rho)} - V^{-Y(h,\rho)}\big[Vb(h,\ I,\ \varpi,\ \rho)\big]^{-X(h,\rho)}}{\Xi(h,\ I,\ \varpi,\ \rho)}$$

$$(3.18)$$

$$\xi_{ban}(V;\ h,\ I,\ \varpi,\ \rho) = \frac{V^{-Y(h,\rho)}(\varpi V)^{-X(h,\rho)} - V^{-X(h,\rho)}(\varpi V)^{-Y(h,\rho)}}{\Xi(h,\ I,\ \varpi,\ \rho)}$$

$$(3.19)$$

其中 $\Xi(h,\ I,\ \varpi,\ \rho) \equiv \big[Vb(h,\ I,\ \varpi,\ \rho)\big]^{-Y(h,\rho)}(\varpi V)^{-X(h,\rho)} - \big[Vb(h,\ I,\ \varpi,\ \rho)\big]^{-X(h,\rho)}(\varpi V)^{-Y(h,\rho)}$，$\xi_{up}$ 和 ξ_{ban} 是所有首期的求偿权的定价基础，所有的求偿权价值都可以用它们简洁地表示。

1. 公司求偿权的估值：首期的情况

首先我们遵循戈德斯坦等（2001）考虑以下四种求偿权：ξ_{solv_0}（首期内，公司没有破产和重组，对于总现金支付的索取权），ξ_{int_0}（首期内，对于连续利息的索取权），ξ_{res_0}（在重组点，对全部 EBIT 现金流的索取权）和 ξ_{def_0}（在破产点，对全部 EBIT 现金流的索取权），它们的值分别由下式表示[①]：

$$\xi_{solv\_0}(V;\ h,\ I,\ \varpi,\ \rho) = V(h) - \xi_{up}(V;\ h,\ I,\ \varpi,\ \rho)\varpi V$$
$$- \xi_{ban}(V;\ h,\ I,\ \varpi,\ \rho)Vb(h,\ I,\ \varpi,\ \rho)$$

$$\xi_{int\_0}(V;\ h,\ I,\ \varpi,\ \rho) = Ir^{-1}(1 - \xi_{ban}(V;\ h,\ I,\ \varpi,\ \rho) - \xi_{up}(V;\ h,\ I,\ \varpi,\ \rho))$$

$$\xi_{res\_0}(V;\ h,\ I,\ \varpi,\ \rho) = \xi_{up}(V;\ h,\ I,\ \varpi,\ \rho)\varpi V$$

$$\xi_{def\_0}(V;\ h,\ I,\ \varpi,\ \rho) = \xi_{ban}(V;\ h,\ I,\ \varpi,\ \rho)Vb(h,\ I,\ \varpi,\ \rho)$$

因此，在盈亏互补（公司本年度的亏损可以由以后几年的收益抵消，从而减少后几年的应纳税额）的假设下，债权人、股东、政府和清算机构所持有的求偿权价值分别为：

$$d_0(V;\ h,\ I,\ \varpi,\ \rho) = (1-\tau_i)\underbrace{\xi_{int\_0}(V;\ h,\ I,\ \varpi,\ \rho)}_{\text{the value of interest flows}}$$
$$+ (1-\tau_{eff})\underbrace{(1-\beta)\xi_{def\_0}(V;\ h,\ I,\ \varpi,\ \rho)}_{\text{debt recovered payments}} \quad (3.20)$$

[①] 根据定义，ξ_{solv_0}，ξ_{int_0}，ξ_{def_0} 和 ξ_{res_0} 的值应满足式（3.12），其中 $\delta = f$，$\delta = I$，$\delta = 0$，$\delta = 0$。根据相应的边界条件：$\lim_{V\downarrow Vu}\xi_{solv\_0}(\cdot) = 0$，$\lim_{V\uparrow Vb}\xi_{solv\_0}(\cdot) = 0$，$\lim_{V\downarrow Vb}\xi_{int\_0}(\cdot) = 0$，$\lim_{V\uparrow Vu}\xi_{int\_0}(\cdot) = 0$，$\lim_{V\uparrow Vu}\xi_{res\_0}(\cdot) = Vu$，$\lim_{V\downarrow Vb}\xi_{res\_0}(\cdot) = 0$，$\lim_{V\downarrow Vb}\xi_{def\_0}(\cdot) = Vb$，$\lim_{V\uparrow Vu}\xi_{def\_0}(\cdot) = 0$。由此可轻易推导出相应求偿权的定价公式。有关上述边界条件的数学推导的详细信息，请参阅 Goldstein 等（2001）的第 3A 节。

$$e_0(V;\ h,\ I,\ \varpi,\ \rho) = (1-\tau_{eff})(\underbrace{\xi_{solv\_0}(V;\ h,\ I,\ \varpi,\ \rho) - \xi_{int\_0}(V;\ h,\ I,\ \varpi,\ \rho)}_{\text{the value of dividend flows}})$$

$$(3.21)$$

$$g_0(V;\ h,\ I,\ \varpi,\ \rho) = \underbrace{\tau_{eff}(\xi_{solv\_0}(V;\ h,\ I,\ \varpi,\ \rho) - \xi_{int\_0}(V;\ h,\ I,\ \varpi,\ \rho))}_{\text{taxes from shareholders}}$$

$$+ \underbrace{\tau_i \xi_{int\_0}(V;\ h,\ I,\ \varpi,\ \rho)}_{\text{taxes from bondholders (before default)}}$$

$$+ \underbrace{\tau_{eff}(1-\beta)\xi_{def\_0}(V;\ h,\ I,\ \varpi,\ \rho)}_{\text{taxes from bondholders (after default)}} \qquad (3.22)$$

$$bc_0(V;\ h,\ I,\ \varpi,\ \rho) = \beta \times \underbrace{\xi_{def\_0}(V;\ h,\ I,\ \varpi,\ \rho)}_{\text{expected firm value at default}} \qquad (3.23)$$

值得注意的是，式（3.20）~式（3.23）所述的求偿权价值之和等于 $V - \xi_{res\_0}(\cdot)$。这里暗含的经济直觉为，首期的总和求偿权价值等于公司资产总价值扣除掉未来阶段的现金流。

2. 公司求偿权的估值：全期的情况

本小节通过比例特性确定所有阶段的求偿权的总现值①。戈德斯坦等（2001）表明，如果两家公司 Y 和 Z 是相同的，除了他们的初始公司价值相差一定倍数 $V_Y = \varpi V_Z$，那么两家公司最优的票息率满足 $I_Y^* = \varpi I_Z^*$，最优的违约阈值满足 $Vb_Y^* = \varpi Vb_Z^*$，以及所有求偿权的价值都相差同样的倍数 ϖ。我们模型中同样存在这种该比率特性。当公司第一次发行债券时它的价值是 V，当公司通过按面值赎回债券、进行资本结构调整后，它的价值上升至 $Vu^* = \varpi^* V$（请注意，由于模糊度参数为常数，状态变量过程的最坏情况先验选择与时间无关，因此比率倍数为恒定常数）。

具体来说，比率特性意味着 $I_\gamma^* = I^*(\varpi^*)^\gamma$。所有阶段 γ 的求偿权价值都以相同的倍数 $(\varpi^*)^\gamma$ 增加。由式（3.18）和式（3.19）可知，ξ_{up} 和 ξ_{ban} 不受到资本结构调整的影响。这表明，公司违约和重组的可能性在未来所有阶段都保持不变。

接着我们确定初始发行的债务价值和总股权价值。由于债务是假设按面值赎回的，因此债务求偿权的价值等于首期的利息求偿权价值 $d_0(\cdot)$，再加上赎回的预期价值 $D_0(\cdot)\xi_{up}(\cdot)$：

---

① 回忆我们前文所提到的，随机折现因子波动率的上限和基础资产夏普比率都是固定的，任何时间点的公司总价值都是一个单调函数，它是不分散风险价格 h 的函数（见附录4）。因此，面对多重先验集合 $\mathcal{H}(\phi) \cong h \in \left[-\sqrt{\eta h_s - h_s^2},\ \sqrt{\eta h_s - h_s^2}\right]$ 的模糊厌恶经理人总是选择隐含的最坏情况 $h^* = \sqrt{\eta h_s - h_s^2}$（角解）。此外，这种最坏情况下的先验选择是与时间无关的，这表明它在任何时间点对所有求偿权都是相同的。

$$D_0(V; h, I, \varpi, \rho) = d_0(V; h, I, \varpi, \rho) + D_0(\mathbf{V}(h); h, I, \varpi, \rho) \cdot$$
$$\xi_{up}(V; h, I, \varpi, \rho) \tag{3.24}$$

为了探究初始债务价值的结构，我们根据 $V = \mathbf{V}(h)$ 以及债券按照面值发行的假设 $D_0(V; h, I, \varpi, \rho) = D_0(\mathbf{V}(h); h, I, \varpi, \rho)$ 重写了式 (3.24)：

$$D_0(\mathbf{V}(h); h, I, \varpi, \rho) = d_0(\mathbf{V}(h); h, I, \varpi, \rho) \cdot$$
$$(1 - \xi_{up}(\mathbf{V}(h); h, I, \varpi, \rho))^{-1}$$
$$= d_0(\mathbf{V}(h); h, I, \varpi, \rho)(1 + \xi_{up}(\cdot)$$
$$+ (\xi_{up}(\cdot))^2 + \cdots + (\xi_{up}(\cdot))^{\infty})$$

这表明，重组选择权的预期价值等于未来期间所有连续利息和破产时回收金额的总和。

在首次发行债券之前，总股本价值等于未来期间所有跨期债务和股本求偿权的总和

$$(d_0(\cdot) + e_0(\cdot))(1 + \varpi\xi_{up}(\cdot) + (\varpi\xi_{up}(\cdot))^2 + \cdots + (\varpi\xi_{up}(\cdot))^{\infty})$$

减去公司资本结构重组成本 $\pi D_0(\cdot)(1 + \varpi\xi_{up}(\cdot) + (\varpi\xi_{up}(\cdot))^2 + \cdots + (\varpi\xi_{up}(\cdot))^{\infty})$，即

$$E_{0-}(\mathbf{V}(h); h, I, \varpi, \rho) = (e_0(\mathbf{V}(h); h, I, \varpi, \rho) + d_0(\mathbf{V}(h); h, I, \varpi, \rho)$$
$$- \pi D_0(\mathbf{V}(h); h, I, \varpi, \rho)) \sum_{\gamma=0}^{\infty} (\varpi\xi_{up}(\mathbf{V}(h); h, I, \varpi, \rho))^{\gamma} \tag{3.25}$$

利用式 (3.25)，我们可以方便地分离发行债券后任何时间的总股本价值（记为 $E_{0+}(\cdot)$）与发行初期债券获得的净收益 $(1 - \pi)D_0(\cdot)$，即，

$$E_{0-}(\mathbf{V}(h); h, I, \varpi, \rho) = E_{0+}(\mathbf{V}(h); h, I, \varpi, \rho)$$
$$+ (1 - \pi)D_0(\mathbf{V}(h); h, I, \varpi, \rho)$$

这意味着，在任何时候，股本价值在债券发行后可表示为[①]：

$$E_{0+}(V; h, I, \varpi, \rho) = \xi_{up}(V; h, I, \varpi, \rho)(\varpi E_{0-}(\mathbf{V}(h); h, I, \varpi, \rho)$$
$$- D_0(V(h); h, I, \varpi, \rho)) + e_0(V; h, I, \varpi, \rho)$$

E_{0+} 实际上等于跨期股利 $e_0(\cdot)$ 和未来期间所有现金流入 $\xi_{up}(\cdot)E_{0-}(\cdot)\varpi$，减去用于赎回债务的现金流出 $\xi_{up}(\cdot)D_0(\cdot)$。

---

① 有关推导的详细信息，请参阅 Goldstein 等 (2001) 中的式 (72)、第 3C 节和附录 B。

3. 资本结构决策问题求解

在动态模型中，经理人的目标函数类似于式（3.16）：

$$\max_{I, \varpi} \min_{Qh \in \mathcal{H}(\phi)} \mathbb{E}_0^h [E_{0+}(\mathbf{V}(h); h, I, \varpi, \rho) + (1-\pi) D_0(\mathbf{V}(h);$$
$$h, I, \varpi, \rho) \mid Vb(\cdot) = Vb^*(\cdot)] \qquad (3.26)$$

其中，与静态模型保持一致，由平滑过渡条件 $\dfrac{\partial E_{0+}}{\partial V}\bigg|_{V=Vb} = 0$ 求解最优破产阈值 Vb^*。式（3.26）表明经理人在多重先验中的最坏情况下最大化股东总财富，内生变量为票面利率水平 I^* 和重组门槛 $\varpi^* = \dfrac{Vu^*}{V}$。由于式（3.26）不存在封闭解，我们采用数值算法求解。

第四节 定量分析结果

本节进行了数值分析，研究对定价核模糊的趋避态度对公司的最优资本结构选择以及动态资本结构调整的影响，并将戈德斯坦等（2001）的动态权衡模型作为我们的基准模型进行了比较（设 $\rho \to 100\%$）。

一、参数校准

我们选择的基准参数值如表 3 - 1 所示，大体上反映了一个典型的美国公司。我们规范化了初始无杠杆资产价值 $\mathbf{V}$ 到 \$100。尽管这个值是任意的，但我们在下文会展示，债务比率和最佳财务杠杆下的债券收益率价差都不依赖于这个参数的选择。我们设置了无风险利率为 5%。这个值是比较标准的选择。其余参数校准如下。

表 3 – 1　　　　　　　　　　　　　基准参数

参数	符号	赋值
无风险利率	r	5%
初始资产价值	V	$100
EBIT 波动率	σ_f	25%
破产成本	β	45%
交易成本	π	1%
股利税率	τ_d	15%
利息税率	τ_i	30%
公司所得税税率	τ	35%
基础资产夏普比率	h_S	0.35
SDF 波动率上限	η	2
EBIT – 市场相关性	ρ	90%
物理测度下的 EBIT 增长率	μ_f	10%

1. 税率

格雷厄姆（2000）估计了股利个人所得税率和利息个人所得税率分别为 12% 和 29.6%。这两个税收估计值曾被陈（2010）和葛洛佛（Glover，2016）使用过。对于公司倒置（corporate inversion）模型和动态补偿模型的估计，巴柏金等（2017）和葛洛佛和莱玫（Glover and Levine，2017）分别将股利税率校准为 16.1% 和 15%。在戈德斯坦等（2001）的数值测试中，股利税率和利息税率被分别设为 20% 和 35%。基于这些事实，我们将股利税率设置为 15%，利息税率设置为 30%。此外，与大多数金融文献（如 Chen，2010；Glover，2016）一样，我们将公司名义税率定为 35%。

2. EBIT（或资产）增长率

使用美国公司横截面数据的样本，巨等（2005）估计了公司的预期资产回报率是 10.63%。崔斯布拉夫（Strebulaey，2007）估计的公司现金流增长率达到 11.5%，但是穆尔雷克等（2012）估计的公司现金流增长率相对更低，接近 8.24%。泰森（2011）将私人投资项目视为公司资产，并将项目预期收益率校准在 10% 的水平，进行数值分析。因此，我们将物理测算下的预期 EBIT 增长率校准为 10%。

3. EBIT（或资产）波动率

我们将 EBIT 波动率校准为 25%。正如 Miao（2005）所述，该值适用于典型的标准普尔 500 公司，并且也被戈德斯坦等（2001）、何（2011）、巴柏金等（2017）及其他人使用过。此外，这个数值在相关文献的测算范围内。例如，谢夫和崔斯布拉夫（Schaefer and Strebulaey，2008）发现，对于大型债券发行人，每年的资产波动率为 20% ~ 28%。崔斯布拉夫（2007）和穆尔雷克等（2012）对资产波动性进行模拟，其分布的均值分别等于 25.5% 和 29%。

4. 破产成本

在权衡理论方面的许多文献将破产成本定为 40% ~ 50%（见 Leland，1994；Leland and Toft，1996；Leland，1998）。利用美国公司的大型横截面，巨等（2005）和穆尔雷克等（2012）分别估算出清算成本为资产价值的 49.1% 和 48.52%。葛洛佛（2016）发现，平均而言，一家典型的美国公司预计违约时将损失公司价值的 44.5%。因此，我们将破产成本率设为 45%[①]。

5. 交易成本

我们选择债权交易成本为 1%。该值符合戈德斯坦等（2001）以及穆尔雷克等（2012）的参数选择，并且很接近相关文献实证测算范围的平均水平。阿尔丁基里奇和韩森（Altinkilic and Hansen，2000）估计，发行债券的平均成本约为票面价值的 1.09%。爱德华兹等（Edwards et al.，2007）估计债券成本是交易规模的负函数，并发现了较低的估计成本率，低于 0.75%。同样地，斯崔布拉夫（2007）发现债券交易成本的估计值很低，等于 0.2%。在葛洛佛（2016）的结构估计中，债券交易成本率被校准为 1.5%。

6. 市场投资组合夏普比率

我们使用充分分散化的市场投资组合作为基础资产的代表，以便使用市场投资组合夏普比率的实证估计来校准基础资产夏普比率。通过估计基于消费的资产定价模型（CCAPM），陈（2010）和巨与苗（2012）发现隐含市场夏普比率

[①] 一些实证研究得到的破产成本的估计值相对较低，为 10% ~ 30%。例如，安德烈德和卡普兰（Andrade and Kaplan，1998）发现财务危机成本是公司价值的 10% ~ 20%。考特威格（Korteweg，2010）估计得出财务危机成本率在 15% ~ 30% 这个范围内。戴维丹科等（Davydenko，2012）认为对大型公司而言，财政困境造成的损失会更大，至少占资产价值的 20% ~ 30%。然而，Glover（2016）批评了上述实证结果可能受到选择性偏差（selection bias）的影响，因为早期的实证研究通常选择已陷入困境的公司为样本。Glover 进一步证明了破产成本被低估这一结果可归因于选择性偏差（与全样本相比，来自违约公司的子样本的估计值特别低）。

分别为 0.326 和 0.302。利用 CRSP 市场指数数据，陈和叶（2018）估计市场指数的夏普比率约为 0.475。葛洛佛（2016）显示的市场夏普比率估计值在 0.14~0.238 之间。鉴于这些估计结果，我们将基础资产夏普比率校准为 0.35。

7. SDF 波动率上限

继韩森和杰甘纳森（1991）之后，我们将对 SDF 波动率的限制作为开放市场中夏普比率的上限。这使得我们可以通过夏普比率的上限来测量 SDF 波动率的上限。我们校准 SDF 波动率的上限为基础资产夏普比率的 2 倍。我们的校准选择和考克兰和萨-瑞奎何（2000）、陈等（2011）、陈和叶（2018）及陈和张（2019）是一致的。

8. EBIT 与市场（基础资产）的相关系数

回顾前文，EBIT 波动率已校准为 25%，并且 EBIT 与基础资产相关系数的公式是根据可分散、系统波动率和 EBIT 总波动率的比例推导出来的。因为总波动率由可分散、系统波动率和不可分散、非系统性波动率组成，EBIT-市场相关性具有和特殊波动率 1 对 1 的负相关关系。因此，我们通过使用实证文献对于非系统性风险的估计来校准这个相关系数。曹等（Cao et al.，2008）评估了各种资产定价模型并发现，每月的非系统性波动率大约在 2.3% 到 3.7% 之间。这相当于年化非系统性波动率的区间为 [7.977%，12.817%]，这进一步意味着 EBIT-市场相关性的区间为 [85.86%，94.79%][1]。玛祖加图和唐悉奥尼（Mazzucato and Tancioni，2008）发现，使用标准普尔 500 公司的数据估计出的预期的长期非系统性波动率为 12.2%。这个数值接近葛洛佛（2016）的动态权衡模型结构的估计结果 13.2%。这两个非系统性波动率估计值分别意味着 EBIT-市场相关性为 87.3% 和 84.9%。基于上述的实证估计值，我们适度选择相关性的系数为 90%。我们的选择与考克兰和瑞奎何（2000）的数值范例所采用的参数值一致。

二、资本结构调整幅度

首先考虑定价核模糊趋避对资本结构调整幅度的影响。资本结构调整幅度

---

[1] 如果资产收益动态遵循几何布朗运动，如方程（1），那么月度特殊波动可通过 $\sigma_{annual}^{idio}\sqrt{1/12}\cong\sigma_{monthly}^{idio}$ 转化为年度特殊波动。

作为交易成本的函数绘制在图 3 – 1 的面板 A 中。我们测量资本结构调整幅度为在债券赎回前的杠杆（当 V 接近 Vu^*）水平与目标杠杆水平的差距，用数学表达为：

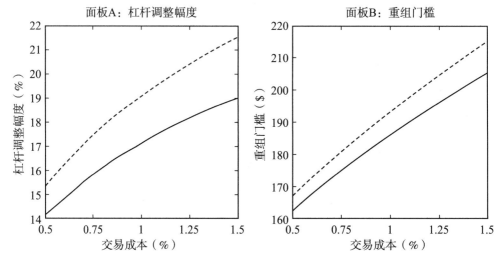

图 3 – 1 最优杠杆调整幅度、重组触发阈值与交易成本

注：实线和虚线分别表示模糊厌恶和无模糊度的情况。模型参数都是根据基准水平进行校准。

杠杆调整大小（Adjustment magnitude）

$$= \frac{D_0(V(h); h^*, I^*, \varpi^*, \rho)}{E_{0+}(V(h); h^*, I^*, \varpi^*, \rho) + (1-\pi)D_0(V(h); h^*, I^*, \varpi^*, \rho)}$$

$$- \frac{\lim_{V\uparrow Vu^*} D_0(V; h^*, I^*, \varpi^*, \rho)}{\lim_{V\uparrow Vu^*}(E_{0+}(V; h^*, I^*, \varpi^*, \rho) + (1-\pi)D_0(V; h^*, I^*, \varpi^*, \rho))}$$

由于杠杆调整大小受到重组门槛的大小影响，我们在图 3 – 1 的面板 B 将此门槛值绘制为交易成本的函数。

从图中可以看出，无论交易成本的水平如何，模糊厌恶经理人选择的资本结构调整幅度相对较小。与资本结构调整幅度一致，模糊厌恶下的重组门槛也较低。这些结果表明，针对定价核模糊，模糊厌恶经理人采取了较为保守的资本重组策略，选择了较低的价值门槛来赎回债券。同时可以观察到，重组门槛和资本结构调整幅度的大小都与交易成本正相关，和哈克巴特等（2006）及穆尔雷克等（2012）的校准结果一致。

很多公司金融的文献都聚焦于公司资本结构调整幅度有多大的问题。例如，利里和罗伯兹（Leary and Roberts，2005）认为，由债券赎回和新债券发行引起的杠杆调整的中位数分别约为 15.21% 和 12.33%。穆尔雷克等（2012）使用结构估计方法表明，新债券发行（用于资本结构调整）与公司价值的比例接近 15%。厄兹泰金和佛兰纳里（Oztekin and Flannery，2012）对资本结构调整平均幅度估计值在 16.3%~17.46% 范围内。综合以上文献可知，杠杆调整幅度的实证估计为 15%~17%，与我们的模型的模拟结果接近，但明显低于基准模型的结果。

表 3-2 汇报了不同参数组合下模拟的杠杆调整幅度，其数值可以证明上述结论是合理的。我们在合理的参数选择范围内进行了模拟。具体来说，我们考虑了 EBIT 波动率为 20%~30%，EBIT-市场相关性为 85%~95%，破产成本为 40%~50%，物理测量下的 EBIT 增长率为 9%~11%，基础资产夏普比率为 0.3~0.4，随机折现因子波动率（按基础资产夏普比率缩放后）的上限为 2~4。这些校准选择与第三章第四节提到的相关文献实证估计对应项的范围大值一致。如表 3-2 结果所示，我们的模型的平均调整幅度在 16.568%~17.23% 之间，而基准模型的调整幅度超过 19%。考虑模糊厌恶后，杠杆调整幅度降低了 10% 左右。这些模拟结果再一次强调了引入模糊厌恶对于预测公司资本结构调整幅度大小的精确性能带来显著的提升。

表 3-2　　各种参数组合下的最优杠杆调整幅度

模型类型	参数级别					
	分位点 1（非常低）	分位点 2（低）	分位点 3（中等）	分位点 4（高）	分位点 5（非常高）	平均
面板 A：息税前利润波动率 σ_f（从 20% 到 30%，步长：2.5%）						
AA	18.258%	17.640%	17.137%	16.727%	16.390%	17.230%
AF	20.679%	19.804%	19.041%	18.401%	17.854%	19.156%
Effect	-11.706%	-10.925%	-10.001%	-9.095%	-8.201%	-9.986%
面板 B：息税前利润市场相关性 ρ（从 85% 到 95%，步长：2.5%）						
AA	16.784%	16.947%	17.137%	17.360%	17.648%	17.175%
AF	19.041%	19.041%	19.041%	19.041%	19.041%	19.041%
Effect	-11.856%	-10.999%	-10.001%	-8.829%	-7.318%	-9.801%

续表

模型 类型	参数级别					
	分位点 1 （非常低）	分位点 2 （低）	分位点 3 （中等）	分位点 4 （高）	分位点 5 （非常高）	平均
面板 C：破产成本 β（从 40% 到 50%，步长：2.5%）						
AA	18.227%	17.669%	17.137%	16.623%	16.126%	17.156%
AF	19.793%	19.413%	19.041%	18.683%	18.343%	19.055%
Effect	−7.911%	−8.981%	−10.001%	−11.026%	−12.088%	−10.002%
面板 D：实物测量下的息税前利润增长率 μ_f（从 9% 到 11%，步长：0.5%）						
AA	16.862%	16.999%	17.137%	17.270%	17.403%	17.134%
AF	18.786%	18.916%	19.041%	19.158%	19.259%	19.032%
Effect	−10.243%	−10.134%	−10.001%	−9.851%	−9.635%	−9.973%
面板 E：基础资产夏普比率 h_s（从 0.3 到 0.4，步长：0.025）						
AA	17.571%	17.350%	17.137%	16.920%	16.710%	17.138%
AF	19.041%	19.041%	19.041%	19.041%	19.041%	19.041%
Effect	−7.719%	−8.883%	−10.001%	−11.139%	−12.243%	−9.997%
面板 F：按基础资产夏普比率计算的 SDF 波动率上限 η（从 2 到 4，步长 0.5）						
AA	17.137%	16.815%	16.535%	16.289%	16.063%	16.568%
AF	19.041%	19.041%	19.041%	19.041%	19.041%	19.041%
Effect	−10.001%	−11.693%	−13.161%	−14.456%	−15.639%	−12.990%

注：该表报告了各种参数组合下杠杆最佳调整幅度。在每个面板中，最上面一行（AA）报告修正模型中的杠杆调整幅度，中间一行（AF）报告基准模型中的杠杆调整幅度，最下面一行（Effect）回报了由于模糊趋避导致杠杆最优调整幅度变化的百分比（即修正模型与基准模型的结果差值除以基准模型结果）。杠杆最优调整幅度的计算方法为，在债券赎回前的杠杆水平与目标杠杆水平的差距。除了面板标题所示的参数，其他参数都选择基准水平。

三、债券赎回概率

我们已经意识到模糊厌恶会降低最优重组价值门槛，因此很自然便产生了一个问题：考虑定价核模糊后是否会增加公司重组的可能性？如果是的话，我们的模型就无法解释"杠杆惰性之谜"。为了探讨这个问题，我们必须研究经理人对模糊的偏好会如何影响资本结构调整可能性。为方便讨论，我们在图 3－2

中绘制了修正模型和基准模型生成的累计破产和重组概率的期限结构。

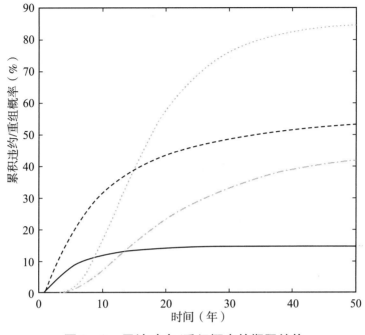

图 3 - 2　累计破产/重组概率的期限结构

　　注：实线和虚线表示累积重组概率，而实线和虚线表示累计破产概率。点线和点划线是针对模糊厌恶的情况。实点和虚点是针对无模糊的情况。重组（破产）的门槛是在求解最大一最小值目标函数（3.26）下选择的（平滑过渡条件）。所有参数都选择基准水平。

　　观察到模糊厌恶情况（实线）下的累积重组概率比无模糊情况（虚线）下的累积重组概率低。随着概率模拟的时间范围的延长，模糊产生的影响逐渐增大，事实上模糊趋避通过两个机制对公司重组的可能性造成影响：一方面，正如前面讨论的，它使经理人选择一个较低的重组门槛，对重组概率产生正面影响；另一方面，它使经理人扭曲地保持对于风险调整后预期 EBIT 增长率最悲观情况的想法。保持这种想法的经理人在主观形成 EBIT 增长率概率分布时，将较高（较低）的主观性概率分配给公司未来 EBIT 增长率的不良（良好）状态。因此，相较于无模糊情形，模糊趋避下的 EBIT 不太可能触发重组阈值。概括而言，EBIT 概率分布的左移对重组概率产生了负面影响。综上所述，后一种的负面影响似乎大于前一种的正面影响。因此，考虑模糊厌恶的情况会推迟预期的重组时间。

我们的结果为"杠杆惰性之谜"提供了一个基于模糊理论的解释。"杠杆惰性"最初是由威尔奇（2004）提出的，他发现公司很少重新调整杠杆以维持目标杠杆率。传统的动态权衡模型没有考虑模糊度，会夸大公司动态调整资本架构的可能性。使用美国1987~2001年的公司级数据，利里和罗伯兹（2005）发现资产重组频率（以公司年度观测值的百分比衡量）低于13%。他们展示了债券发行、债务清偿和向上调整杠杆的频率分别达到12.58%、8.58%和12.80%。在考特威格等（2018）的研究中，1995~2009年公司数据中的平均重组频率接近19%。为了验证上述推断——传统动态权衡模型会夸大公司的重组频率，我们在表3-3中比较了修正模型与基准模型的模拟债券赎回（即资产重组）概率。在表3-3中用于概率模拟的参数选择组合与表3-2一致。参考利里和罗伯兹（2005）和考特威格等（2018）样本长度大致是14~15年，我们重点探究13年、14年和15年的累积赎回概率。

表3-3 各参数组合下的重组概率

参数级别	AA（%）			AF（%）			Effect（%）		
	13年	14年	15年	13年	14年	15年	13年	14年	15年
面板A：息税前利润波动率 σ_f（从20%到30%，步长：2.5%）									
Q1（非常低）	17.151	17.620	18.090	45.779	47.524	49.173	-62.535	-62.924	-63.212
Q2（低）	14.405	14.405	15.128	39.866	41.968	43.246	-63.866	-65.676	-65.019
Q3（中等）	13.068	13.197	13.590	36.151	37.746	38.387	-63.852	-65.037	-64.597
Q4（高）	11.980	12.060	12.325	33.325	34.252	35.122	-64.051	-64.790	-64.908
Q5（非常高）	11.092	11.504	11.659	30.675	31.865	32.476	-63.840	-63.898	-64.100
平均	**13.539**	**13.757**	**14.158**	**37.159**	**38.671**	**39.681**	**-63.629**	**-64.465**	**-64.367**
面板B：息税前利润市场相关性 ρ（从85%到95%，步长：2.5%）									
Q1（非常低）	10.547	10.736	10.937	36.151	37.746	38.387	-70.825	-71.557	-71.509
Q2（低）	11.618	11.788	11.968	36.151	37.746	38.387	-67.863	-68.770	-68.823
Q3（中等）	13.068	13.197	13.590	36.151	37.746	38.387	-63.852	-65.037	-64.597
Q4（高）	14.792	15.016	15.185	36.151	37.746	38.387	-59.083	-60.218	-60.442
Q5（非常高）	17.321	17.922	18.302	36.151	37.746	38.387	-52.087	-52.519	-52.322
平均	**13.469**	**13.732**	**13.996**	**36.151**	**37.746**	**38.387**	**-62.742**	**-63.621**	**-63.539**

续表

参数级别	AA（%）			AF（%）			Effect（%）		
	13 年	14 年	15 年	13 年	14 年	15 年	13 年	14 年	15 年
面板 C：破产成本 β（从40%到50%，步长：2.5%）									
Q1（非常低）	13.063	13.397	13.499	36.406	37.954	39.099	−64.119	−64.702	−65.475
Q2（低）	12.933	13.185	13.356	36.430	37.655	38.817	−64.499	−64.985	−65.592
Q3（中等）	13.068	13.197	13.590	36.151	37.746	38.387	−63.852	−65.037	−64.597
Q4（高）	12.918	13.108	13.411	36.082	37.773	38.654	−64.198	−65.298	−65.305
Q5（非常高）	12.881	13.751	13.313	35.932	37.195	38.344	−64.152	−64.374	−65.280
平均	**12.973**	**13.228**	**13.434**	**36.200**	**37.665**	**38.660**	**−64.164**	**−64.879**	**−65.250**
面板 D：实物测量下的息税前利润增长率 μ_f（从9%到11%，步长：0.5%）									
Q1（非常低）	11.083	11.146	11.354	32.235	33.358	34.261	−65.618	−66.587	−66.860
Q2（低）	11.973	12.256	12.386	34.274	35.215	36.398	−65.067	−65.197	−65.971
Q3（中等）	13.068	13.197	13.590	36.151	37.746	38.387	−63.852	−65.037	−64.597
Q4（高）	13.872	14.327	14.760	38.212	39.608	41.314	−63.697	−63.828	−64.274
Q5（非常高）	15.077	15.294	15.865	40.512	41.837	43.408	−62.784	−63.444	−63.451
平均	**13.015**	**13.244**	**13.591**	**36.277**	**37.553**	**38.754**	**−64.204**	**−64.819**	**−65.031**
面板 E：基础资产夏普比率 h_s（从0.3到0.4，步长：0.025）									
Q1（非常低）	16.546	16.993	17.515	36.151	37.746	38.387	−54.231	−54.981	−54.373
Q2（低）	14.627	14.968	15.261	36.151	37.746	38.387	−59.539	−60.345	−60.244
Q3（中等）	13.068	13.197	13.590	36.151	37.746	38.387	−63.852	−65.037	−64.597
Q4（高）	11.409	11.618	11.854	36.151	37.746	38.387	−68.441	−69.221	−69.120
Q5（非常高）	10.153	10.283	10.343	36.151	37.746	38.387	−71.915	−72.757	−73.056
平均	**13.161**	**13.412**	**13.713**	**36.151**	**37.746**	**38.387**	**−63.595**	**−64.468**	**−64.278**
面板 F：按基础资产夏普比率计算SDF波动率 η（从2到4，步长：0.5）									
Q1（非常低）	13.068	13.197	13.590	36.151	37.746	38.387	−63.852	−65.037	−64.597
Q2（低）	10.798	10.961	11.112	36.151	37.746	38.387	−70.131	−70.961	−71.053
Q3（中等）	9.067	9.243	9.258	36.151	37.746	38.387	−74.919	−75.513	−75.882
Q4（高）	7.931	7.954	8.089	36.151	37.746	38.387	−78.061	−78.928	−78.928
Q5（非常高）	6.820	6.839	6.874	36.151	37.746	38.387	−81.135	−81.882	−82.093
平均	**9.537**	**9.639**	**9.785**	**36.151**	**37.746**	**38.387**	**−73.620**	**−74.464**	**−74.511**

注：该表报告了各种参数组合的模拟累积重组概率。"AA"列表示基于我们模型的模拟结果，"AF"列表示基于基准模型的模拟结果。"Effect"列表示模糊厌恶对累积重组概率的影响，计算方法为因模糊厌恶导致的重组概率降低的百分比（即修正模型与基准模型的结果差值除以基准模型结果）。重组门槛是在求解最大—最小值目标函数式（3.26）下得到的。除了面板标题所示的参数，其他参数都选择基准水平。

如表 3-3 所示，我们的模型分别产生了 13 年、14 年、15 年的平均赎回概率，分别是 9.537% ~ 13.539%、9.639% ~ 13.757%、9.785% ~ 14.158%。这些数字与市场数据显示的 8.58% ~ 18.9% 这个数据很接近。与我们的模型相比，基准模型的赎回概率要高得多。目前，13 年、14 年和 15 年的赎回概率分别达到 36.151% ~ 37.159%、37.553% ~ 38.671% 和 38.387% ~ 39.681%。平均而言，在考虑模糊厌恶的情况下，13 年的累积赎回概率下降 62.742% ~ 73.620%，14 年的累积赎回概率下降 63.621% ~ 74.464%，15 年的累积重赎回概率下降 63.539% ~ 74.511%。概括而言，这些结果证实了引入模糊性能够提高权衡理论对公司资本重组频率真实数据的拟合优度。

四、低杠杆难题：动态重组与模糊厌恶的比较

自米勒（1977）提出"低杠杆之谜"以来，许多关于权衡理论的论文对这个难题进行了各种解释，如引入代理摩擦、信息不对称或宏观经济风险。其中，动态重组被认为是解决"低杠杆之谜"的关键因素之一。然而，动态重组在解释这一难题上的有效性可能会受到我们前面的研究结果的质疑。我们已经表明，在存在模糊的情况下，公司重新调整杠杆的意愿会大大下降。模糊厌恶大大降低了主观重组（违约）概率，从而降低了未来增加杠杆的期权的预期价值。因此，在模糊厌恶存在的情况下，公司的行权动机是很弱的，也不太可能重新调整杠杆。动态重组有效性被质疑还有另一个可能的原因，是对债券的税收豁免价值过度预测的问题。如第一节所述，我们将动态重组纳入考虑会使这一问题更加突出。一些实证研究发现了财政杠杆价值效应（税收豁免价值）被夸大的证据，并且指出这种夸大可能会使传统权衡理论预测一个较高的杠杆水平。受到这些发现的启发，本节将探讨两个问题：（1）模糊厌恶如何影响动态重组行为对公司杠杆决策造成的效果？（2）动态重组在解释低杠杆问题上的有效性低于还是高于模糊厌恶？

我们对解释"低杠杆之谜"的有效性的评估基于两个财务变量：最优财务杠杆和债券的税收豁免价值。首先考虑财务杠杆的情况。表 3-4 给出了各种参数组合下对最优财务杠杆的模拟（参数组合与表 3-2 和表 3-3 中的组合相同）。可以观察到，在无模糊的情况下，拥有杠杆调整选择权的公司杠杆率

（39.4%）比没有此选择权的公司杠杆率（49.7%）要低。平均而言，考虑动态重组将使得杠杆率降低10%。在模糊厌恶下，拥有调整杠杆率选择权的公司杠杆率为36.272%～37.519%，这个数值低于但很接近没有此调整选择权的情况，约为38.349%～40.626%。在考虑模糊的情况下，动态重组对杠杆使用的情况影响非常有限，因为杠杆率最多下降3.1%。这些结果与我们呼应了我们前面所提到的发现，模糊厌恶的存在会降低公司资本重组的规模和频率。因此，在模糊厌恶的情况下经理人对在调整资本结构的意愿相对较弱。

表 3-4　各参数组合下的最优杠杆率

参数级别	AA 静态 (1) (%)	AA 动态 (2) (%)	AF 静态 (3) (%)	AF 动态 (4) (%)	DRE(AA) (2)-(1) (%)	DRE(AF) (4)-(3) (%)	AAE(静态) (1)-(3) (%)	AAE(动态) (2)-(4) (%)
面板 A：息税前利润波动率 σ_f（从20%到30%，步长：2.5%）								
Q1（非常低）	46.145	42.184	58.920	45.881	-3.961	-13.039	-12.775	-3.697
Q2（低）	42.604	39.285	53.851	42.370	-3.319	-11.481	-11.247	-3.085
Q3（中等）	39.988	37.044	49.701	39.461	-2.944	-10.240	-9.713	-2.417
Q4（高）	37.986	35.265	46.347	37.081	-2.721	-9.266	-8.361	-1.816
Q5（非常高）	36.409	33.817	43.635	35.125	-2.592	-8.510	-7.226	-1.308
平均	**40.626**	**37.519**	**50.491**	**39.984**	**-3.107**	**-10.507**	**-9.864**	**-2.465**
面板 B：息税前利润市场相关性 ρ（从85%到95%，步长：2.5%）								
Q1（非常低）	38.903	36.573	49.701	39.461	-2.330	-10.240	-10.798	-2.888
Q2（低）	39.384	36.790	49.701	39.461	-2.594	-10.240	-10.317	-2.671
Q3（中等）	39.988	37.044	49.701	39.461	-2.944	-10.240	-9.713	-2.417
Q4（高）	40.777	37.349	49.701	39.461	-3.428	-10.240	-8.924	-2.112
Q5（非常高）	41.879	37.728	49.701	39.461	-4.151	-10.240	-7.822	-1.733
平均	**40.186**	**37.097**	**49.701**	**39.461**	**-3.089**	**-10.240**	**-9.515**	**-2.364**
面板 C：破产成本 β（从40%到50%，步长：2.5%）								
Q1（非常低）	42.760	39.598	51.838	41.172	-3.162	-10.666	-9.078	-1.574
Q2（低）	41.343	38.293	50.748	40.299	-3.050	-10.449	-9.405	-2.006
Q3（中等）	39.988	37.044	49.701	39.461	-2.944	-10.240	-9.713	-2.417
Q4（高）	38.692	35.851	48.694	38.655	-2.841	-10.039	-10.002	-2.804
Q5（非常高）	37.452	34.708	47.726	37.880	-2.744	-9.846	-10.274	-3.172
平均	**40.047**	**37.099**	**49.741**	**39.493**	**-2.948**	**-10.248**	**-9.694**	**-2.395**

续表

参数级别	AA 静态 (1) (%)	AA 动态 (2) (%)	AF 静态 (3) (%)	AF 动态 (4) (%)	DRE(AA) (2)-(1) (%)	DRE(AF) (4)-(3) (%)	AAE(静态) (1)-(3) (%)	AAE(动态) (2)-(4) (%)
面板 D：实物测量下的息税前利润增长率 μ_f（从9%到11%，步长：0.5%）								
Q1（非常低）	39.135	36.679	48.000	39.201	-2.456	-8.799	-8.865	-2.522
Q2（低）	39.551	36.862	48.836	39.340	-2.689	-9.496	-9.285	-2.478
Q3（中等）	39.988	37.044	49.701	39.461	-2.944	-10.240	-9.713	-2.417
Q4（高）	40.448	37.226	50.589	39.547	-3.222	-11.042	-10.141	-2.321
Q5（非常高）	40.931	37.405	51.499	39.584	-3.526	-11.915	-10.568	-2.179
平均	**40.011**	**37.043**	**49.725**	**39.427**	**-2.967**	**-10.298**	**-9.714**	**-2.383**
面板 E：基础资产夏普比率 h_s（从0.3到0.4，步长：0.025）								
Q1（非常低）	41.570	37.627	49.701	39.461	-3.943	-10.240	-8.131	-1.834
Q2（低）	40.738	37.335	49.701	39.461	-3.403	-10.240	-8.963	-2.126
Q3（中等）	39.988	37.044	49.701	39.461	-2.944	-10.240	-9.713	-2.417
Q4（高）	39.309	36.757	49.701	39.461	-2.552	-10.240	-10.392	-2.704
Q5（非常高）	38.691	36.472	49.701	39.461	-2.219	-10.240	-11.010	-2.989
平均	**40.059**	**37.047**	**49.701**	**39.461**	**-3.012**	**-10.240**	**-9.642**	**-2.414**
面板 F：按基础资产夏普比率计算的 SDF 波动率 η（从2到4，步长：0.5）								
Q1（非常低）	39.988	37.044	49.701	39.461	-2.944	-10.240	-9.713	-2.417
Q2（低）	38.996	36.616	49.701	39.461	-2.380	-10.240	-10.705	-2.845
Q3（中等）	38.207	36.234	49.701	39.461	-1.973	-10.240	-11.494	-3.227
Q4（高）	37.553	35.890	49.701	39.461	-1.663	-10.240	-12.148	-3.571
Q5（非常高）	37.000	35.577	49.701	39.461	-1.423	-10.240	-12.701	-3.884
平均	**38.349**	**36.272**	**49.701**	**39.461**	**-2.077**	**-10.240**	**-11.352**	**-3.189**

注：左边的四列（从左到右）分别报告了我们的静态修正模型、动态修正模型、静态基准模型和动态基准模型预测的最优杠杆率。右边的四列（从右到左）报告了在动态重组存在时模糊厌恶对最优杠杆率的影响、无动态重组时模糊厌恶对最优杠杆率的影响、无模糊时动态重组对最优杠杆率的影响以及模糊厌恶时动态重组对最优杠杆率的影响。前两个（或后两个）效应的计算方法为因模糊厌恶（或动态重组）导致的对应杠杆率的下降幅度。除了面板标题所示的参数，其他参数都选择基准水平。

接下来让我们的目光转移至债券税收豁免价值。在我们的讨论开始之前，简要回顾相关文献中税收豁免价值的实证估计结果。税收豁免价值已经被广泛接受为衡量财务杠杆价值的标准。格雷厄姆（2000）估计一家典型的公司的净利息抵税的资本化价值约为该公司市场价值的4.3%。考特威格（2010）认为，中等规模的公司获得的税收豁免价值最多是公司价值的5.5%。范·宾斯布尔根等（2010）发现，均衡的税收豁免利益是资产价值的3.5%。公司使用多少财政杠杆大大取决于税收豁免利益的大小，因此，"低杠杆之谜"，即传统权衡模型预测杠杆率过高，往往伴随着预测的税收豁免价值过高的问题。为了更深入地探讨这个问题，我们比较了基准模型和修正模型的模拟税收豁免价值，如表3-5所示。表3-5中报告了各种参数组合下相应的模型结果。

表3-5　　　　　　　　　　各参数组合下的税收豁免收益

参数级别	AA 静态 （%）	AA 动态 （%）	AF 静态 （%）	AF 动态 （%）	DRE AA （%）	DRE AF （%）	AAE 静态 （%）	AAE 动态 （%）
面板 A：息税前利润波动率 σ_f（从20%到30%，步长：2.5%）								
Q1（非常低）	5.745	6.083	9.517	22.820	5.883	139.781	-39.634	-73.344
Q2（低）	4.859	5.081	7.919	14.377	4.569	81.551	-38.641	-64.659
Q3（中等）	4.253	4.421	6.708	10.500	3.950	56.530	-36.598	-57.895
Q4（高）	3.817	3.958	5.797	8.328	3.694	43.661	-34.156	-52.474
Q5（非常高）	3.492	3.616	5.109	6.962	3.551	36.269	-31.650	-48.061
平均	**4.433**	**4.632**	**7.010**	**12.597**	**4.329**	**71.558**	**-36.136**	**-59.287**
面板 B：息税前利润市场相关性 ρ（从85%到95%，步长：2.5%）								
Q1（非常低）	4.014	4.125	6.708	10.500	2.765	56.530	-40.161	-60.714
Q2（低）	4.119	4.253	6.708	10.500	3.253	56.530	-38.596	-59.495
Q3（中等）	4.253	4.421	6.708	10.500	3.950	56.530	-36.598	-57.895
Q4（高）	4.431	4.656	6.708	10.500	5.078	56.530	-33.945	-55.657
Q5（非常高）	4.686	5.016	6.708	10.500	7.042	56.530	-30.143	-52.229
平均	**4.301**	**4.494**	**6.708**	**10.500**	**4.418**	**56.530**	**-35.889**	**-57.198**
面板 C：破产成本 β（从40%到50%，步长：2.5%）								
Q1（非常低）	4.636	4.821	7.071	11.086	3.991	56.781	-34.436	-56.513
Q2（低）	4.438	4.615	6.884	10.786	3.988	56.682	-35.532	-57.213
Q3（中等）	4.253	4.421	6.708	10.500	3.950	56.530	-36.598	-57.895
Q4（高）	4.078	4.239	6.540	10.229	3.948	56.407	-37.645	-58.559
Q5（非常高）	3.914	4.068	6.380	9.972	3.935	56.301	-38.652	-59.206
平均	**4.264**	**4.433**	**6.717**	**10.515**	**3.962**	**56.540**	**-36.573**	**-57.877**

参数级别	AA 静态 （%）	AA 动态 （%）	AF 静态 （%）	AF 动态 （%）	DRE AA （%）	DRE AF （%）	AAE 静态 （%）	AAE 动态 （%）
面板 D：实物测量下的息税前利润增长率 μ_f（从9%到11%，步长：0.5%）								
Q1（非常低）	4.064	4.186	6.238	8.476	3.002	35.877	−34.851	−50.613
Q2（低）	4.155	4.298	6.467	9.360	3.442	44.735	−35.751	−54.081
Q3（中等）	4.253	4.421	6.708	10.500	3.950	56.530	−36.598	−57.895
Q4（高）	4.356	4.556	6.959	12.026	4.591	72.812	−37.405	−62.115
Q5（非常高）	4.466	4.703	7.221	14.163	5.307	96.136	−38.153	−66.794
平均	**4.259**	**4.433**	**6.719**	**10.905**	**4.058**	**61.218**	**−36.552**	**−58.300**
面板 E：基础资产夏普比率 h_s（从0.3到0.4，步长：0.025）								
Q1（非常低）	4.614	4.910	6.708	10.500	6.415	56.530	−31.216	−53.238
Q2（低）	4.422	4.644	6.708	10.500	5.020	56.530	−34.079	−55.771
Q3（中等）	4.253	4.421	6.708	10.500	3.950	56.530	−36.598	−57.895
Q4（高）	4.102	4.232	6.708	10.500	3.169	56.530	−38.849	−59.695
Q5（非常高）	3.968	4.070	6.708	10.500	2.571	56.530	−40.847	−61.238
平均	**4.272**	**4.455**	**6.708**	**10.500**	**4.225**	**56.530**	**−36.318**	**−57.567**
面板 F：按基础资产夏普比率计算的 SDF 波动率 η（从2到4，步长：0.5）								
Q1（非常低）	4.253	4.421	6.708	10.500	3.950	56.530	−36.598	−57.895
Q2（低）	4.034	4.149	6.708	10.500	2.851	56.530	−39.863	−60.486
Q3（中等）	3.864	3.948	6.708	10.500	2.174	56.530	−42.397	−62.400
Q4（高）	3.727	3.790	6.708	10.500	1.690	56.530	−44.439	−63.905
Q5（非常高）	3.612	3.662	6.708	10.500	1.384	56.530	−46.154	−65.124
平均	**3.898**	**3.994**	**6.708**	**10.500**	**2.410**	**56.530**	**−41.890**	**−61.962**

注：左边的四列（从左到右）分别报告了从静态修正模型、动态修正模型、静态基准模型和动态基准模型下债券税收收益占公司价值的比例。右边的四列（从右到左）分别汇报：（1）有动态重组时模糊厌恶对税收豁免价值的影响；（2）无动态重组时模糊厌恶对税收豁免价值的影响；（3）无模糊厌恶时动态重组对税收豁免价值的影响；以及（4）有模糊厌恶时动态重组对税收豁免价值的影响。前两个（后两个）效应的计算方法为，因模糊厌恶（动态重组）导致的税收豁免价值下降的百分比。除了面板标题所示的参数，其他参数都选择基准水平。

可以看出，静态基准模型预测的平均税收豁免价值占公司价值的比例达到了6.708%～7.01%，与实证估计结果（3.5%～5.5%）相比，这一预测值显得很高（至少有22%的过度预测）。如果我们将动态重组纳入考虑范围，预期税收豁免价值则增加了56.53% ~ 71.558%，可见估计过高的问题更加严重。动态基准模型产生的债券税收豁免利益是公司价值的10.5% ~ 12.597%，远大于实证估计结果。这是因为重组能给股东提供未来提高财务杠杆率的选择权，提高杠杆率即意味着享有更多的利息抵税好处，所以动态重组能使公司获得更大的税收豁免价值。值得注意的是，在我们的修正模型中，对税收豁免价值的估计过高问题并不明显。在考虑模糊厌恶的情形下，静态和动态权衡模型分别产生3.898% ~ 4.433%和3.994% ~ 4.632%的平均税收豁免价值，这个区间在相应的实证估计范围内。将模糊性引入模型中大约导致税收豁免价值下降35% ~ 63%。模糊厌恶对于预期税收豁免价值的影响可以透过破产概率的机制解释。经理人的模糊厌恶偏好使其扭曲地持有对风险调整后的EBIT增长率最悲观的看法，进而主观提高了破产概率，降低了债券的预期税收豁免价值。

综上所述，动态重组对解释"低杠杆之谜"的有效性不如模糊厌恶。将这两个因素的任何一个纳入模型中都会使模型预测的杠杆率降低，但只有在考虑模糊厌恶的情形下，才能解决税收豁免价值估计过高的问题。

五、比较静态分析：信息约束和模糊程度

在修正模型中，模糊趋避对决策变量的影响方向和程度受到信息约束 $\sqrt{1-\rho^2}$ 和模糊程度 ϕ 的影响。模糊度越高或者信息约束越紧，模糊趋避对于决策变量的影响效果越显著。信息约束是根据公司EBIT - 市场相关性来衡量的，而模糊的结构形式由宏观经济变量构成，包括无风险利率、基础资产夏普比率和市场夏普比率上限。由于构成要素不同，这两个参数对模糊趋避效应会产生不同的影响。

首先考虑模糊程度。从图3-3可以看出，模糊厌恶对主要模型结果（包括负债比率、税收豁免价值、债务回收率、债券收益率价差、违约门槛和重组门槛）的影响会随模糊度增加而增加。因为正如前面所讨论的，模糊程度的结构形式由宏观经济变量组成，模糊程度变化的背后的含义也与宏观经济形势有关。

我们选取其中一个经济形势影响因素，基础资产夏普比率为例来进行阐释。基础资产夏普比率的提高导致模糊程度的增加，这反映了宏观经济形势的恶化。这一观点有布伦南等（2001）和萨维尔和威尔森（Savoral and Wilson，2013）的证据支持，他们发现经济衰退和公布糟糕的宏观经济消息通常伴随着市场夏普比率的增加。同样，考特威格和波尔森（Korteweg and Polson，2010）以及柏尔雅辰科（2012）发现经济情景和资产评估中的模糊程度存在反向关系。图3－3的结果表明：（1）改变模糊程度参数（如基础资产夏普比率）能在使公司资本结构产生"系统性变化"（systematic variation），即经济体内所有公司都受到该参数影响；（2）越糟糕的宏观经济形势下，模糊趋避对公司资本结构决策的影响力度越大。

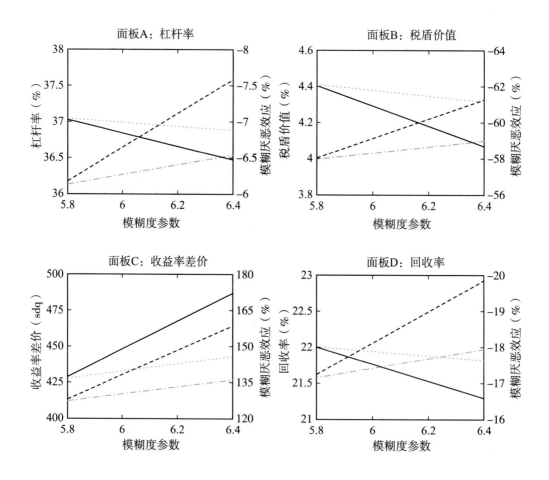

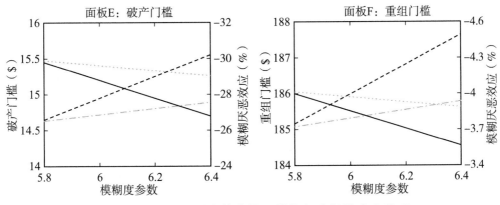

图3-3　主要模型决策变量和模糊程度间的内生关系

　　注：在每个面板中，实线和点线表示模型结果和模糊程度间的内生关系，虚线和点划线表示模糊趋避对模型结果的影响效应。实线和点线分别表示改变 h_s 和 η 两个参数得到的结果。模糊厌恶影响效应的计算为：因模糊趋避致使模型结果变化的百分比。除上述提到的模糊因子参数以外，其他参数都选择基准水平。

　　接下来考虑信息约束。我们类比图3-3绘制了图3-4。图3-4中的线条一致表明，信息约束越紧，模糊厌恶对于模型的负向影响越强。提高信息约束的紧密性会增加公司的 EBIT 的不可分散风险敞口，致使模糊厌恶对风险调整后预期 EBIT 增长率的影响较大（回忆前文提到，模糊性被定义为不可分散风险的价格），因此，模糊厌恶效应对资本结构决策的影响也较大。与模糊程度不同的是，来自信息约束的变化对于模糊厌恶效应的作用效果改变是一种"特异性变化"（idiosyncratic variation）。其原因在于信息约束是由公司独特的 EBIT - 市场相关性来衡量的，其反映了单个公司不可分散风险敞口的特征，进而决定了资本结构决策中所涉及的模糊程度。因此，信息约束的特有异质性形成了资本结构在公司间横截面的差异。

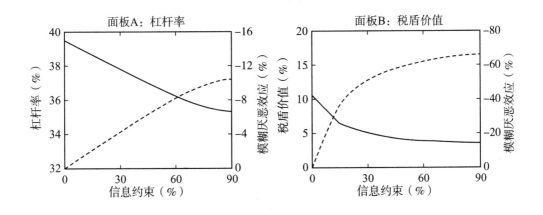

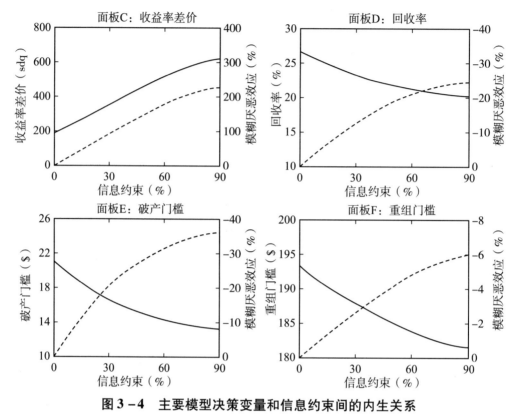

图3-4 主要模型决策变量和信息约束间的内生关系

注：实线将模型结果绘制为信息约束的函数，点线则绘制了相应的对模型结果的模糊厌恶效应。模糊厌恶效应定义为因模糊厌恶导致的模型结果的百分比变化。除EBIT市场相关性外，其他参数都选择基准水平。

第五节 稳健性和替代性研究方法的讨论

本节讨论主要数值结果的稳健性，并与其他模糊理论和模糊来源作了简要比较。为了证明主要数值结果不依赖于参数选择，我们首先分析了各种合理参数组合下的大规模比较静态。其次，我们研究了模糊来源的选择、模糊衡量方法和模糊偏好模型的稳健性。

一、大规模比较静态分析

我们分析了各种合理参数组合下主要模型决策变量的比较静态。我们考虑 EBIT 波动率为20%～30%，EBIT－市场相关性为85%～95%，破产成本为40%～50%，物理测度下的 EBIT 增长率为9%～11%，基础资产夏普比率为0.3～0.4，随机折现因子波动率（按基础资产夏普比率缩放后）的上限为2～4。这些校准选择与第四章第一节提到的相关文献实证估计对应项的范围大值一致。由附录5可见，大规模比较静态分析的结果肯定了模糊厌恶对最优杠杆率、债券税收豁免利益、破产门槛和重组门槛的负面影响的稳健性。

二、替代性研究方法

为了针对替代性研究方法检验对应的稳健性，我们额外考虑了三个模型。首先，我们参考泰森（2011）来构建模型。我们的模型和泰森使用相同的模糊来源（定价核模糊）和相同的最大—最小模糊偏好设定，但是采用不同方式来测量模糊程度。我们从 no-good-deal 条件中推导模糊度，而泰森只是单纯将模糊度视为一个常量参数。

其次，参考李（2014），我们考虑物理测度下预期 EBIT 增长率的模糊度，以此为基础构建第二套稳健性模型。除了模糊来源外，该模型和我们的模型具有相同的经济背景和最大—最小模糊偏好设定。

最后，参考学者（Klibanoff et al.，2005；Lee，2014）的模型，我们在平滑模糊偏好理论（smooth ambiguity preference）基础上重建了第三套稳健性检验模型。除了模糊偏好设定不同外，该模型和我们的模型具有相同的经济背景设定和模糊来源。

我们将基础模型和上述提到的三个稳健性模型进行比较，比较对象为模糊程度对主要决策变量的影响。结果表明，在这四个模型中，模糊程度的提高均可导致公司的杠杆率降低，债券享有的税收豁免价值减少，公司重组的意愿降低，并且债券的收益率价差上涨。由此，我们可下定论，我们主要模型的结果并不受到模糊来源选择、模糊度测量方法和模糊偏好模型方面的影响，在这三个方面均保持了良好的稳健性。详细结果请参见附录6。

三、关于替代性模糊来源的进一步讨论

在第三章第五节中，我们考虑的另一个模糊来源是物理测度下预期 EBIT 增长率。在相关文献中，还存在其他的模糊来源，如通货膨胀（David，2008）、宏观经济状态（Boyarchenko，2012）和资产价值增长率（Korteweg and Polson，2010）。虽然这些论文考虑了不同的模糊来源，但他们和本章有一致的结论——在模糊厌恶下，债券融资成本（债券收益率价差）相对较高。举债成本的边际增加总是导致最优杠杆率使用的边际减少，在本质上和本章结果有一定共性，因此，本章主要的结果对各种模糊来源都是稳健的。

综上所述，在大规模比较静态分析和三类稳健性检验模型中，模糊厌恶对最优杠杆使用、杠杆调整规模和重组频率的负面影响的这些结论仍然有效。这很好地证明了经理人的模糊厌恶可以很好地同时解释"低杠杆"和"杠杆惰性之谜"。

第六节　结　　论

本章分析了模糊厌恶对公司资本结构调整的影响，以及这些影响如何解释公司杠杆中的"杠杆惰性之谜"和"低杠杆之谜"。为此，我们考虑了由于市场的不完备性导致的定价核模糊，并将此模糊理论模型融合到基于 EBIT 的动态权衡理论框架中。本章主要提出了两方面有趣的学术贡献：

首先，模糊厌恶使公司进行资本重组的意愿很低，导致重组规模小且频率低。主要原因是模糊偏好导致经理人对风险调整后的预期息 EBIT 增长率持最坏

的打算，这导致主观重组概率大幅向下扭曲，延迟了预期重组时机。并且，模糊偏好使经理人更谨慎地选择较小的重组门槛，暗含资本结构调整幅度很低。和无模糊的基准模型相比，本章的修正模型预测的杠杆调整的最佳规模和重组概率更接近从利里和罗伯兹（2005）、厄兹泰金和佛兰纳里（Oztekin and Flannery，2012）以及考克威特等（2018）中得到的真实数据。传统权衡模型由于忽略了模糊度，夸大了公司的重组频率和杠杆调整幅度。这些有趣结论不仅证实了模糊性在预测资本结构调整规模和调整时间上的重要性，也为"杠杆惰性之谜"提供了一种新颖的基于模糊理论的解释。

其次，考虑模糊度削弱了动态重组对最优杠杆的边际负效应，有助于我们解决动态权衡模型中财政杠杆价值效应（税收豁免价值收益）过度估计的问题。将动态重组或模糊厌恶纳入模型中都能使模型产生的杠杆率更小，但是，只有在模型中引入模糊厌恶才能解决税收豁免价值过度预测的问题。我们的校准模型预测的税收豁免价值在实证估计的范围内，大约为公司价值的 3% ~ 5%（Graham，2000；Korteweg，2010；Van Binsbergen et al.，2010）。相比之下，无模糊的权衡模型则预测了与事实相反的高预期税收豁免价值（大大超过公司价值的 10%）。此外，传统权衡模型夸大了动态重组对杠杆使用的边际影响。存在模糊性时，因为模糊趋避大大降低了公司进行资本重组的意愿，所以动态重组对杠杆使用的影响很弱。总结上述，可以得到一个重要的推论：动态资本重组在解释"低杠杆之谜"的能力被夸大，且说服力低于模糊厌恶。

为了初步测量模糊厌恶效应的大小，我们对公司层面和宏观经济层面参数的各种合理范围进行了模拟。我们的模拟结果预测，平均而言，在考虑模糊厌恶情况下，杠杆调整幅度降低了 10%，长期重组概率降低了 60% 以上，杠杆使用降低 20%（无动态重组的情形下），且税收豁免价值最多可降低 63%。这些结果突出了模糊性和公司财务政策的高度相关性，因此公司在财务决策时十分有必要将模糊性纳入考虑范围。此外，我们对替代性模糊衡量方法、模糊偏好设定和模糊来源都进行了稳健性测试，结果发现十分稳健，即模糊趋避对于资本结构调整的影响是十分显著的。

本章未来还可以向多个方向扩展，如非时齐模糊性（模糊性随时间变化）、最佳债券期限结构和内生的市场不完备性。我们希望有更多的后续研究跟进这一方向。

第四章
负债担保是否改善公司融资
条件？——基于信息的视角

通过构建一个在考虑竞争信息不完备的情形下的静态资本结构权衡模型，本章探究负债担保交易与公司融资决策间的内生性互动。该模型证明了公司的最优资本结构与担保交易均衡之间具有共存关系。本章进一步证明了担保价格可以解释信贷市场的竞争结构变化对于公司资本结构决策所带来的经济影响。此外，本章发现竞争信息的不完备性会诱使担保人做出垄断性收费的行为，这将会严重地破坏负债担保促进信用增级和改善公司融资条件的能力。

第一节　前　言

信用担保被视作帮助保护经济体免遭受债务危机的灵丹妙药。投资者和经济学家都对担保寄予厚望，希望其能够提高资本市场（或债券市场）的流动性，缓解私营部门所面临的融资约束困境。例如，截至 2010 年上半年末，美国联邦储备银行所支持的临时流动性担保计划（Temporary Liquidity Guarantee Program，TLGP）已经募集到累计达 100 亿美元以上的担保服务费，目前另有超过 70 家债券发行机构所持有的总市值约 3 040 亿美元的担保债务于二级市场流通①。事实上，担保的概念类似于一种金融衍生品，其范畴相当广泛，包括保险公司和商业银行所提供的信用担保服务以及它们所发行的各种金融担保合同（如公司债券违约保险和抵押贷款保险）。从 20 世纪 70 年代初开始，金融担保的广泛应用推动了许多有关担保定价的研究进展（参见 Merton，1977；Jones and Mason，1980；Sosin，1980；Selby et al.，1988；Lai and Gendron，1994；Chang et al.，2006；Angoua et al.，2008）。

截至目前，大量关于担保的文献都建立在完全竞争市场这一与现实互相违背的假设之上。在这样的市场中，所有的经济决策者都可以无成本地随时获得并掌握同构型的完备竞争信息。然而，许多研究公司破产的文章已指出在进行风险性借贷过程中，交易双方往往面临着信息不完备性（参见 Duffie and Lando，

---

① 有关 TLGP 的更多信息请访问网站 www.fdic.gov。有关信用担保计划发展的详细报告和调查（参见 Beck et al.，2010；Honohan，2010）。

2001；Coculescu et al.，2008；Adams et al.，2009；Bharath et al.，2009；Frey and Runggaldier，2010；Lu et al.，2010）。其基本共识是，如果忽略信息不完备性的影响，由资本结构决策所衍生的违约风险预测结果将会过于保守，由此导致对实物资产的违约索赔定价不准确，最终更进一步地导致错误地评估信用违约冲击对公司价值产生的实质影响。这种现象在信贷市场的担保交易中并不鲜见，当可得的或可掌握的信息不完备时，由传统无套利定价理论所得到的担保价格与实际数据无法匹配，担保对于促进融资条件的改善和信用增级的作用效果也是可能被误判的。

　　基于以上的观点，本章旨在讨论两个有关金融担保的研究问题：（1）如果信贷市场的竞争信息是不完备的，投资者应该如何针对金融担保合同进行定价？（2）竞争信息不完备性是否会影响金融担保服务的基本功能，例如融资条件改善和信用增级？

　　基于一个多重担保人对应单一债务人的框架，本章构建了一个可用于分析公司负债融资决策的连续时间下静态结构式模型。特别的是，该模型中公司经理人在进行负债担保交易时会面临不完备的市场竞争信息。根据文献，我们已知债务人的资本结构决策可被理解为一个关于公司资产所衍生的或有求偿权（例如公司债券）的发行决策。因此，为了刻画由负债担保交易引发的对手违约风险对于或有债权价值的影响，本章采用了"首次通过时间"模型来衡量公司违约破产时机的随机动态，并且进一步将向上的跳跃风险（由交易对手违约冲击引发的效果）引入破产触发门槛的设定[①]。相对于其他基于简约式（又称缩减式）理论设定下的交易对手风险模型，本章模型的一个重要优势在于——本章

---

① 布莱克和考克斯（1974）率先将首次通过时间模型应用于研究公司信用风险和公司债券定价等问题。他们的公司违约破产模型继承了莫顿（1974）的构想。莫顿最早提出了将公司资产的总价值视为公司偿债能力的指标的观点，并且认为一旦当前偿债能力无法充分地履行债券所衍生的到期偿债义务，公司将濒临破产，债权人也因债务逾时违约而迫使公司进入清算程序（此概念与 Leland（1994）定义的外生性公司破产事件相仿）。莫顿所提出的公司债券定价理论的基本核心在于将债券面值视为单一的破产门槛（或可称为破产触发阈值），再结合前文提到的将公司资产的总价值视为偿债能力的观点来对公司破产事件赋予明确的数理定义。这意味着当公司资产的总价值低于到期债务的面值时，公司无力偿还债券本金，从而遭受债权人清算进入破产程序。值得注意的是，莫顿所构建的破产模型的性质属于静态，因为该模型为了简化起见采用零息债券的设定，所以仅能考虑债券到期还本时的破产可能。布莱克和考克斯（1974）改进了他的方法，进一步提出动态强制性破产的模型。与静态破产模型不同，动态破产模型主张在债券存续期内的任一时间点下，只要公司的资产总价值跌落破产触发阈值（许多文献直接将破产触发阈值设定为债券面值），即使公司股东有能力履行当前债务和偿付债券利息，债权人有权得以强制公司进行破产清算程序。强制性破产模型的重要特征在于能够刻画公司债券发行实务中的保护性契约条款的特性（欲知更多关于保护性契约条款的意义，可参见利兰（1994））。这种破产模型被后续研究称之为"首次通过时间（first passage time）"模型。

模型与资本结构理论的基本意涵是可兼容的，暗含着模型考虑了公司资本结构的变化对于破产违约风险带来的影响。[①]

基于将竞争信息不完备性纳入模型的目的，我们假设债务人在考虑负债担保交易时，仅能部分地掌握关于担保人之间的成本竞争信息。此外，为了便于刻画债务人的议价能力对担保人的利润所产生的影响，我们将担保市场的竞争结构和竞争信息的不完备程度视为两个关联变量。具体而言，如果可得信息的不完备程度极高时，债务人将面临一个更加集中（垄断）的担保市场，这导致了针对担保的垄断性定价行为。在模型中，负债担保的价格以及债务人的最优资本结构（即最优负债规模或最优财务杠杆率）是同时决定的。当面临融资约束时，由于负债担保具有信用增级的功能，债务人有动机去购买担保来改善融资条件，从而提高举债融资的规模。因此，考虑到担保对于举债能力的内生性影响，债务人在制定资本结构决策时必须同时选择最优的举债规模并且衡量应该花费多少成本用于购买负债担保。根据这样的经济意涵，我们以债务人通过担保交易获得的额外举债利益（即税收豁免利益减去破产危机成本）来决定其对担保的最高出价（the upper bound of buy bids），而担保人因帮忙分担债务人的财务风险所需的补偿则决定了其对担保的最低索价（the lower bound of sell asks）。这一收益成本权衡法构成了负债担保交易的买卖价差区间（bid-ask boundaries），进而决定了担保市场上供给—需求原则，以及在担保交易中的议价空间。担保人在市场达到供需均衡下的利润可被表示成一个由债务人的举债规模以及竞争信息不完备性共同决定的一般化函数，适用于各种类型的市场结构。由于债务人的资本结构决策目标是基于担保交易成本与传统权衡理论所提出的财务杠杆价值之间的权衡，因此公司的资本结构最优化与金融担保市场均衡之间具有共存关系。

本章所提出的模型在两个方面与以前的文献有很大的不同。首先，本章抛

---

① 杰罗和余（Jarrow and Yu, 2001）首先提出了一个基于简约式设定下的交易对手违约风险模型，并将该模型应用于信用衍生品（如信用票据或信用违约掉期）定价方面的研究。事实上，简约式违约模型最早是杰多和恩布尔（Jarrow and Turnbull, 1995）提出，其核心的理论意涵认为公司的违约破产与资本结构变化不存在任何关联，反而是由外部宏观经济因素的冲击（如利率、股票市场或景气循环等）所引起的。在简约式模型中，信用违约的随机特性大多是由一个外生设定的计数过程或泊松过程来刻画，随机过程的参数（设定成常数、随机变量、或随机过程皆可）则被称为违约强度。因此，为了与莫顿（1974）所提倡的公司价值法或结构式违约模型做出区别，有部分文献称简约式模型为违约强度法。简约式模型主要的优点在于易处理性，因为模型分析不会涉及公司资产价值方面的参数，这些参数往往是无法直接观测并且难以估计的。

弃了传统文献中信贷市场完全竞争和存在对称且完备的信息结构的假设。基于这两个假设，在决定信用担保的市场价值时，传统文献的模型不需要针对参与担保伴随而来的风险分摊成本（risk-sharing cost）和信用增级利益（credit-enhancement benefit）加以区分。这是因为其认为在一个效率性竞争的理想情况下，担保交易对于买方和卖方都是公平的，暗含着成本和交易价格本质上等价。然而，如果当信贷市场参与者仅能够掌握不完备的竞争信息，导致市场存在不效率的竞争，上述结论就会无法成立。因此，在为担保进行定价时，有必要考虑交易双方的议价能力以及市场竞争信息不完备性造成的影响。基于均衡议价来决定担保价值的做法有助于我们解释市场供需结构背后丰富的经济含义。

其次，本章明确了企业担保交易决策与资本结构决策之间的内生性互动。在大量的实证文献中，担保价格和债务人的财务杠杆水平之间呈现的负相关关系已经获得证实。然而，理论文献无法对担保如何影响公司的资本结构决策提供令人信服的解释。根本原因是在构建信用担保的定价模型时，传统理论文献往往采用简约式理论的设定而忽略了资本结构变化对于违约发生的内生性影响以及伴随举债而来的税收豁免效益。因此，传统模型主张公司是否会为其债务寻求担保的保护（即购买担保的诱因）与财务杠杆带来的税收豁免利益价值无关，并且它们的研究结果默认公司参与负债担保对其股票价值没有任何影响。然而，这种推理是不合逻辑的，因为购买债务担保的成本通常必须由股东承担。此外，负债担保交易也会通过负债融资决策所衍生的税收豁免利益来影响股权价值。在本章模型中，我们证明了只有当公司的资本结构决策达到最优时，才能确保担保交易处于市场均衡。

本章对于公司负债融资决策和金融担保定价文献的贡献主要体现于两方面。一方面，通过资本结构模型框架和信息不完备性的传导机制，担保合同的定价行为可以帮助我们解释市场竞争结构变化所带来的一系列经济影响。与莫顿提倡的基于期权的方法存在根本上的不同，本章的负债担保定价模型是基于成本—收益均衡。研究结果表明，负债担保的收益与成本对担保比率（debt guarantee coverage rate）和双方交易者的特征参数（如资产价值、资产收益波动率、资产收益增长率等）非常敏感。通过对成本—收益曲线结构进行比较静态分析，债务人可以最小化他们花费于购买担保的成本，而潜在的担保人可以确定何种类型的债务人公司对于信用担保的需求较强并且具有较高的消费者剩余（因为这能够带给担保人一个更好的机会去实行加成定价策略），以最大化其总利润。该模型还允许通过使用真实的交易数据来测试信贷市场垄断的程度。该种测试的结果为政策制定者提供了一个可以用于决定何时干预公共担保计划运作的可靠标准。

其次，通过证明负债担保交易均衡和企业资本结构最优化之间的共存关系，本章的模型帮助我们填补了金融担保定价和公司负债融资政策文献之间的理论空白。模型分析的结果进一步表明信贷市场竞争信息的不完备性导致担保人做出垄断性收费的行为，并对担保在促进融资条件改善和信用增级方面的效果产生不利影响。具体而言，当可得的竞争信息的不完备程度极端高时，公司通过负债担保能够额外增加的举债能力会显著较低，并且参与担保对其债券的收益率利差带来的边际信用增级效应将变得非常微弱。

本章的其余部分安排如下：在第二节中，我们初步地构建多重保证人对应单一债务人的模型框架和描述信贷市场竞争信息不完备性的结构设定；在第三节中，我们求解主要模型并推导出相关命题；在第四节中我们进行比较静态的定量分析，并在第五节中，我们对全章内容做出总结。

第二节　经济背景设定

考虑一个由 N 家提供金融担保服务的公司组成的行业[①]，并考虑一家具有代表性的 B 公司作为主要债务人（担保需求者）。这两类公司的差异主要体现于获得外部融资的能力。具体而言，B 受到融资约束，而担保人公司不受

---

① 请注意，在这种情况下，公共担保将无法发挥作用。我们出于以下两个原因在模型中仅考虑私营担保。首先，公共担保的提供者大多为政府部门附随组织（如央行），其性质属于非营利。因此，将公共担保引入我们的交易均衡分析时，信贷市场竞争信息的不完备性对于担保定价造成的影响将变得微不足道。其次，公共担保计划的适用对象可能仅限于某些特定种类的企业。例如，英国政府专为中小型企业出台的小型公司贷款担保计划（Small Firm Loan Guarantee Program）。在这种情况下，寻求私营担保是不可避免的。我们的假设符合这些特殊的市场特征。

融资约束[①]。假设在一个完备概率空间（Ω，$\mathcal{F}$，P）里，存在连续性的信息集 $\mathbf{F} = (\mathcal{F}_t)_{t \geqslant 0} = \mathbf{G}^1 \vee \cdots \vee \mathbf{G}^N \vee \mathbf{G}^B \vee \mathbf{H}$ 收集了决策者对所有的经济变量（模型所考虑的随机过程）进行连续性观测后能够获得到的信息。

一、资产价值动态与随机贴现因子

每位担保人名下资产的价值动态的收益增长率为 $\mu_V^i > 0$，股利支付率为 $\delta_V^i > 0$，收益波动率为 $\sigma_V^i > 0$，而资产价值动态可被表示如下：令 $i = 1, 2, \cdots, N$，

$$\frac{dV^i(t)}{V^i(t)} = (\mu_V^i - \delta_V^i) dt + \sigma_{VZ}^i dz_P^i(t) + \sigma_{VB}^i dB_P(t); \quad V^i(0) > 0 \qquad (4.1)$$

其中扩散项系数满足 $(\sigma_{VZ}^i)^2 + (\sigma_{VB}^i)^2 = (\sigma_V^i)^2$；企业的非系统性冲击（idiosyncratic risk）$z_P^i(\cdot)$ 遵循一个对应信息集 $\mathbf{G}^i = (G_t^i)_{t \geqslant 0}$ 的单维布朗运动；行业内系统性冲击 $B_P(\cdot)$ 则遵循一个对应信息集 $\mathbf{G}^B = (G_t^B)_{t \geqslant 0}$ 的单维布朗运动。B 公司的资产价值动态过程遵循下式：

$$\frac{dS(t)}{S(t)} = (\mu_S - \delta_S) dt + \sigma_S dw_P(t); \quad S(0) > 0 \qquad (4.2)$$

其中，$\mu_S > 0$ 表示资产收益的预期增长率；$\delta_S > 0$ 表示股利支付率；$\sigma_S > 0$ 表示资产收益的波动率；$w_P(\cdot)$ 遵循一个对应信息集 $\mathbf{H} = (H_t)_{t \geqslant 0}$ 的单维布朗运动，并且与 $z_P^i(\cdot)$ 和 $B_P(\cdot)$ 不相关。为了方便后续的论述，在整本书中，我们假定 A 公司是 B 公司从潜在的担保人中挑选出的交易伙伴。A 公司拥有自己的资本资产 $V \equiv V^j$，且对应的资产价值动态过程中的参数可表示成 $\mu_V \equiv \mu_V^j$（资产收益预期增长率），$\delta_V \equiv \delta_V^j$（股利支付率），$\sigma_{VZ} \equiv \sigma_{VZ}^j$（资产收益波动率），$\sigma_{VB} \equiv \sigma_{VB}^j$，其中 $j \in \mathbb{S}$，$\mathbb{S} = \{1, 2, \cdots, N\}$ 是一个离散型的有限状态空间。

考虑到行业内不同公司的营运现金流动态变化可能存在相似性，我们为此进一步假设 $\sigma_V = \sigma_V^1 = \sigma_V^2 = \cdots = \sigma_V^N$，这一假设和学者（Lang and Stulz, 1992；Xu

---

[①] 经济直觉表明，外部融资约束推动了公司去寻求第三方信用担保的意图，原因在于购入担保能够带来信用增级的效果并改善融资条件（如投资人对于受担保保护的风险性债权会要求相对较低的票面利率）。因此，能够提供担保或者具有担保能力的公司不太可能受到融资约束的限制。事实上，融资约束对担保公司来说是中性的，因为担保能力的大小主要取决于担保者当前的财务以及风险承受情况（如担保者当前使用的财务杠杆程度），而非他们所面临的融资约束强度。按照这样的想法，为了对债务人公司以及担保人公司加以区别，在本章的模型中我们假设前者会受外部融资约束而后者不会。

et al.，2006；Chi and Tang，2008）的研究结论相符。这表明每一位潜在担保人的自有资产的总风险水平相同。给定这种约束下，担保人之间的成本竞争结构遵循一个严格单调关系，如此能够保证最优交易伙伴的存在是唯一的[①]。此外，我们还假设 $\sigma_V \le \sigma_S$，这表明与潜在的担保人（不受融资约束的公司）相比，主要债务人（受到融资约束的公司）所拥有的资产存在更大的价值风险。这种想法十分合理，且能够得到很多实证研究结论的支持，即面临融资约束的公司往往具有相对更高的现金流波动性（参见 Kaplan and Zingales，1997；Cleary，1999；Moyen，2004；Cleary，2006）。

仿照主流公司金融理论文献的做法，我们将经济中唯一的随机贴现因子（stochastic discount factor）在真实测度下的一般化动态过程定义如下：

$$\frac{d\Lambda(t)}{\Lambda(t)} = -rdt - h_S dw_P(t) - h_{VB} dB_P(t) - \sum_{i=1}^{N} h_V^i dz_P^i(t) \qquad (4.3)$$

其中，$r > 0$ 表示无风险债券的收益率；$h_V^i \equiv \dfrac{(\mu_V^i - r - (\mu_I - r)\sigma_{VB}^i \sigma_V^{-1})}{\sigma_{VZ}^i}$，$h_S \equiv \dfrac{(\mu_S - r)}{\sigma_S}$ 和 $h_{VB} \equiv \dfrac{(\mu_I - r)}{\sigma_V}$ 是为后续应用风险中性定价方法的需要而设置的风险调整系数。

二、不完备竞争信息的结构

如上所述，$F_t = H_t \vee G_t^1 \vee \cdots G_t^N \vee G_t^B$ 帮助我们从信息的观点去刻画模型中经济体的状态变量的演变，它对应于完备的信贷市场竞争信息。为了将市场竞争信息不完备的特性引入模型设定，假设 B 公司所拥有的观测市场动态的能力是不完美的（imperfect ability）。具体而言，假设 B 仅仅能够收集到关于担保人公司的 $\varepsilon \equiv n/N$ 比例的信息。我们以 $F_t^D = G_t^{m_1} \vee \cdots \vee G_t^{m_{n-1}} \vee G_t^j \vee G_t^B \vee H_t \subseteq F_t$ 表示这

---

① 如果担保人之间的成本竞争结构是非单调的，主要债务人所面临的担保成本/供给曲线可能是不平滑的（non-smooth）且担保的购买成本也不会是它的举债规模的单调函数，这导致我们在进行模型分析时无法保证债务人的资本结构最优化和担保市场交易均衡之间的共存关系是唯一的。因此，我们针对模型设定施加单调的成本竞争结构这一约束。如果在模型中我们考虑更多担保人间的特征差异性，这无疑会使得成本竞争结构变得更加复杂而不再遵循单调特性，导致扩展模型无法求出一个明确的封闭解。在这种情况下，需要调用数值分析技术来帮忙求解，如蒙特卡罗模拟。

个不完备的信息集,其中 $\forall (m_i)_{i=1}^{n-1} \in \mathbb{S}$ 且 $m_1 \neq m_2 \neq \cdots \neq m_{n-1} \neq j$。注意比率 ε 的值和竞争信息不完备性的程度呈现一个严格的反向关系。例如,当 ε 接近百分之百时,债务人可掌握的市场竞争信息近乎完整。通过所能掌握的不完备的竞争信息,B 公司从已知的潜在担保人中挑选出最佳的交易伙伴,并与此伙伴达成负债担保服务费的议价均衡。为了后续研究的需要,我们还利用 $F_t^A \subseteq F_t$ 表示被 B 公司选定的担保人公司(即 A 公司)所拥有的市场信息。在考虑担保交易时,A 公司将会使用私有信息来了解其成本竞争优势。

特别值得注意的是,本章对"信息不完备"概念的定义与其他文献略有不同。先前的研究大多数通过随机模型中的延迟(delayed)或噪声(noisy)滤波来定义连续时间下信息的不完备性。但在本章的模型中,我们将信贷市场竞争信息的不完备性视为负债担保交易利润率的控制变量,因为债务人全部的决策行为(包含资本结构决策以及负债担保交易)都是静态的,且仅能选择一位担保人。当竞争信息不完备的程度越严重时,目标担保人能够享有的垄断性利润就会越大。遵循这种经济逻辑,可以合理地确定竞争均衡中的利润率结构和竞争信息不完备性之间的关联。

三、考虑违约跳跃风险下的首次通过时间模型

考虑一个有限的时间跨度 $[0, T]$。令 $\tau_i: \Omega \to R_+$,$i = A$,B 表示由公司 i 的资产价值所确定的随机停止时间,即两家公司各自的破产违约时间。一方面,为了刻画参与负债担保对担保人自身的违约风险的影响,假设目标担保人的违约破产触发阈值由两部分组成。其中,固定部分为 d_A,由目标担保人公司的资本结构确定;跳跃部分为 g,表示伴随主要债务人的违约破产而来的外部冲击。另一方面,通过扩展巨等(2005)的静态资本结构权衡模型,令主要债务人的违约破产触发阈值符合一个与时间相关(time-dependent)的指数函数 $d_B^{\rho(g, d_B)(t-T)}$,$t \leqslant T$,暗含着负债担保交易和负债融资决策会共同地确定此违约阈值。上述两个随机破产时间的明确定义可表示为:

$$\tau_A := \inf(t \in [0, T]: V(t) \leqslant d_A + 1_{(\tau_B \leqslant t)} g) \tag{4.4}$$

$$\tau_B := \inf(t \in [0, T]: S(t) \leqslant d_B^{\rho(g, d_B)(t-T)}) \tag{4.5}$$

其中，参数 d_A，d_B，g 和 ρ（g，d_B）都是事前确定的，且严格为正数。为了便于后续推导和求解模型，我们先将这两个随机破产时间的概率法则汇整成以下命题。

命题 4.1 考虑两个随机破产时间的定义如式（4.4）和式（4.5），在风险中性测度 Q 下，从期初时刻直到时刻 t 的公司条件累积生存概率为，给定 $t \leqslant T$，

$$Q(\tau_A > t \mid F_0^D) \equiv q_{A,0}(t;\ V(0),\ S(0),\ r,\ \delta_V,\ \delta_S,\ \sigma_V,\ \sigma_S,\ d_A,\ d_B,\ g,\ T)$$

$$= (N[n_1(t)] - e^{-axv}N[n_2(t)])(N[n_5(t)] - e^{-bxs}N[n_6(t)])$$

$$+ \int_0^t \int_{d_A+g}^\infty \int_{d_A}^x (N[n_3(t,\ u,\ x)] - e^{xvc(x)}N[n_4(t,\ u,\ x)])f_{\tau_B}(u \mid F_0^D)$$

$$\times f_{V,infV}(x,\ y \mid F_0^D \vee \mathbf{J}_t \vee \{u \leqslant t\})\,dy\,dx\,du,$$

$$Q(\tau_B > t \mid F_0^D) \equiv q_{B,0}(t;\ S(0),\ r,\ \delta_S,\ \sigma_S,\ d_B,\ g,\ T) = N[n_5(t)] - e^{-bxs}N[n_6(t)],$$

其中

$$n_1(t) = (a + \lambda_V t)(\sigma_V \sqrt{t})^{-1};\quad n_2(t) = (-a + \lambda_V t)(\sigma_V \sqrt{t})^{-1};$$

$$n_3(t,\ u,\ x) = (-c(x) + \lambda_V(t-u))(\sigma_V \sqrt{t-u})^{-1};$$

$$n_4(t,\ u,\ x) = (c(x) + \lambda_V(t-u))(\sigma_V \sqrt{t-u})^{-1};$$

$$n_5(t) = (b + \lambda_S t)(\sigma_S \sqrt{t})^{-1};\quad n_6(t) = (-b + \lambda_S t)(\sigma_S \sqrt{t})^{-1};$$

$$xv = 2\sigma_V^{-2}\lambda_V;\quad \lambda_V = r - \delta_V - 0.5\sigma_V^2;\quad xs = 2\sigma_S^{-2}\lambda_S;\quad \lambda_S = r - \delta_S - \rho(g,\ d_B) - 0.5\sigma_S^2;$$

$$a = \ln\left(\frac{V(0)}{d_A}\right);\quad b = \ln\left(\frac{S(0)}{(d_B e^{-\rho(g,d_B)T})}\right);\quad c(x) = \ln\left(\frac{(d_A + g)}{x}\right);$$

$$f_{\tau_B}(u \mid F_0^D) = (e^{-bxs}n[n_6(u)](\lambda_S + bu^{-1}) - n[n_5(u)](\lambda_S - bu^{-1}))(2\sigma_S \sqrt{u})^{-1}$$

为 $\tau_B = u$ 在给定信息集 F_0^D 下的边际概率密度函数；

$$f_{V,infV}(x,\ y \mid F_0^D \vee J_t \vee \{u \leqslant t\}) = \exp\{[2\ln y - \ln x - \ln V(0) + \lambda_V u]^2(-2\sigma_V^2 u)^{-1}\}$$

$$\times \sqrt{2}\ln\frac{(xV(0)}{y^2}(\sqrt{\pi}u^{3/2}\sigma_V^3 xy)^{-1}\left[\frac{y}{V(0)}\right]^{xv}$$

为 $\inf\limits_{0 \leqslant s < u} V(s) = y$ 和 $V(u) = x$ 在给定信息集 $F_0^D \vee J_t \vee \{\tau_B = u \leqslant t\}$ 下的联合概率密度函数；$n(\cdot)$ 表示正态分布的概率密度函数；$N(\cdot)$ 表示正态分布的累积概率函数。

本章接下来将命题 4.1 的结果应用于求解债务人的公司资本结构和负债担保交易的联合决策模型。有关命题 4.1 的详细证明，请参阅陈等（2011）的附录。

第三节　主体模型

本节将基于多重担保人对应单一债务人的框架构建一个静态结构式模型,该框架能够帮助我们将资本结构决策问题与负债担保交易相互融合。在不失一般性的情况下,现在考虑一种情况,即 A 公司(资产价值 $V(0)=V$)和 B 公司(资产价值 $S(0)=S$)两者最初都是零杠杆的(未举债的),并且打算发行期限为 T 年、按面值出售的债券。

一、公司债及负债担保合同

首先,我们考虑 B 公司(主要债务人)的情况。该公司以票面价值贩卖其债券,即 $D_B = debt_B(0)$。该债券会持续不断地以固定利率支付利息 $c_B > 0$,且利息能够让公司获取税收豁免利益 $c_B \beta_B$,其中 $0 \leqslant \beta_B \leqslant 1$ 表示公司的有效税率。如果债券的发行没有附带来自第三方的信用担保,债权人将对 B 公司经理人发行的债务规模施加一个上限约束 $\bar{D}_B$,这使得债券的收益率利差能够被限制在一个目标范围 $[0, r_{max}]$ 内以确保债券投资的安全性和流动性处于可控的程度。只要举债的规模超过 $\bar{D}_B$,债权人就会强制要求经理人寻求一个第三方的负债担保,并且要求担保人承诺一旦债券发生违约时会帮忙主要债务人偿还部分债权本金 $\eta \equiv D_B \kappa$。在负债担保的合同中,担保比率 $\kappa \in [0, 1]$ 以及清算保护条款(debt protective covenant)都是于事前议定的[①]。具体而言,清算保护条款规定债权人可以在债务到期(如果担保人在整个担保期内都保持偿债能力)或担保人发生破产

[①] 在债券定价以及资本结构理论的文献中,清算保护条款是很常见的债务契约设定。此条款能充分保障债券投资人的权益,确定在债券存续期间内的任一时间点,只要债务人名下的资产总价值或是抵押品的价值跌落至低于债券的票面价值,即使债务人有能力履行当前债务和偿付债券利息,债权人有权得以强制对债务人名下的资产进行清算程序。为了刻画这种强制性破产的经济意涵,已有大量文献将首次通过时间模型应用于债券定价以及公司融资决策等方面的研究(如 Black and Cox, 1974)。欲知更多关于债权保护性契约条款的意义,可参见利兰(1994)。

违约时从他那里获得现金补贴①。担保人针对负债担保服务收取费用 $X(1 + r_G)$，其中 X 是底价，r_G 是由交易双方通过共同谈判确定的毛利润率。担保费用须以趸缴的形式于事前支付，用于支付此费用的资金完全由现任股东承担，无须从资本市场额外发行新股。

只要债券在受到信用担保保护的前提下，即使公司的资产价值暂时低于债券的票面价值，B 公司的经理人也可以继续维持经营。在债券存续期间内的任何一时间点，除非当公司的总资产价值下跌到一定的水平而触击破产违约门槛时（在考虑担保效果下，此门槛会低于债券的票面价值），债权人才能立即强制经理人进行破产清算程序。在此规则下，B 公司的违约破产时间 τ_B 可被精确地定义如式（4.5）所示，其中 $d_B = D_B$，$g = \eta$ 以及 $\rho(\eta, D_B) = -\ln(1 - \kappa)T^{-1}$。一旦发生破产清算，B 公司的股东权益的市场价值立即降至零，且强制执行破产清算的过程会伴随一系列损失，仅有一部分剩余资产价值最终可由债权人收回。根据以上情况，我们以一个恒正的参数 $\alpha_B \in [0, 1]$ 来表示破产成本率。

接下来考虑目标担保人（A 公司）的设定。在进行担保交易时，A 公司会针对合同所涉及的担保补偿金额附加一个上限约束，主要的用意是确保在发生破产违约时自身的剩余资产总价值足够负担被担保人的或有债务，即 $\min_{\omega} V(\tau_A(\omega), \omega) \geq \eta$ 或 $D_A \geq \eta)$②。换句话说，只要具有足够的担保能力并且 B 公司能够如实地支付担保费用，A 公司的经理人愿意承诺将其部分资产用作为 B 公司债务的抵押品。从负债担保交易所获得的现金收益将被立即投入公司的日常运营中，意味着在完成担保交易后担保人公司的资产价值将变为 $X(1 + r_G) + V$。

在制定举债决策时，类似主要债务人的情况，A 公司会以票面价值发行其债券，即 $D_A = \text{debt}_A(0)$。该债权持续不断以固定利率支付利息，且利息支出能够带来税收豁免利益。该债券合同专为投资人附上保护性条款（protective covenant），用以详列启动强制性破产清算程序的必要条件。因此，A 公司的违约破

---

① 我们不会将此设定视作立即清算，原因是这会导致模型中的债权人彼此存在利益冲突。如果主要债务人的违约发生点早于担保人，即时进行担保清算会降低担保人公司的偿付能力和经营价值，并进一步损害担保人所面对的次要债务人的权益。因此，在制定担保合同条款时，强制实施此类清算会引发担保交易双方背后的债权人间的代理冲突。由于代理冲突对于资本结构决策的影响已超出本章的研究范畴，我们为了简化模型分析而不考虑立即清算的设定。

② 当两家公司同时违约时，担保人的剩余资产价值可被表示为 $V(\tau_A) = D_A + \varphi$，其中 φ 是一个在 $[0, \eta]$ 范围内的未知变量，D_A 则是由举债规模（即债券的票面价值）决定的。因此，如果要求担保人的剩余资产价值必须至少足够偿付与担保有关的债务，我们必须对担保人的举债规模施加一个下方约束 $D_A \geq \eta$。

产时间 τ_A 可被定义如式(4.4)所示,其中 $d_A = D_A$ 且 $g = \eta$。除原始债权人外,B 公司的债权人也有权参与 A 公司的破产清算(如果 A 公司的经理人承诺提供负债担保),除非 A 公司的破产发生时刻早于 B 公司(即 $\tau_A < \tau_B$)。需要特别注意的是,当两家公司的债权人同时参与 A 公司的破产清算时,B 公司的债权人享有优先的受偿顺序(redemption order)。这意味着在进行这种破产清算程序时,A 公司的经理人必须先将与担保相关的债务从剩余资产价值中扣除,之后再接着遵循标准模式与他们的原始债权人交涉清算业务。最终,与 B 公司的情况类似,在完成破产清算程序后,只有 $1 - \alpha_A$ 比例的剩余资产价值能够返还给原始债权人,其中参数 $\alpha_A \in [0, 1]$ 表示对应的破产成本率。

二、负债价值

借鉴利兰和托夫特(1996)的相关研究,我们将公司债券在初始时间的市场价值表示成以下三个部分的总和。第一是息票收益的预期总现值(the contribution from coupon);第二是假如发生破产违约,当下能收回的剩余资产价值(the contribution from recovered payments);第三是假如在整个债券存续期间内破产未曾发生,债券到期后能够收回的债券全额本金(the contribution from principal repayments)。根据以上情况,对于 B 公司而言:当 $0 \leqslant D_B \leqslant \bar{D}_B$ 时(在未考虑负债担保的情况下,$V(0) = V$ 且 $\eta = 0$),债券的期初市场价值可由以下数学表达式呈现:

$$\text{debt}_B(0) := \Lambda(0)^{-1} E_0^P \left(\int_0^T c_B \Lambda(t) 1_{\{\tau_B > t\}} dt + D_B \Lambda(T) 1_{\{\tau_B > T\}} \right.$$
$$\left. + (1 - \alpha_B) S(\tau_B) \Lambda(\tau_B) 1_{\{\tau_B \leqslant T\}} \right)$$

当 $\bar{D}_B < D_B$ 时(考虑负债担保的情况下;$V(0) = V + X(1 + r_G)$ 且 $\eta > 0$),

$$\text{debt}_B(0) := \Lambda(0)^{-1} E_0^P \left(\int_0^T c_B \Lambda(t) 1_{\{\tau_B > t\}} dt + D_B \Lambda(T) 1_{\{\tau_B > T\}} \right.$$
$$+ (1 - \alpha_B) S(\tau_B) \Lambda(\tau_B) 1_{\{\tau_B \leqslant T\}}$$
$$\left. + \eta \Lambda(T) 1_{\{\tau_B \leqslant T < \tau_A\}} + \eta \Lambda(\tau_A) 1_{\{\tau_B \leqslant \tau_A \leqslant T\}} \right)$$

给定下方约束 $D_A \geqslant \eta$ 下,A 公司发行的债券市场价值可以同样的方式表达如下。

$$\text{debt}_A(0) := \Lambda(0)^{-1}E_0^P\left(\int_0^T c_A\Lambda(t)1_{\{\tau_A>t\}}dt + (1-\alpha_A)\left[V(\tau_A)\right.\right.$$
$$\left.\left. - \eta1_{\{\tau_A\geq\tau_B\}}\right]\Lambda(\tau_A)1_{\{\tau_A\leq T\}} + D_A\Lambda(T)1_{\{\tau_A>T\}}\right)$$

其中，$\eta1_{(\cdot)}$ 的意义是帮助我们确保，只有当 B 公司的违约发生早于 A 公司时，与担保相关的债务才有偿付的优先权。通过命题 4.1，我们可推导公司债券市值的公式如下。

推论 4.1 给定一般初始条件和命题 4.1，若举债的规模介于 $0\leq D_B\leq\bar{D}_B$ 范围且不考虑担保效果时（$V(0)=V$，且 $\eta=0$），B 公司发行的债券会有以下市场价值：

$$\text{debt}_B(0) = \int_0^T c_B q_{B,0}(t; S(0), r, \delta_S, \sigma_S, D_B, \eta, T)e^{-rt}dt$$
$$+ D_B q_{B,0}(T; S(0), r, \delta_S, \sigma_S, D_B, \eta, T)e^{-rT}$$
$$+ \int_0^T (1-\alpha_B)D_B f_{\tau_B}(t|F_0^D)e^{-rt}dt$$

若举债规模介于 $\bar{D}_B < D_B$ 范围并且考虑担保效果时（$V(0)=\mathbf{V}+X(1+r_G)$，且 $\eta>0$），则 B 公司债券的市场价值公式会是

$$\text{debt}_B(0) = \int_0^T c_B q_{B,0}(t; S(0), r, \delta_S, \sigma_S, D_B, \eta, T)\,e^{-rt}dt$$
$$+ D_B q_{B,0}(T; S(0), r, \delta_S, \sigma_S, D_B, \eta, T)\,e^{-rT}$$
$$+ \int_0^T (1-\alpha_B)D_B^{-\rho(\eta,D_B)T}f_{\tau_B}(t|F_0^D)e^{-[r-\rho(\eta,D_B)]t}dt$$
$$+ \int_0^T\int_{D_A}^\infty\int_{D_A}^x \left((N[n_3(T, t, x)] - e^{xvc(x)}N[n_4(T, t, x)])\,1_{(x>D_A+\eta)}\right.$$
$$+ e^{r(T-t)}1_{(x<D_A+\eta)})\times f_{V,\inf V}(x, y|F_0^D\vee J_T\vee\{t\leq T\})f_{\tau_B}(t|F_0^D)\eta e^{-rT}dy\,dx\,dt$$
$$+ \int_0^T\int_{D_A+\eta}^\infty\int_{D_A}^x\int_{t_*}^T f_{\tau_A}(s|G_t^j\vee G_t^B\vee H_0\vee J_T\vee\{V(t)=x\})f_{\tau_B}(t|F_0^D)$$
$$\times f_{V,\inf V}(x, y|F_0^D\vee J_T\vee\{t\leq T\})\eta e^{-rs}ds\,dy\,dx\,dt,$$

其中，
$$f_{\tau_A}(s|G_t^j\vee G_t^B\vee H_0\vee J_T\vee\{V(t)=x\}) = (e^{xvc(x)}n[n_4(s, t, x)](\lambda_V - (s-t)^{-1}c(x))$$
$$- (\lambda_V + (s-t)^{-1}c(x))n[n_3(s, t, x)])$$
$$(2\sigma_V\sqrt{s-t})^{-1}$$

为 $\tau_A=s$ 在测度 Q 下，基于信息集 $G_t^j\vee G_t^B\vee H_0\vee J_T\vee\{V(t)=x\}$ 的条件概率密

度函数。

推论 4.2　给定举债规模约束条件如 $D_A \geqslant \eta$，$\bar{D}_B < D_B$，命题 4.1，初始非违约条件，以及资产价值初始条件 $V(0) = V + X(1 + r_G)$，A 公司发行的债券会有以下市场价值：

$$
\begin{aligned}
debt_A(0) = &\int_0^T c_A q_{A,0}(t; V(0), S(0), r, \delta_V, \delta_S, \sigma_V, \sigma_S, D_A, D_B, \eta, T) e^{-rt} dt \\
&+ D_A e^{-rT} \left(1 - \int_0^T f_{\tau_A}(t \mid \mathcal{F}_0^D) dt \right) \\
&+ \left(\int_0^T \int_{D_A}^{D_A+\eta} \int_{D_A}^x x(1 - e^{c(x)}) f_{V,infV}(x, y \mid \mathcal{F}_0^D \vee \mathcal{J}_T \vee \{t \leqslant T\}) f_{\tau_B}(t \mid \mathcal{F}_0^D) e^{-rt} dy\, dx\, du \right. \\
&+ \left. \int_0^T D_A f_{\tau_A}(t \mid \mathcal{F}_0^D) e^{-rt} dt \right)(1 - \alpha_A)
\end{aligned}
$$

其中，

$$
\begin{aligned}
f_{\tau_A}(t \mid \mathcal{F}_0^D) = &\left((e^{-axv} n[n_2(t)](\lambda_V + at^{-1}) - n[n_1(t)](\lambda_V - at^{-1})) \right. \\
&q_{B,0}(t; S(0), r, \delta_S, \sigma_S, D_B, \eta, T) \\
&+ \int_0^t \int_{D_A+\eta}^\infty \int_{D_A}^x f_{\tau_A}(t \mid \mathcal{G}_u^j \vee \mathcal{G}_u^B \vee \mathcal{H}_0 \vee \mathcal{J}_T \vee \{V(u) = x\}) f_{\tau_B}(u \mid \mathcal{F}_0^D) \\
&\times f_{V,infV}(x, y \mid \mathcal{F}_0^D \vee \mathcal{J}_t \vee \{u \leqslant t\}) 2\sigma_V \sqrt{t} dy\, dx\, du \\
&- \left(\int_{D_A+\eta}^\infty \int_{D_A}^x f_{V,infV}(x, y \mid \mathcal{F}_0^D \vee J_t \vee \{u = t\}) dy\, dx - (N[n_1(t)] \right. \\
&\left. \left. - e^{-axv} N[n_2(t)]) \right) \times f_{\tau_B}(t \mid \mathcal{F}_0^D) 2\sigma_V \sqrt{t} \right) (2\sigma_V \sqrt{t})^{-1}
\end{aligned}
$$

为 $\tau_A = t$ 在风险中性测度 Q 下，基于信息集 F_0^D 的条件概率密度函数。

三、税收豁免利益和破产危机成本

在公司具有偿付能力的情况下，我们将举债的税收豁免利益视为一种可连续地支付与债券利息的避税价值（此价值等于利息费用乘上公司的实质税率）相等的票面利息的金融证券。但是，在宣告破产进入清算程序之后，公司无法通过缴纳利息费用继续获取税收豁免优惠，使得这个金融证券的价值降至零。因此，根据以上情况，公司的税收豁免利益的预期市场价值可被表示如下：对 B 公司而言，

$TB_B(0; V(0), S(0), r, r_{max}, \delta_V, \delta_S, \sigma_V, \sigma_S, D_A, D_B, \beta_B, \eta, T)$：

$$= \Lambda(0)^{-1} E_0^P \Big(\int_0^T \beta_B c_B \Lambda(t) 1_{\{\tau_B > t\}} dt \Big),$$

同理可知，对 A 公司而言：给定举债规模的下方约束 $D_A \geqslant \eta$ 下，

$$TB_A(0; V(0), S(0), r, \delta_V, \delta_S, \sigma_V, \sigma_S, D_A, D_B, \beta_A, \eta, T):$$

$$= \Lambda(0)^{-1} E_0^P \Big(\int_0^T \beta_A c_A \Lambda(t) 1_{\{\tau_A > t\}} dt \Big).$$

利用命题4.1的结果，我们可以很轻易地推导出 $TB_B(\cdot)$ 和 $TB_A(\cdot)$ 的显性公式解。

推论4.3 给定命题4.1以及一般的初始非违约条件，公司债券的税收豁免利益具有如下预期市场价值：若主要债务人的举债规模介于 $D_B \in [0, \bar{D}_B]$ 范围时，

$$TB_B(0; V, S(0), r, r_{max}, \delta_V, \delta_S, \sigma_V, \sigma_S, D_A, D_B, \beta_B, 0, T)$$

$$= \int_0^T \beta_B c_B e^{-rt} \Big(1 - \int_0^t f_{\tau_B}(s \mid \mathcal{F}_0^D) ds \Big) dt;$$

若主要债务人的举债规模介于 $D_B \in [\bar{D}_B, \infty]$ 范围时，

$$TB_B(0; V + X(1 + r_G), S(0), r, r_{max}, \delta_V, \delta_S, \sigma_V, \sigma_S, D_A, D_B, \beta_B, \eta, T)$$

$$= \int_0^T \beta_B c_B e^{-rt} \Big(1 - \int_0^t f_{\tau_B}(s \mid \mathcal{F}_0^D) ds \Big) dt;$$

若目标担保人的举债规模介于 $D_A \in [\eta, \infty]$ 范围时，

$$TB_A(0; V + X(1 + r_G), S(0), r, \delta_V, \delta_S, \sigma_V, \sigma_S, D_A, D_B, \beta_A, \eta, T)$$

$$= \int_0^T \beta_A c_A e^{-rt} \Big(1 - \int_0^t f_{\tau_A}(s \mid \mathcal{F}_0^D) ds \Big) dt.$$

接着考虑破产成本的情况。权衡理论的核心思想认为公司可能会在破产谈判、清算出售以及重组协商的漫长过程中失去一部分的剩余资产价值，并且将这个外部的价值损失（deadweight loss）定义为破产成本[①]。由基本设定可知，B 公司的破产清算程序耗费 $\alpha_B S(\tau_B)$，意味着破产成本的期初现值可表示为：

$$BC_B(0; S(0), r, \delta_S, \sigma_S, D_B, \alpha_B, \eta, T) := \Lambda(0)^{-1} E_0^P(\alpha_B S(\tau_B) \Lambda(\tau_B) 1_{\{\tau_B \leqslant T\}}).$$

A 公司的破产成本结构则较为复杂。当宣告违约破产时，除非 B 公司在此时刻仍能继续维持偿付能力而未发生违约，否则，B 公司的债权人也有权利参与

---

① 在公司金融理论中，破产成本是其中一种最常见的外部损失。由于执行破产清算所引发的成本并非支付给公司内部的股东或债权人，而是支付给和公司无相关的外部人士（如清算机构），所以我们将破产成本归类为外部性成本。

破产清算,并且享有优先受偿的权利。根据这样的经济意涵,A 公司破产成本的期初现值可被表示为:

$$BC_A(0; V(0), S(0), r, \delta_V, \delta_S, \sigma_V, \sigma_S, D_A, D_B, \alpha_A, \eta, T):$$
$$= \Lambda(0)^{-1} E_0^P (\alpha_A [V(\tau_A) - \eta 1_{\{\tau_A \geq \tau_B\}}] \Lambda(\tau_A) 1_{\{\tau_A \leq T\}}).$$

我们把 $BC_B(\cdot)$ 及 $BC_A(\cdot)$ 的明确公式解汇整如下文所示。

推论4.4　给定命题 4.1,举债规模约束 $D_A \geq \eta$,以及一般初始非违约条件下,公司破产成本的预期市场价值具有以下形式:

当主要债务人的举债规模介于 $D_B \in [0, \bar{D}_B]$ 范围时,

$$BC_B(0; S(0), r, \delta_S, \sigma_S, D_B, \alpha_B, 0, T) = \int_0^T \alpha_B D_B f_{\tau_B}(t | \mathcal{F}_0^D) e^{-rt} dt$$

当主要债务人的举债规模介于 $[\bar{D}_B, \infty]$ 范围时,

$$BC_B(0; S(0), r, \delta_S, \sigma_S, D_B, \alpha_B, \eta, T) = \int_0^T \alpha_B D_B e^{-\rho(\eta, D_B)T} f_{\tau_B}(t | \mathcal{F}_0^D) e^{-[r-\rho(\eta, D_B)]t} dt$$

当目标担保人的举债规模介于 $D_A \in [\eta, \infty]$ 范围时,

$$BC_A(0; V + X(1 + r_G), S(0), r, \delta_V, \delta_S, \sigma_V, \sigma_S, D_A, D_B, \alpha_A, \eta, T)$$
$$= \alpha_A \left(\int_0^T \int_{D_A}^{D_A + \eta} \int_{D_A}^x x(1 - e^{c(x)}) f_{V, infV}(x, y | \mathbf{F}_0^D \bigvee \mathbf{J}_T \bigvee \{t \leq T\}) f_{\tau_B}(t | \mathbf{F}_0^D) e^{-rt} dy \, dx \, dt \right.$$
$$\left. + \int_0^T D_A f_{\tau_A}(t | \mathbf{F}_0^D) e^{-rt} dt \right).$$

四、考虑财务杠杆效果下的股权价值

由权衡理论可知,考虑财务杠杆效果下的股权预期市场价值等于在未考虑财务杠杆效果下的资产价值加上从举债获得的税收豁免利益再减去破产成本和负债价值。这意味着,对于 B 公司而言,

$$equity_B(0; V(0), S(0), r, r_{max}, \delta_V, \delta_S, \sigma_V, \sigma_S, D_A, D_B, \alpha_B, \beta_B, \eta, T):$$
$$= S(0) + TB_B(0; V(0), S(0), r, r_{max}, \delta_V, \delta_S, \sigma_V, \sigma_S, D_A, D_B, \beta_B, \eta, T)$$
$$- BC_B(0; S(0), r, \delta_S, \sigma_S, D_B, \alpha_B, \eta, T) - debt_B(0)$$
$$= TV_B(0; V(0), S(0), r, r_{max}, \delta_V, \delta_S, \sigma_V, \sigma_S, D_A, D_B, \alpha_B, \beta_B, \eta, T)$$
$$- debt_B(0);$$

对于 A 公司而言,

$$equity_A(0;\ V(0),\ S(0),\ r,\ \delta_V,\ \delta_S,\ \sigma_V,\ \sigma_S,\ D_A,\ D_B,\ \beta_A,\ \alpha_A,\ \eta,\ T):$$

$$= V(0) + TB_A(0;\ V(0),\ S(0),\ r,\ \delta_V,\ \delta_S,\ \sigma_V,\ \sigma_S,\ D_A,\ D_B,\ \beta_A,\ \eta,\ T)$$

$$- BC_A(0;\ V(0),\ S(0),\ r,\ \delta_V,\ \delta_S,\ \sigma_V,\ \sigma_S,\ D_A,\ D_B,\ \alpha_A,\ \eta,\ T) - debt_A(0)$$

$$= TV_A(0;\ V(0),\ S(0),\ r,\ \delta_V,\ \delta_S,\ \sigma_V,\ \sigma_S,\ D_A,\ D_B,\ \beta_A,\ \alpha_A,\ \eta,\ T) - debt_A(0).$$

五、负债担保交易的买卖价差区间

本章模型中负债担保合同的交易价格是由主要债务人及目标担保人双方谈判共同决定的。在供给端（或成本端）的部分，我们根据担保人因分担主要债务人的违约风险而要求的最低风险补偿来确定担保交易价格的下限。

命题 4.2（负债担保交易的卖价下限） 在进行担保交易的定价协商时，担保人会要求主要债务人所提供的风险补偿必须至少能抵消因提供担保服务所造成的损失，即由担保交易所引发的风险分摊效果对于担保人的股东价值造成的损失。这意味着担保合同交易的价格下限可被表示如下：

$$LSP(D_B) \equiv X \tag{4.6}$$

其中 X 必须满足如下等式

$$equity_A(0;\ \mathbf{V}+X,\ S(0),\ r,\ \delta_V,\ \delta_S,\ \sigma_V,\ \sigma_S,\ \hat{D}_A,\ D_B,\ \beta_A,\ \alpha_A,\ \eta,\ T)$$

$$- equity_A(0;\ \mathbf{V},\ S(0),\ r,\ \delta_V,\ \delta_S,\ \sigma_V,\ \sigma_S,\ \hat{D}_A,\ 0,\ \beta_A,\ \alpha_A,\ 0,\ T) = 0;$$

上式中，$\hat{D}_A$ 表示在未考虑担保交易的情况下，目标担保人原先的最优举债规模，其满足下列形式（此最优举债规模能使得目标担保人公司的市场价值极大化）：

$$\hat{D}_A = \underset{D_A \in \mathfrak{R}^+}{argmax} TV_A(0;\ \mathbf{V},\ S(0),\ r,\ \delta_V,\ \delta_S,\ \sigma_V,\ \sigma_S,\ D_A,\ 0,\ \beta_A,\ \alpha_A,\ 0,\ T)^{①}.$$

在需求端（或收益端）的部分，我们根据主要债务人通过信用担保获取的

---

① 为了满足举债规模下方约束 $\hat{D}_A \geqslant \eta$，我们必须将式（4.6）中的 D_B 限制在 $[\overline{D}_B,\ \dot{D}_B]$ 范围内，其中 $\dot{D}_B = \dfrac{\hat{D}_A}{\kappa}$，表示担保交易的转换点，其与 κ 和 $\hat{D}_A$ 的确定无关，并且是根据约束条件 $\hat{D}_A \geqslant \eta$ 来求解得到。事实上，此交易转换点反映出当前担保人的担保能力上限，意味着担保能够替主要债务人额外扩充的举债规模（即担保改善举债融资条件的效果）是有限的。另值得注意的是，$\hat{D}_A$ 的确定也必须与担保交易无关，因为在衡量由担保交易造成的财富损失时，担保人的资本结构参数必须是外生给定的。这暗含着担保人不会为了参与担保而改变既定的资本结构决策，如此能够确保我们所衡量的担保人在基准情况下的公司价值是客观中性而不受担保交易条件的改变所影响。

举债增额所创造的税收豁免利益来决定担保交易价格的上限。原因是这笔租税利益象征着主要债务人在协商担保交易定价时所愿意支付的最大金额。

命题 4.3（负债担保交易的买价上限） 在寻求负债担保服务时，主要债务人所能负担的最高费用为：给定举债规模介于 $\bar{D}_B < D_B < \dot{D}_B$ 范围，

$$\text{UBP}(D_B) \equiv \text{LB}_{B\_G}(D_B) - \text{LB}_B(\tilde{D}_B) \tag{4.7}$$

其中 $\text{LB}_{B\_G}(D_B) \equiv \text{TV}_B(0;\ \mathbf{V} + \mathbf{X}(1+r_G),\ S(0),\ r,\ r_{max},\ \delta_V,\ \delta_S,\ \sigma_V,\ \sigma_S,$ $\hat{D}_A,\ D_B,\ \alpha_B,\ \beta_B,\ \eta,\ T) - S(0)$ 为主要债务人在购买负债担保的情况下通过举债所能获得净利益（等于考虑财务杠杆效果下的公司总价值减去未举债时的公司总价值）。另外，在不考虑负债担保效果的情况下，$\text{LB}_B(\tilde{D}_B) \equiv \text{TV}_B(0;\ \mathbf{V},$ $S(0),\ r,\ r_{max},\ \delta_V,\ \delta_S,\ \sigma_V,\ \sigma_S,\ \hat{D}_A,\ \tilde{D}_B,\ \alpha_B,\ \beta_B,\ 0,\ T) - S(0)$ 表示主要债务人通过举债所能获得的最大利益，其中对应的最优举债规模 $\tilde{D}_B$ 满足下列形式，

$$\tilde{D}_B = \underset{D'_B \in [0,\ \bar{D}_B]}{\arg\max} \text{TV}_B(0;\ \mathbf{V},\ S(0),\ r,\ r_{max},\ \delta_V,\ \delta_S,\ \sigma_V,\ \sigma_S,\ \hat{D}_A,\ D'_B,\ \alpha_B,\ \beta_B,\ 0,\ T)$$

式（4.6）和式（4.7）分别表示负债担保交易的成本与收益函数，描绘了担保交易的供给需求与主要债务人的举债规模的关系。因此，通过将数值微分技术应用于这两个函数，我们可以很容易地绘制出对应的担保交易供需曲线。供需原理背后的经济推理为担保交易的实现提供了两个必要条件：正的担保能力 $\kappa\bar{D}_B < \hat{D}_A$（positive guarantee capacity）和议价可行性 $\text{UBP}(\cdot) \geqslant \text{LSP}(\cdot)$（feasible bargaining range），前者来源于 $\bar{D}_B < \dot{D}_B$。由于公司资产规模与最优举债额度之间存在严格的正相关关系，因此这一条件意味着对试图提供担保服务的一方的资产价值做出最低要求。当此约束条件无法被满足时 $\hat{D}_A > \bar{D}_B\kappa$，对应的经济意涵就是潜在的担保人所拥有的资产价值太低或规模太小，从而无法为现有的债务人提供所需的担保服务（即担保能力不足）。后者决定了负债担保交易的议价范围。此范围的上限以及下限分别表示担保交易的买方（即主要债务人）所能接受的最高报价以及卖方（即目标担保人）所能接受的最低出价。只有当出价落入此范围内时，交易双方才会存在议价协商的可能。议价均衡的结果深受竞争信息不完备性影响，且蕴含着丰富的关于市场竞争结构的经济内涵。

六、均衡下的担保交易利润率

在考虑担保交易决策时，B 公司必须先利用手里有限的竞争信息（因为可得的竞争信息是不完备的）$\mathcal{F}_0^D = \mathcal{G}_0^{m_i} \vee \cdots \vee \mathcal{G}_0^{m_{n-1}} \vee \mathcal{G}_0^j \vee \mathcal{G}_0^B \vee \mathcal{H}_0$ 来找出或者识别出最理想的合作伙伴（即 A 公司），亦即在信贷市场中能以最低成本提供担保服务的合作伙伴。必须注意的是，一方面，A 公司不必然是市场中真正的最具成本竞争优势的潜在担保人，因为 A 公司被选定为最佳合作伙伴的决定是基于一份不完备的市场竞争信息。接着，B 公司再次利用这份不完备的竞争信息获悉市场中次低的担保服务成本 $LSP_D'(D_B; \varepsilon)$。另一方面，A 公司也通过手里有限的市场竞争信息，局部地洞悉同行间的成本竞争行为，并且进一步从中发现除了自身成本之外最具竞争力的次优价格 $LSP_A'(D_B)$。

在议价开始时，A 意识到 B 将其视为最佳担保人。因此，A 通过充分利用其对成本竞争优势的了解来要求将担保服务费设定在 $LSP_A'(D_B)$。但是，B 愿意接受这个初始报价的前提是除非此报价能够同时地低于其出价上限以及其所观察到的次低担保服务成本，即 $LSP_A'(D_B) \leqslant \min(LSP_D'(D_B; \varepsilon), UBP(D_B))$。否则，B 将会通过披露自身的出价上限以及上述次低担保服务成本来与 A 共享其竞争信息，并且对 A 提出另一个较低的报价 $\min(LSP_D'(D_B; \varepsilon), UBP(D_B))$。因此，当议价最终达到均衡时，隐含的担保交易利润率可以被确定为：

$$\frac{\min(LSP_A'(D_B), LSP_D'(D_B; \varepsilon), UBP(D_B))}{LSP(D_B)} - 1$$

值得注意的是，市场竞争信息不完备的程度 $1 - \varepsilon$ 与所观察到的次低担保服务成本 $LSP_D'(D_B; \varepsilon)$ 存在严格的正向关系，这意味着当可掌握的竞争信息含量越少，B 的议价能力就会越弱。另须注意，在议价过程中 B 仅能考虑一位担保人。因此，$LSP_A'(\cdot)$，$LSP_D'(\cdot)$ 以及市场竞争结构都可以在分析时被视为外生变量。为了深入探究竞争信息不完备性对议价均衡的影响，我们将研究工作侧重于主要债务人的情况上。在不失一般性的情况下，本章假设在均衡下的担保交易利润率 r_G 为一个由主要债务人的举债规模 D_B 以及竞争信息不完备性程度 ε 共同决定的非线性函数，可被表示如下：

$$r_G \equiv \left(f_r(D_B, \ \varepsilon; \ N, \ \gamma_1, \ \gamma_2) \ 1_{(\bar{D}_B < D_B < D'_B)} + 1_{(D_B \geqslant D'_B)} \right) \bar{r}_G$$

$$\equiv \left(\left(\gamma_1^{1-N\varepsilon} + \gamma_2^{1-N\varepsilon} 1_{(N\varepsilon > 1)} \ln\left(\frac{D_B}{\bar{D}_B}\right) \right) 1_{(\bar{D}_B < D_B < D'_B)} + 1_{(D_B \geqslant D'_B)} \right) \bar{r}_G \qquad (4.8)$$

其中，$f_r(\cdot)$ 表示市场垄断性程度，γ_1，$\gamma_2 > 1$ 分别表示基于信息和基于需求的敏感度参数；$D'_B = \bar{D}_B \exp\left((1 - \gamma_1^{1-N\varepsilon}) \gamma_2^{N\varepsilon-1} 1_{(N\varepsilon > 1)} \right)$ 是确保交易条件 $UBP(D_B) \geqslant X(1 + r_G)$ 能被满足的阈值；$\bar{r}_G$ 是由市场完全垄断条件 $LSP(D_B)(1 + \bar{r}_G) = UBP(D_B)$ 求得，表示当信贷市场是完全垄断时仅存的担保人所能获得的利润率。

表达式（4.8）是可适用于各种市场供需竞争结构的一般化利润率形式。为了突出其一般性，我们现在总结利润率在各种典型市场结构下对信息不完整性论证的深层含义。

情况一：当信贷市场的集中度极高（即完全垄断市场）时，仅存在一位担保人 $N = 1$。此时探讨不完全竞争的问题毫无意义，意味着此时 $\varepsilon = 100\%$。垄断者在市场中担任价格制定者的角色并通晓市场的全部需求。利用有关垄断需求的知识，实现利润最大化的垄断者会采取完全的价格歧视策略，使得在均衡时 $f_r(\cdot) \rightarrow 1$ 且 $r_G \rightarrow \bar{r}_G$[①]。

情况二：当信贷市场的集中度极低（如完全竞争市场 $N \rightarrow \infty$）时，担保人之间近乎为完全竞争，意味着所有的代理人都可以无成本地获得完备的竞争信息，即 $\varepsilon \rightarrow 100\%$。由于完全竞争市场具有自由进入和退出的性质，经济利润总是吸引着潜在的进入者，这使得担保人无法赚取多余的回报，即 $r_G \rightarrow 0$，并且在达成议价均衡时市场不存在任何垄断势力（$f_r(\cdot) \rightarrow 0$）。

情况三：当信贷市场存在一定程度的集中性（如不完全竞争或寡头垄断）时，由于少数担保人之间的竞争，市场均衡具有不稳定性，也即 $1 < N < \infty$。此时，利用私有信息的优势，双方的交易者共同确定议价均衡。担保人可以获得多少利润取决于他所掌握的竞争信息含量，原因是竞争信息的含量会决定其成本竞争优势的强度。在这种情况下，给定 $0 < \varepsilon < 100\%$，均衡下的利润率可由此被概括为：

$$r_G = \left(\left(\gamma_1^{1-N\varepsilon} + \gamma_2^{1-N\varepsilon} \ln\left(\frac{D_B}{\bar{D}_B}\right) \right) 1_{(\bar{D}_B < D_B < D'_B)} + 1_{(D_B \geqslant D'_B)} \right) \bar{r}_G$$

---

① 在理论上，垄断公司实行价格歧视的一种最常见的策略即是以买方愿意为特定单位的产品支付的最高金额来出售每个单位的产品（参见 Nicholson，1997）。

七、考虑负债担保效果下的最优资本结构

资本结构决策的最优化通常是根据税收豁免利益和破产危机成本之间的权衡来决定的。在不考虑代理问题的影响时，经理人的所有决策行为会和股东的利益一致，意味着追求价值最大化目标的经理人会选择使股东总财富最大化的资本结构。在本章中，我们将负债担保交易的效果引入公司资本结构决策问题，使得资本结构的成本—收益的权衡机制变得更加复杂。这是因为负债担保以两种方式影响公司的债务融资决策。首先，担保的保护作用削弱了债权人强制执行公司破产清算的权利。由此产生了一种联合效应，即通过降低公司的违约破产概率同时降低了举债的利息费用和破产危机成本。其次，购买担保所衍生的费用增加了财务杠杆的使用成本。由于用于支付担保服务费用的一切资金必须由原始股东承担，购买担保也会对财务杠杆价值产生抵消效应。

为了实现价值最大化的目标，经理人做出最佳的举债规模选择（此决策结果隐含了公司的最优财务杠杆率）以最大化公司股东的初始财富：

$$\hat{D}_B = \underset{D_B \in [\tilde{D}_B, \hat{D}_B]}{\operatorname{argmax}} \{ \text{equity}_B(0; \mathbf{V} + X(1 + r_G), S(0), r, r_{max}, \delta_V, \delta_S, \sigma_V, \sigma_S,$$

$$\hat{D}_A, D_B, \alpha_B, \beta_B, \eta, T) + \text{debt}_B(0) - X(1 + r_G) \} \qquad (4.9)$$

式（4.9）右侧表示在进行资本结构决策之后并且考虑财务杠杆价值效果下的股东总财富，其中包括三个部分：公司股权的初始市值、债券发行收益[1]和用于购买负债担保服务的现金支出。请注意，由于

$$\text{TV}_B(0; V + X(1 + r_G), S(0), r, r_{max}, \delta_V, \delta_S, \sigma_V, \sigma_S, \hat{D}_A, D_B, \alpha_B, \beta_B, \eta, T)$$

$$= S(0) + \text{LB}_{B\_G}(D_B),$$

通过负债担保交易的区间定价公式（即命题 4.2 和命题 4.3 的结果），我们可将表达式（4.9）重新导出如下：

$$\hat{D}_B = \underset{D_B \in [\tilde{D}_B, \hat{D}_B]}{\operatorname{argmax}} \{ \text{LB}_B(\tilde{D}_B) + \text{UBP}(D_B) - \text{LSP}(D_B)(1 + r_G) \}$$

这使我们能进一步基于 $\text{LB}_B(\tilde{D}_B)$ 与担保交易的不相关性来推导出其对应的一

---

[1] 由于公司进行举债的主要目的是调整资本结构并非为了满足投资活动所衍生的融资需求，因此公司会将通过债券发行所募集得来的资金全数用于二级市场中股票购回交易。这意味着在此情况下，举债所募集得来的资金最终会全数落入原始股东之手，构成股东的初始总财富的其中一部分。

阶微分条件式（first-order differential condition）：

$$\frac{\partial UBP(D_B)}{\partial D_B} = \frac{\partial(LSP(D_B)(1 + (f_r(D_B, \varepsilon; N, \gamma_1, \gamma_2)1_{(D_B < D_B')} + 1_{(D_B \geq D_B')}) \overline{r}_G))}{\partial D_B}$$

$$(4.10)$$

当条件式（4.10）被满足时，负债担保交易保证达到供需均衡。条件式的左侧表示主要债务人（需求方）通过负债担保交易所享有的边际利益；右侧代表目标担保人（供给方）因提供担保服务而要求的边际风险补偿以及垄断性利润，即购买担保合同的边际成本。本章通过提出以下命题来总结上述含义。

命题 4.4　当且仅当举债规模的选择达到最优时，才能达到负债担保交易的供需均衡。

上述命题表明了企业资本结构决策的最优化与负债担保交易均衡之间具有一个共存关系。运用这种结构性机制，本章模型可供研究信贷市场竞争信息不完备性对负债担保定价与融资决策之间的内生性互动的影响，也可用于分析在考虑负债担保效果下与资本结构有关的公司财务变量。

第四节　数值分析与模型应用

在本节中，我们对所提出的结构式模型进行数值分析，并从两个方面对数值结果展开讨论。首先，我们针对负债担保交易的成本—收益结构进行讨论。接着，我们探讨信贷市场竞争信息不完备性对负债担保的经济功能造成的影响，包括信用增级效果和企业融资条件促进。在分析之后，本节将广泛探索本章模型中与垄断势力的参数校准有关的问题。为便于后续的分析及讨论，我们利用相关文献的实证估计结果以校准模型的基准参数。此组基准参数可被呈现如下：

$$V = S = \$100, \ \delta_V = \delta_S = 3.75\%, \ \sigma_V = \sigma_S = 35\%, \ r = 5\%, \ \kappa = 30\%, \ r_{max} = 30bps$$
$$\beta_A = \beta_B = 35\%, \ \alpha_A = \alpha_B = 50\%, \ T = 5, \ \gamma_1 = 1.01, \ \gamma_2 = 1.005, \ N = 100, \ \varepsilon = 10\%$$

$$(4.11)$$

我们所设定的企业资产总价值（**V**，**S**）的初始值为 $100，收益支付率（$\delta_V$，$\delta_S$）为 3.75%，资产收益波动率（$\sigma_V$，$\sigma_S$）为 35%，无风险利率 r 为 5%，企业实质税率（β_A，β_B）为 35%，破产危机成本率（α_A，α_B）为 50%，债券契约期限 T 为 5 年。这些设定值都是很标准的，且与巨（2005）等的参数校准结果大体上一致。此外，我们将主要债务人所发行的无担保债券的收益率价差上限（the cap on unprotected debt's yield spread）r_{max} 设定为 30 个基点（bqs），用以衡量外部融资约束的强度。必须注意的是，当面临的外部融资约束过于宽松时，主要债务人将不具有任何购买负债担保的动机，意味着对 r_{max} 赋予一个过高的数值可能会导致担保交易分析的经济意涵遭到扭曲从而得到不合理的结论。我们设定负债担保合同的理赔率 κ 为 30%，如此能确保决策分析所需的上方约束条件 $\kappa \leqslant 1 - (1 - \alpha_B)^{T/\tau_B}$ 可被满足①。我们将潜在担保人的总数 N 设为 100，市场垄断力的敏感度参数（γ_1，γ_2）分别为 1.01 和 1.005，竞争信息的不完备程度 $1 - \varepsilon$ 为 90%。

一、负债担保交易的成本—收益分析

在考虑不同的交易者特征的情况下（包括资产价值规模，资产收益波动率，破产成本参数和担保合同理赔率），图 4 - 1 描绘了负债担保交易的成本曲线。我们观察到提供担保服务的成本会随着主要债务人的负债水平的增加而严格递增。这意味着更大的破产违约概率往往伴随着更高的财务杠杆或者更庞大的举债规模，并且使得担保服务的费用变得更加昂贵。成本曲线的凸性（convexity）表明担保供给规模的递增性质（因为边际成本是递增的）。我们还观察到担保交易的成本对交易者特征的变化是相当敏感的，比较静态分析的结果大体上呈现出单调性趋势。具体而言，给定相同的主要债务人举债水平时，提供担保服务所需的成本随交易双方的资产价值和担保人的资产风险增加而降低，但随着担保人的破产成本率上升，债务人的资产风险和担保合同理赔率增加。

---

① 担保合同理赔率的上限值是由交易条件 $D_B \kappa \leqslant D_B - (1 - \alpha_B) D_B^{\rho(\eta, D_B)(\tau_B - T)}$ 决定的，此条件能够确保担保合同所提供的赔偿金将会全数用于补偿主要债权人因主要债务人的违约破产而遭受的债券投资损失。

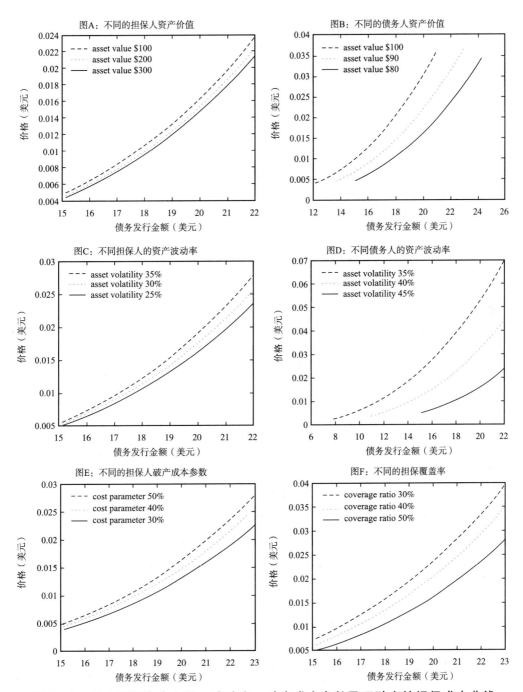

图 4 - 1 具有不同资产水平、波动率、破产成本参数及理赔率的担保成本曲线

注：本组曲线描绘了不同的担保人的资产价值 V（图 A），主要债务人的资产价值 S（图 B），担保人的资产波动率 σ_V（图 C），主要债务人的资产波动率 σ_S（图 D），担保人的破产成本参数 α_A（图 E）以及覆盖率 κ（图 F）下的担保成本曲线。这些图表基于式（4.11）中给出的基准参数。

有趣的是，目标担保人和主要债务人的资产价值规模与担保成本都呈现负相关关系，但是它们所蕴含的经济意涵是截然不同的（图4-1中的图A和图B）。一方面，对于偿付能力较强的潜在担保人而言，做出担保承诺对当前自身的信用评级所造成的影响通常很小。因此，在这种情况下，提供担保服务所需要的风险补偿也会较低。这解释了为何时务上负责提供担保服务的机构或部门通常具有较大规模的事业体。另一方面，由于伴随举债的信用风险较低，对由偿付能力较强的公司发行的债券提供担保承诺所衍生的成本也会相对较低。此外，值得注意的是，主要债务人和目标担保人的资产收益风险变化对于担保成本带来的影响是不对称的（参见图4-1的图C和图D）。担保人资产风险的上升导致担保成本的降低的这一结果是合乎我们预期的，这也表明更脆弱的金融合约总是更便宜。但是，担保成本会随着主要债务人的资产风险增加而增加，因为当其他条件不变时且在相同的举债水平下，较高的资产风险会导致较大的违约破产可能性。关于担保人的破产成本参数（图4-1的图E）以及担保合同理赔率（图4-1的图F）的结果也不令人惊讶。前者决定违约发生对担保人造成的财富损失，而后者则表示担保承诺的保障力度。因此，两者都会与担保成本呈现正相关关系。综上，我们得出结论：担保成本对与交易中涉及各方违约问题的相关特征参数的变化是非常敏感的。

由于式（4.8）中给出的担保均衡利润率仅与负债水平和竞争信息的不完备程度相关，但与其他的公司特征参数无关，因此，我们为简化分析将利润率设置为零并且在此设定下绘制了对应的担保收益曲线。在进行绘图时，我们以主要债务人的举债水平作为自变量，担保收益作为应变量，最后将这些收益曲线的形态显示于图4-2和图4-3。从图中可以看出，收益曲线的形状与成本曲线相反，主要呈现凹形。这是因为主要债务人从担保交易获得的收益是由举债的税收豁免优惠和破产危机成本之间的权衡决定的。担保收益暗含着主要债务人在考虑担保交易时所愿意接受的最高出价。收益曲线的凹性清楚地表明了担保需求的递减性质。总而言之，当主要债务人从担保交易能获得的利益越大时，他们对担保服务的需求就会越强。

我们接着探讨担保利益与相关交易方的特征的关系。相较于与担保人相关的特征参数，担保收益曲线的形态对与主要债务人相关的特征参数显得更加敏感。具体而言，主要债务人资产波动性的增加（图4-2中的图D）、破产成本

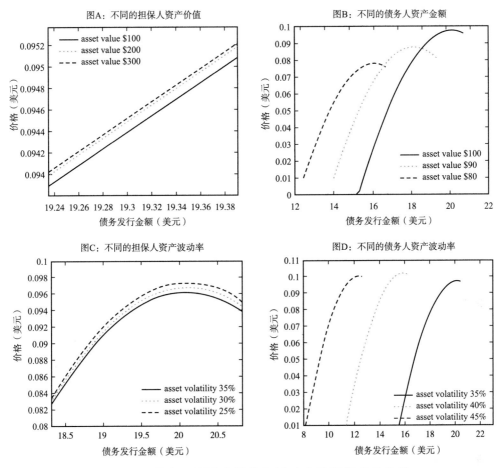

图 4 - 2　具有不同资产价值和波动率的担保收益曲线

注：图 4 - 2 绘制了担保的效益曲线，其中担保人的资产价值 V（图 A），主要债务人的资产价值 S（图 B），担保人的资产波动率 σ_V（图 C）和主要债务人的资产波动率 σ_S（图 D）不同。该图基于式（4.11）中给出的基本参数，但为简化计算，调整 $\gamma_1 = \gamma_2 = r_G = 0$。

参数（图 4 - 3 中的图 D）以及产资价值的下降（图 4 - 2 中的图 B）都会导致收益曲线向左方移动。主要债务人的实质税率的上升（图 4 - 3 中的图 A）则对担保交易的边际收益产生了正向的影响，导致收益曲线向右方移动。这些结果与资本结构的相关理论文献中的研究论点一致，即财务杠杆的价值效果是一个关于资产价值和公司税率的递增函数，且是一个关于资产波动率和破产成本参数的递减函数（Leland and Toft，1996；Ju et al.，2005）。另一方面，目标担保人特征的变化对担保利益的影响要小得多。担保收益随着担保人的资产价值和资产波动性增加而增加（图 4 - 2 中图 A 和图 C），但随着其破产成本参数增加而减少（图4－3中的图C）。此外，担保合同理赔率的升高对担保收益带来负向的影响（图4－3中的图B）。总的来说，上述结果表明，当担保越昂贵时，主要债务人的购买需求就会变得越小。

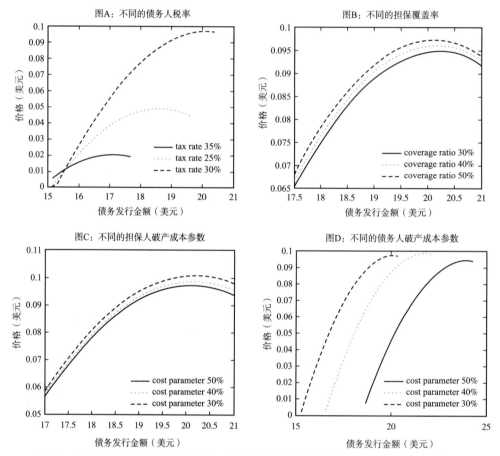

图4－3　具有不同债务人税率、覆盖率和破产成本参数的担保收益曲线

注：图4－3绘制了担保的福利曲线，其中包括主要债务人的税率 β_B（图A），覆盖率 κ（图B），担保人的破产成本参数 α_A（图C）和主要债务人的破产成本参数 α_B（图D）。该图基于式（4.11）中给出的基本参数，为简化计算，调整 $\gamma_1 = \gamma_2 = r_G = 0$。

我们现在讨论信贷市场竞争结构的变化对担保交易造成的影响。图4－4描绘了在不同类型的市场竞争结构下担保的交易价格曲线，成本曲线和收益曲线。根据市场供需原理，只有当最大买入价超过最低卖出价时，才有可能达交易价格在议价时的均衡。因此，图4－4中由收益曲线和成本曲线形成的半椭圆形区域表示担保交易定价的议价区间。此外，交易价格曲线从经济上阐明了议价结

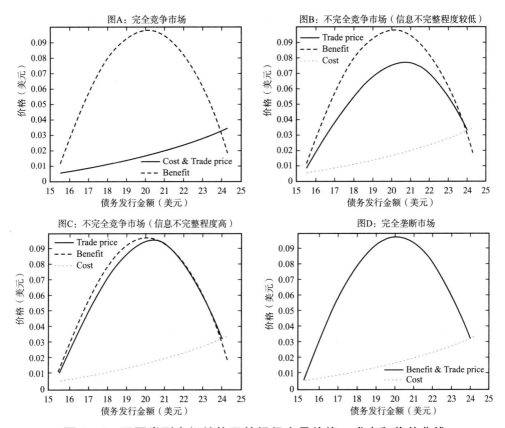

图 4 - 4　不同类型市场结构下的担保交易价格、成本和收益曲线

注：图 4 - 4 将担保收益价格，成本和收益曲线绘制为与主要债务人的发行量与不同类型的市场结构相关的函数，包括完全竞争结构（图 A，其中 N→∞ 且 ε→100%），信息不完整程度低的不完全竞争市场（图 B，其中 ε→66%），信息不完整程度高的不完全竞争市场（图 C，其中 ε→33%），以及完全垄断市场（图 D，其中 N = 1 且 ε→100%）。本图基于式（4.11）中给出的基本参数。

检验图 4 - 4 后的一个重要发现就是担保交易的议价结果对竞争信息不完备程度的变化表现出强烈的敏感性。首先，以完全竞争市场（图 A）为例，在这种特殊的情况下，所有的市场参与者都可以无成本地获得完备竞争信息，从而导致每一位潜在担保人最终都无法获得超额利润。从经济角度来解释，这意味着在均衡状态下，所有担保合约都是按照卖方的最低报价进行交易，从而实现成本曲线和交易曲线之间的完全重叠。然而，当市场处于由竞争信息不完备性导致的不完全竞争状态下时，由于掌握信息优势的担保人能够利用此优势获取垄断性利润，因此担保交易均衡的隐含利润率为正。值得注意的是，图 C 中担保人的利润区间（由交易价格曲线和成本曲线形成的半椭圆形区域）比在图 B 中更大，这意味着当竞争信息的不完备程度更加严重时，主要债务人的议价能力下降从而导致交易价格上升。这种结果背后所包含的经济意涵与廖等（Liao et al.，2009）和卢等（Lu et al.，2010）的观点一致，即认为当银行或者贷方具有信息优势时，债券发行人往往需要承受更高的收益率差价。图 D 中图形显示了另一个极端的情况，即完全垄断市场。由于仅存的担保人会面对并且充分了解所有信贷市场的担保需求，在此种情况下对竞争信息不完备性的关注变得没有实际意义。此外，由于垄断者采用完全价格歧视策略以最大化利润率，因此主要债务人无法通过担保交易获取额外利益（此概念亦可被理解为在一个完全垄断市场中消费者剩余全数由厂商侵占的情况）。

成本—收益分析对于提高担保市场竞争效率的目标发挥着重要作用。它为我们理解何种类型的公司对外部负债担保有更强烈的需求，以及能够为担保服务的提供做出更大贡献具有参考意义。通过与成本—收益分析有关的比较静态结果，信贷市场的潜在担保人可以最大化地追求其利润，而公司企业可以最小化他们为担保支付的费用。

二、负债担保的经济功能：一个基于竞争信息不完备性的观点

本小节将从有关竞争信息不完备性的观点出发探讨负债担保的经济功能，包含信用增级效果以及融资条件促进。基于后续分析讨论的需要，我们将公司的融资促进率定义为 $\frac{\hat{D}_B}{D_B}-1$，并将信用增级率定义为由担保对债券收益率价差带来的缩减效果除以担保交易费用再乘以 100。前者衡量了负债担保交易替有融资约束的公司额外创造的举债能力（debt capacity），而后者则可被解释为每支出 0.01 美元的担保费用所能获得的信用增级效应。我们从融资促进的角度出发，将财务杠杆收益作为举债规模的函数并对此函数的图形进行绘制，参见图 4-5，模型的测算结果如表 4-1 所示。

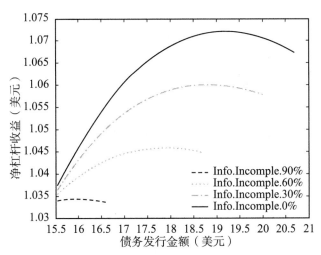

图 4 - 5　不同信息不完备性程度下净财务杠杆收益与主要债务人举债规模的关系

注：图 4 - 5 基于竞争信息不完备性 1 - ε 的四个不同级别：90%（虚线）、60%（实点划线）、30%（虚点划线）和 0%（实线），描绘了净财务杠杆收益与主要债务人的举债规模的关系。本图基于式（4.11）中给出的基准参数。

从图中可以看出，每条曲线的峰值代表着当财务杠杆净收益达到最大化时，主要债务人的最优举债规模决策。显然，最优举债规模以及财务杠杆净价值都与市场竞争信息的不完备性呈现负向关系。这是因为由竞争信息不完备性造成的垄断性定价行为增加了主要债务人用于购买担保服务的支出，且此支出的增加抵消了一部分来自举债的财务杠杆价值，从而使得财务杠杆的边际收益减少，并削弱了主要债务人通过购买担保进行超额举债的诱因。图 4 - 6 中的曲线形态精确地反映了表 4 - 1 中 A 组的数值结果。当信息不完备程度达到 90% 时，可以观察到最优的债务发行金额和财务杠杆净收益等于 15.932 美元和 1.0343 美元，而当信息不完整程度下降至 10% 时，两者分别上涨至 19.068 美元和 1.0684 美元。此外，如同我们所预期得，可得竞争信息含量的降低也导致主要债务人的最优财务杠杆率从 15.765% 上升到 18.856%。

最优杠杆率与竞争信息不完备性之间的严格反向关系自然地阐释了融资促进率的相关结果。该结果表明，当信息不完备的程度达到 90% 时，融资促进率为 5.398%；当信息不完备程度被设定为 10% 时，这一比率上升至 26.144%；当信息不完备性不存在时，这一比率甚至达到其最大值为 26.144%。这意味着只有在完全竞争市场的设定下，有融资约束的公司才能通过购买负债担保充分地改善他们获得外部负债融资的机会及条件。担保产生了风险分散作用，这能够

表 4-1　不同的竞争信息不完备程度下负债担保的经济功能

变量	信息不完备程度 $(1-\varepsilon)$						无担保的情况
	0%	10%	30%	50%	70%	90%	
图 A：最优资本结构下的模型结果							
1. 债务/总资本	18.945%	18.856%	18.581%	18.073%	17.135%	15.765%	14.961%
2. 债务面值	$19.159	$19.068	$18.790	$18.275	$17.323	$15.932	$15.116
3. 融资促进	26.746%	26.144%	24.305%	20.898%	14.600%	5.398%	—
4. 税收屏蔽	$1.5503	$1.5421	$1.5170	$1.4709	$1.3868	$1.2662	$1.2331
5. 破产成本	$0.4232	$0.4158	$0.3935	$0.3543	$0.2886	$0.2075	$0.1994
6. 担保费用	$0.0550	$0.0579	$0.0634	$0.0659	$0.0572	$0.0244	—
7. 净杠杆收益	$1.0721	$1.0684	$1.0601	$1.0507	$1.0410	$1.0343	$1.0337
图 B：收益率差中的信用增级							
8. 收益率差 (D_B = $16)	16.2362bps	16.2361bps	16.2361bps	16.2360bps	16.2359bps	16.2358bps	35.8501bps
9. 增强效应 (D_B = $16)	13.116bps	12.408bps	11.028bps	9.715bps	8.487bps	7.355bps	—
10. 担保费用 (D_B = $16)	$0.0150	$0.0158	$0.0178	$0.0202	$0.0231	$0.0267	—
11. 收益率差 (D_B = $18)	23.2786bps	23.2785bps	23.2782bps	23.2780bps	23.2776bps	23.2774bps	51.1593bps
12. 增强效应 (D_B = $18)	6.465bps	6.042bps	5.251bps	4.534bps	3.893bps	3.557bps	—
13. 担保费用 (D_B = $18)	$0.0431	$0.0461	$0.0531	$0.0615	$0.0716	$0.0784	—
14. 收益率差 (D_B = $20)	31.6523bps	31.6521bps	31.6517bps	31.6513bps	31.6507bps	31.6507bps	69.2662bps
15. 增强效应 (D_B = $20)	6.232bps	5.857bps	5.145bps	4.490bps	3.894bps	3.867bps	—
16. 担保费用 (D_B = $20)	$0.060352	$0.064225	$0.073110	$0.083776	$0.096597	$0.097277	—

注：本表展示了在不同的竞争信息不完备程度下（从 0% 到 90%）负债担保的两个基本功能包含融资促进（图 A）以及信用增级促进（图 B）。第 1 行汇报了主要债务人的最优负债率 $\frac{\hat{D}_B}{TV_B(\cdot)}$，第 2 行汇报了债券的票面价值 $\hat{D}_B$，负债担保的票面价值 $\tilde{D}_B$，第 3 行汇报了融资促进率 $\left(\frac{\hat{D}_B}{\tilde{D}_B}-1\right)\times100\%$，第 4 行汇报了税收豁免利益 $TB_B(\cdot)$，第 5 行汇报了破产成本 $BC_B(\cdot)$，第 6 行汇报了担保费用 $X(1+r_G)$，第 7 行汇报了杠杆净收益 $TB_B(\cdot)-BC_B(\cdot)-X(1+r_G)$，第 8、11 和 14 行分别汇报选择 16 美元、18 美元和 20 美元的举债规模时的债券收益率差价，第 9、12 和 15 行相应汇报了信用增级率，定义为每 0.01 美元的担保支出所获得的债券收益率收益率差价的缩减量，第 10、13 和 16 行相应汇报担保费用。本表基于表式（4.11）中给出的基准参数。

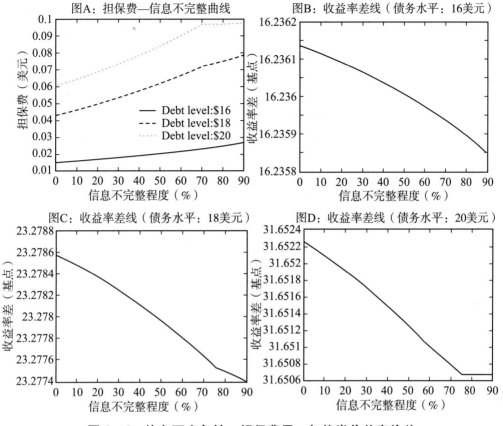

图4-6　信息不完备性、担保费用、与债券收益率价差

注：图4-6中图A描绘了在三种不同的举债水平下：＄16（实线）、＄18（点划线）、＄20（虚线）、担保费用与信息不完备性间的关系。债券收益率差价与信息不完备性间的关系分别绘制在图B（举债水平：＄16），图C（举债水平：＄18）以及图D（举债水平：＄20）。图4-6基于式（4.11）中给出的基准参数。

使公司从债券投资人那里借入更多的资金，从而提高自己的举债规模。然而，一旦有关信贷市场竞争的可得信息变得不完备时，融资促进这一功能就无法被良好地体现。总的来说，可获得的信贷市场竞争信息的含量越少，有融资约束的公司可获得的超额举债规模就会越小。

担保的另一个重要功能是信用增级，可以帮助公司有效地管理债务合同背后的违约风险，并增强债券在二级市场的流动性。我们现在将注意力转移到表4-1的B组。首先，我们注意到，购买担保能够显著地提升债务的信用质量。当举债规模为16美元时，债券收益率价差从35.8501个基点降至16.23个基点；当举债规模为18美元时，收益率价差从51.1593个基点降至23.27个基点；当举债规模达到 20 美元时，收益率价差从 69.2662 个基点降至 31.65 个基点。如果公司的经营是有效率的，购买担保的金额将正向地反映借款人享有的信用状态提升的程度。

然而，当竞争信息不完备性的干扰被引入市场后，潜在担保人之间的竞争会变得无效率。表 4.1 中的数值显示，信用增级率（对于每收取 0.01 美元的担保费用而言）与信息不完备性之间存在非常显著的负向关系。随着竞争信息不完备性的程度从 10% 上升至 90%，举债规模达到 16 美元时的信用增级率将从 12.408 个基点下降到 7.355 个基点；举债规模达到 18 美元时的信用增级率将从 6.042 个基点下降到 3.557 个基点；举债规模达到 20 美元时的信用增级率将从 5.875 个基点下降到 3.867 个基点。这些数据变化的趋势暗含着由于竞争信息不完备性促使担保人采取垄断性收费，因此这些超额收取的费用削弱了担保信用增级的效率。为了证明这个观点，我们以举债规模达到 16 美元的情况为例子作说明。当竞争信息不完备性的程度从 10% 上升至 90% 时，担保费用从 0.0158 美元大幅上涨至 0.0267 美元，债券收益率价差下降的边际幅度却非常有限，不超过 0.003 个基点（请参阅表中第 8、11 和 14 行）。

三、政府干预时机与信贷市场垄断势力的检测

上述结果表明竞争信息的不完备性导致担保人采取垄断性收费，并对担保的基本经济功能带来破坏性的影响。担保市场的失灵不可避免地迫使政策制定者干预担保体系的运行。管理这种干扰最有效的方法之一就是建立国家担保计划，这种方法被美国、英国、日本等国家广泛采用。此类计划具有公开经营（非营利）、担保能力较强以及要求的风险补偿较低等方面的优点。将公共担保引入信贷市场能够降低私人担保的垄断利润，从而提高担保市场的竞争效率。

然而，特别是在债务危机期间，由于公共担保的能力及资源是有限的，期望所有面临融资约束的私有部门都能充分地享受到廉价的公共担保服务是不现实的。此外，基于政治情势或是经济方面的考虑，政府部门也可能对公共担保的适用对象做出限制。例如，英国政府出台的《小型企业贷款担保项目》

（Small Firm Loan Guarantee Program），其适用对象仅限于小微企业。在这种情况下，中型或大型企业寻求私营担保是无法避免的。根据贝克等（Beck et al.，2010）的调查，全球近40%的担保由私营企业管理并获得盈利。因此，如果要完全防止这些私营担保的厂商追逐垄断利润，政府必须采取其他策略，如征收垄断税或对不公平收费课征罚金。而管理这些由政府干预带来的财税收入的一个有效方法即是将其投入公共担保计划的运作。这种分配可以提高公共担保能力，并扩大公众获得公共担保的机会。

鉴于市场干预政策的必要性，本节中我们简单说明如何运用本章模型并通过市场数据来度量垄断势力的强度。对垄断势力进行检测将有助于政府部门判断是否市场的竞争效率过于低落。该测试还为政府提供了有用的参考依据以决定干预市场的最佳时机。按照勒纳（Lerner，1934）提出的垄断力量指数公式，我们使用交易均衡所隐含的担保人利润率来表示市场的垄断力量。对此利润率的估值可基于实际担保交易价格或担保计划征收的费用。在检测之前，必须特别注意的是，现实里担保费用通常是按年收取的，与本章模型所采用的"趸缴"设定（担保人在合同初始时刻一次性地收取全额保费）不同。此外，这些费用每年按照一个固定比率确定，必须提前支付，且不可撤销。以美国的 TLGP 为例，FDIC 对新发行的具有优先受偿顺序且期限至少一年的无担保债券征收年费，费用为 100 个基点乘以其票面价值。许多其他国家，包括奥地利、比利时、智利、法国、日本、葡萄牙、西班牙和英国，也采用年度收费制度（参见 Levitsky，1997；Beck et al.，2010；OECD，2010）。因此，计算年度费用的现金流量现值能够确保模型校准的有效性。

现在，我们介绍此计算的公式，假设在整个担保期限内仅考虑一位担保人。令 X_{anu} 为主要债务人所缴交的担保年费。假设所有其他设置与本章之前各节的设定相同。在风险中性概率测度下，我们可将期限为 T 年的担保费用总现值表示为：

$$X_G(0) = \sum_{t=0}^{T-1} X_{anu}(1+r)^{-t}Q(\tau_B > t, \tau_A > t \mid \mathcal{F}_0^D) \qquad (4.12)$$

注意到在式（4.12）中只有当主要债务人和目标担保人同时保持偿付能力时，主要债务人才会支付保费。另需注意，X_{anu} 的赋值必须基于实际的担保合同，通常以债券票面价值的百分比来衡量，如 TLGP 或者 SFLG。通过对式（4.6），式

（4.8）和式（4.12）的推导，可知隐含的利润率为：$\tilde{r} = \dfrac{X_G(0)}{X} - 1$，垄断程度

$\hat{r}_r = \dfrac{\tilde{r}}{\tilde{r}_G}$介于 $0 \sim 100\%$ 。

正如本章第三节所示较高的利润率往往意味着较强的垄断势力。因此，干预市场的理想时机取决于观察到的市场利润率。判断何时施加市场干预的一种常见方法就是判断是否存在超过行业平均基准利润率（industrial average profit gross rate）的超额利润。这样，过度追逐垄断利润的担保人就能够通过垄断力测试而被侦测出来。

第五节　结　　论

本章构建了一个结构式模型，用于研究在竞争信息不完备的背景下，最优负债融资决策与负债担保交易之间的内生性互动。该模型将负债担保的相关费用引入财务杠杆的成本—收益权衡分析中，并证明了企业的最优资本结构选择与担保交易均衡的共存关系。

结果表明，提高有关担保人之间竞争的信息含量对于担保的经济功能的发挥起着关键性作用。竞争信息的不完备性对担保在融资促进和信用增级方面的作用产生了破坏性影响。竞争信息的不完备性促使担保人采取垄断性收费，这抵消了部分来自举债的财务杠杆价值，并削弱了公司对其融资约束进行额外举债的动机。此外，不公平的垄断收费所附带的边际信用增级效果极其微弱，导致担保交易的整体信用增级效率大幅降低。总之，垄断收费仅造成从借款人到担保人的财富转移，完全无助于改善公司的融资条件。

本章还进一步对担保交易进行了成本——收益分析。担保收益来自对融资约束进行超额举债所获取的价值，而担保成本则来自担保人要求的风险补偿。我们发现，担保成本和收益对交易参与者的特征十分敏感，包括资产价值、资产收益波动性、破产成本参数、有效税率和担保理赔率。利用对成本—收益曲线进行比较静态分析所获得的数据，我们可以清楚地了解何种类型的公司对外

部的信用担保有更强烈的需求，或者有能力提供更低廉的担保服务。本书还有许多工作需要完成，例如担保如何影响融资与投资决策之间的互动作用将成为未来研究的重要课题之一。更加深入的扩展包括担保人之间的差异性、动态担保融资均衡以及担保对债务受偿结构的影响。

第五章
非完备市场中交易对手对
资本结构的影响

本章建立了一个静态或有求偿权模型，该模型考虑了交易对手违约风险和金融市场非完备性的共同效应，以求解最优资本结构。本章采用具有跳跃违约门槛的首次通过时间模型，描述交易对手违约风险对易脆性（vulnerable）金融证券定价的影响。仿照罗杰和余（2001）所建立的主体—客体框架，我们将主体公司破产触发门槛的跳跃点设定为客体公司的破产发生所导致的主体公司的资本损失。为了刻画或有求偿权定价分析中市场非完备性的影响，我们应用了考克兰和萨－瑞奎何（2000）所提出的"good-deal"资产价格区间法。本章模型证明了，在考虑交易对手违约风险的影响下，公司的最优举债规模显著较小，这间接地解释了低杠杆之谜。本章进一步发现，交易对手违约风险对于资本结构的影响效应对金融市场非完备性的程度和企业的特征参数（如公司实质税率和破产成本率）是极其敏感的。

第一节　前　　言

自莫迪利亚尼和米勒（Modigliani and Miller，1958）提出的研究报告以来，出现了大量关于公司财务管理的文献，这些文献致力于解释一个与公司资本结构决策相关的十分重要的问题："低杠杆之谜"的反常现象。以往，针对低杠杆谜题的文献所探讨的主题有：代理成本（Jensen and Meckling，1976；Leland，1998；Myers，1977）、信息不对称（Myers and Majluf，1984）、资产非流动性（Morellec，2001）、实证检验（Ju et al.，2005），以及宏观经济风险（Chen，2010；Hackbarth et al.，2006）。这些文献背后的共识是，传统理论模型所预测的破产成本太小，不足以抵消税收豁免价值（tax shields），因此，必须将其他成本因子引入资本结构的权衡分析来帮助模型更好地解释实证研究所观察到的企业负债率偏低的现象。基于此观点，本章试图通过从交易对手违约风险的角度解释资本结构理论中的核心问题。

本章的研究重点在于交易对手违约风险，其原因如下。首先，鉴于信用危机期间发生的信用风险传染①和密集的违约事件，许多研究认为，标准的信用模型没有考虑交易对手违约风险（如 Merton，1974），从而低估企业的违约风险，并且对于信用风险性（易脆性）金融衍生品（如信用违约互换）的价值进行错误估计。为了克服这种模型限制，一系列文献针对交易对手违约风险展开研究。借由扩充杰罗和特恩布尔（Jarrow and Turnbull，1995）所提出的简约式信用风险模型，杰罗和余（2001）率先研究了交易对手违约风险对信用风险性金融证券定价的影响。后续对交易对手违约风险的研究主要集中于信用违约掉期定价（包括 Brigo and Tarenghi，2005；Turnbull，2005；Walker，2006；Duffie and Zhu，2009；Leung and Kwok，2005；2009）。科拉弗特和史提芬逊（Kraft and Steffensen，2007）提出了一个一体化的框架以预测不同公司间信用风险传染现象。汤普逊（Thompson，2007）、张和俞（Chang and Yu，2009）将交易对手违约风险模型应用于保险合同定价研究。乔瑞恩和张（Jorion and Zhang，2009）通过直接交易对手效应对信用风险传染进行了实证分析，表明交易对手风险是一种潜在的信用风险传染渠道。上述文献提供了一个重要的启示，即在分析公司的信用风险时，考虑交易对手违约风险的影响是至关重要的。由于企业的财务杠杆和违约破产风险之间存在很强的关联性，因此本章提出一个结合了交易对手违约风险的资本结构决策模型②。

现存的关于交易对手违约风险的研究主要是基于违约强度模型（即简约式违约模型）。然而，违约强度模型不适用于探讨资本结构决策问题，其原因在于它们假设信用违约与企业价值和资本结构无关。因此，本章在构建资本结构模型时必须采用基于企业价值的相关设定。值得注意的是，大量的实证检验发现了有关资产非流动性的证据（例如，Strebulaev，2003；Gibson and Mougeot，2004；Martineza et al.，2005；Eisfeldt，2007；Khandani and Lo，2009）。此外，

---

① 信用风险传染：企业由于借贷关系、供应链关系等微观经济关系而相互关联，信用风险传染指的是，当一间企业发生的信用质量恶化，与其关联的企业发生信用质量下降的现象。信用风险传染会导致大量的信用违约事件的发生，典型例子有亚洲金融风暴、美国次贷危机。

② 杰罗和余（2001）首先提出了一个基于简约式设定下的交易对手违约风险模型，并将该模型应用于信用衍生品（如信用票据或信用违约掉期）定价方面的研究。事实上，简约式违约模型最早由杰罗和恩布尔（1995）提出，其核心的理论意涵认为公司的违约破产与资本结构变化不存在任何关联，反而是由外部宏观经济因素的冲击（如利率、股票市场、或景气循环等）所引起的。在简约式模型中，信用违约的随机特性大多是由一个外生设定的计数过程或泊松过程来刻画，随机过程的参数（设定成常数、随机变量、或随机过程皆可）则被称为违约强度。因此，为了与莫顿（1974）所提倡的公司价值法或结构式违约模型做出区别，有部分文献称简约式模型为违约强度法。简约式模型主要的优点在于易处理性，因为模型分析不会涉及公司资产价值方面的参数，这些参数往往是无法直接观测的并且难以估计的。

对于举债公司而言，由于受到债券保护性条款的限制，公司无法任意地处置资产（如 Morellec，2001），即此情况下资产为不可交易的。如果资产的不可交易性和非流动性确实存在，我们则无法通过连续性的资产交易来完美地复制与标的资产相关的债券的目标回报，这意味着金融市场是非完备的。因此，在一个连续交易的经济体中，基于完备市场假设的传统无套利定价理论并不适用。为了解决这一问题，本章在构建公司证券（或有求偿权①）定价的结构式模型时，采用了考克兰和萨－瑞奎何（2000）所提出的"good-deal"资产价格区间法。该方法的特点在于使用了"随机贴现因子"，通过约束随机贴现因子，我们可以在非完备市场中，或者在传统的无偏好定价方法失效的情况下，对风险性性收益或金融证券进行定价（请参见第五章第二节）。

基于主体—客体的理论框架，本章建立了具有跳跃违约门槛的首次通过时间模型，并通过该模型刻画了交易对手违约风险的效应。具体而言，交易对手违约导致了主体公司破产触发阈值的上升。在此架构的基础上，本章建立了主体公司资本结构决策的静态或有求偿权模型。该模型考虑了一个常见的情况，即主体公司（如母公司）可能向客体公司（如子公司）提供关于其负债的信用担保，承诺主体公司和客体公司为保护它们的共同利益而约定了抵押品的需求。一旦客体公司发生违约破产，主体公司的债务规模将会扩张，导致主体公司的破产可能性增大。本章中，在决定主体公司的最优资本结构时，必须同时权衡主体公司自身的财务杠杆利益（即税收豁免价值减去破产成本）和交易对手违约导致的资本损失效应。最优资本结构决策所涉及的或有求偿权的价格将使用轶方法求得。

本章的其余部分结构如下，第二部分对"good-deal"资产价格区间模型进行简单的回顾，建立了具有跳跃违约门槛的首次通过时间模型。第三部分则对第二部分进行了扩展，进一步将模型应用于公司资本结构决策问题，以主体公司和客体公司的资产非流动性和不可交易性为基础，重新构建了在考虑交易对手违约风险下的资本结构决策模型以及公司或有求偿权定价模型。第四部分给出数值分析。最后，第五部分对全章进行总结。

---

① 或有求偿权是根据未来的不确定事件的发生与否而定的要求获得收益的权利。

第二节　模型背景设定

本节首先回顾了考克兰和萨－瑞奎何（2000）针对非完备市场设定下的资产定价理论，接着在主体—客体模型下，建立一个具有跳跃违约门槛的首次通过时间模型。

一、"good-deal" 资产价格区间理论回顾

对于举债公司而言，资产通常是不具流动性的或者不可交易的，因为债券保护性条款可能限制资产的处置（Morellec，2001），所以，该资产所衍生的公司证券的收益无法被完全复制，此时，传统的无套利定价理论在这种情况下不适用。为了解决这一问题，考克兰和萨－瑞奎何（2000）提出了"good-deal"资产价格区间法。他们的研究表明，在非完备市场中，非流动性资产的衍生性金融证券将以区间价格进行交易，而不是以单一价格进行交易，而价格区间的宽度则取决于标的资产的非流动性程度。接下来，我们将简要介绍非流动性资产定价理论。

假设公司有一非流动性资产 V，x 是该资产所衍生的或有求偿权的目标收益，Λ 是随机贴现因子，该因子的波动度上限为定值 $\mathcal{A}^2 > 0$。根据考克兰和萨－瑞奎何（2000）、洪和刘（2005），为了排除高夏普比率和套利机会的影响，需要对随机贴现因子施加一定的限制。对于随机贴现因子，我们施加了正值、波动性和白噪声约束，以及尝试了非约束和约束的各种组合，从而得到较窄的"good-deal"资产价格区间，并将此区间用于求解公司的或有求偿权 $\underline{C}_x$，详见如下方程：

$$\underline{C}_x(0) := \min_{\Lambda} E_P \left(\int_0^\infty x(t, \ V(t)) \frac{\Lambda(t)}{\Lambda(0)} dt \,\middle|\, \mathcal{H}_0 \right)$$

$$\equiv E_P \left(\int_0^\infty x(t, V(t)) \frac{\Lambda(t)}{\Lambda(0)} dt \mid \mathcal{H}_0 \right) \tag{5.1}$$

$$\text{s. t. } V(0) = E_P \left(V(t) \frac{\Lambda(t)}{\Lambda(0)} \Big| \mathcal{H}_0 \right); \ \Lambda(t) > 0; \ dt^{-1} E_P \left(\left(\frac{d\Lambda(t)}{\Lambda(0)} \right)^2 \Big| \mathcal{H}_0 \right) \leqslant \mathcal{A}^2;$$

$$m \times Cov \left(\frac{d\Lambda(t)}{\Lambda(t)}, \ dB_A^P(t) \right) = Cov \left(\frac{d\Lambda(t)}{\Lambda(t)}, \ dB_B^P(t) \right);^{①} \ \forall t \in [0, \infty],$$

其中，$E_P(\cdot)$ 表示在真实测度 P 下的期望值；$\mathcal{H}_0$ 表示白噪声 dB_B^P 和 dB_A^P 的信息集合；$m \in [0, \infty]$ 是一个常数。我们可以由相应的最大值推导出 "good-deal" 价格区间的上界 $\overline{C}_x$。

对于具有非流动性或不可交易性的资产的公司，为其构建融资决策模型时，采用 "good-deal" 资产价格区间法十分有用。它帮助我们推导出与资本结构决策问题有关的或有求偿权的价值，例如税收豁免利益、破产成本、公司债券和股权。通过选择使企业总价值最大化的债务水平，可以实现优化企业资本结构的目标。

二、具有跳跃违约门槛的首次通过时间模型

在一个连续时间的经济中，采用主体—客体框架。假设公司 A 为主体公司[②]，公司 B 为客体公司，存在一个完备的概率空间 $(\Omega, \mathcal{F}, P)$，以支持公司 i 的非交易性的资产的价值贴现过程，其中 $V^i = \{V^i(t); 0 \leqslant t < \infty\}$ 表示资产价值，$S^i = \{S^i(t); 0 \leqslant t < \infty\}$ 表示相应的孪生证券，i = A，B[③]。

同时，在这个经济体中，存在一个有穷的时间跨度 $[0, T]$，其中 $T \in \mathfrak{R}^+$ 对于公司 A 和 B 都是有效的。$\tau^i: \Omega \to \mathfrak{R}^+$，i = A，B 表示公司 A 和公司 B 的首次通

---

① Hung and Liu（2005）对随机贴现因子施加了一个约束，假设白噪声 dB_B^P 对于贴现因子的影响是白噪声 dB_A^P 的 m 倍。

② 在本章中，"公司 A" 和 "主体公司" 将交互使用。

③ Cochrane and Saa-Requejo（2000）指出，一旦传统的无偏好定价策略不适用，意味着人们无法持续交易，从而无法实现完美的对冲。若此，市场上仍然存在一种可交易资产，可以用于对冲具有非交易性的标的资产。这种用于近似对冲的资产被 Hung and Liu（2005）称为 "孪生证券"。

过时间①。每一个随机时间表示标的资产的价值在有限区间 [0，T] 内，首次触击预先设定的破产触发阈值的时刻，可以定义为：

$$\tau^A := \inf(t \in [0，T] : V^A(t) \leqslant F^A + 1_{(\tau^B \leqslant t)} d) \tag{5.2}$$

$$\tau^B := \inf(t \in [0，T] : V^B(t) \leqslant F^B) \tag{5.3}$$

上述二式符合现实条件 $\inf\phi = +\infty$，在式（5.2）和式（5.3）中，$F^i > 0$，$i = A，B$ 可作为公司 i 的债务面值。跳跃项 d 为企业 B 承诺还款的预定比率，这反映了随着企业 B 违约，企业 A 的债务负担增加。跳跃项的大小解释了交易对手风险的强度。跳跃违约门槛的背后的一个自然含义是：由于 A 可以将其资产作为公司 B 的债务的抵押品，来保护两间公司的共同利益，公司 B 如果违约，将会把债务的一部分转移到公司 A，而 B 破产后，A 违约的可能性增大。

在测度 P 下，公司 i 的非交易性资产的价值和相应的可交易性孪生证券的价格，由下列方程给出：

$$\frac{dV^i(t)}{V^i(t)} = (\mu_V^i - \delta_V^i) dt + \sigma_{V_Z^i} dZ_i^P(t) + \sigma_{V_W^i} dW_i^P(t) \tag{5.4}$$

$$\frac{dS^i(t)}{S^i(t)} = (\mu_S^i - \delta_S^i) dt + \sigma_{S^i} dZ_i^P(t)，i = A，B \tag{5.5}$$

其中，μ_V^i、μ_S^i、δ_V^i、δ_S^i、$\sigma_{V_Z^i}$、$\sigma_{V_W^i}$ 和 σ_{S^i} 相应代表资产的预期增长率、资产的支付率、资产价值的波动率，$W_i^P = \{W_i^P(t)；t \in [0，\infty)\}$ 和 $Z_i^P = \{Z_i^P(t)；t \in [0，\infty)\}$ 两者都服从一维标准布朗运动（即标准维纳过程），并分别产生信息集合 $F_t^{iW} = \sigma(W_i^P(u)，0 \leqslant u \leqslant t)$ 和 $F_t^{iZ} = \sigma(Z_i^P(u)，0 \leqslant u \leqslant t)$。由公司 i 的资产价值动态所

---

① 布雷克和考克斯（1974）率先将首次通过时间模型应用于研究公司信用风险和公司债券定价等问题。他们的公司违约破产模型继承了莫顿（1974）的构想。莫顿最早提出了将公司资产的总价值视为公司偿债能力的指标的观点，并且认为一旦当前偿债能力无法充分地履行债券所衍生的到期偿债义务，公司将濒临破产，债权人也因债务逾时违约而迫使公司进入清算程序（此概念与利兰（1994）定义的外生性公司破产事件相仿）。莫顿所提出的公司债定价理论的基本核心在于将债券面值视为单一的破产门槛（或可称为破产触发阈值），再结合上文提到的将公司资产的总价值视为偿债能力的观点来对公司破产事件赋予明确的数理定义。这意味着当公司资产的总价值低于到期债券的面值时，公司无力偿还债券本金，从而遭受债权人清算进入破产程序。值得注意的是，莫顿所构建的破产模型的性质属于静态，因为该模型为了简化起见采用零息债券的设定，所以仅能考虑债券到期还本时的破产可能。布雷克和考克斯（1974）改进了他的方法，进一步提出动态强制性破产的模型。与静态破产模型不同，动态破产模型主张在债券存续期内的任一时间点下，只要公司的资产总价值跌落破产触发阈值（许多文献直接将破产触发阈值设定为债券面值），即使公司股东有能力履行当前债务和偿付债务利息，债权人有权得以强制公司进行破产清算程序。强制性破产模型的重要特征在于能够刻画公司债券发行实务中的保护性契约条款的特性（欲知更多关于保护性契约条款的意义，可参见利兰（1994））。这种破产模型被后续研究称之为"首次通过时间（first passage time）"模型。

产生的信息流服从以下定义：$\mathcal{F}^i = (F^i_t)_{t \geqslant 0} := \mathcal{F}^{iW} \bigvee \mathcal{F}^{iZ}$，其中 $F^i_t := F^{iW}_t \bigvee F^{iZ}_t$，$\mathcal{F}^{iW} = (F^{iW}_t)_{t \geqslant 0}$，以及 $\mathcal{F}^{iZ} = (F^{iZ}_t)_{t \geqslant 0}$。因此，总和信息流 $\mathcal{F}$ 满足以下结构：$\mathcal{F} = (F_t)_{t \geqslant 0} := \mathcal{F}^{\mathcal{A}} \bigvee \mathcal{F}^{\mathcal{B}}$。

式（5.4）和式（5.5）中的干扰项之间的关系汇总如下：

$$\rho_{Z_A W_A} dt = E_P(dZ^P_A(t) dW^P_A(t)) = 0, \quad \rho_{Z_A W_B} dt = E_P(dZ^P_A(t) dW^P_B(t)) = 0$$

$$\rho_{Z_B W_A} dt = E_P(dZ^P_B(t) dW^P_A(t)) = 0, \quad \rho_{Z_B W_B} dt = E_P(dZ^P_B(t) dW^P_B(t)) = 0.$$

这些式子决定了公司 i 的资产价值动态和它的孪生证券的相关系数，即 $\rho_i = \dfrac{\sigma_{V^i_Z}}{(\sigma^2_{V^i_Z} + \sigma^2_{V^i_W})^{0.5}}$。由于在非完备市场中无法做到完美对冲，不可交易的资产的价值动态无法被它的孪生证券完美复制。这帮助我们合理地解释了为何两个波动项 W^P_i 和 Z^P_i 是互相独立的。当无法完美复制不可交易资产，意味着市场投资人无法具备足够的信息来精确地决定这个不可交易资产的金融衍生品的价值（例如，公司债即为公司的不可交易的资产的金融衍生品）。因此单一价格的定价法则不适用于非完备市场的环境。

随机贴现因子的动态由下述表达式外生给定：

$$\frac{d\Lambda(t)}{\Lambda(t)} = -rdt - h^A_S dZ^P_A(t) - h^B_S dZ^P_B(t) + \gamma^A dW^P_A(t) + \gamma^B dW^P_B(t) \quad (5.6)$$

其中，$h^A_S := (\mu^A_S - r) \sigma^{-1}_{S^A}$，$h^B_S := (\mu^B_S - r) \sigma^{-1}_{S^B}$，$\gamma^A := a((\mathcal{A}^2 - (h^A_S)^2 - (h^B_S)^2)/(m+1))^{0.5}$，以及 $\gamma^B := m^{0.5} \gamma^A$。在式（5.6）中，r 是常数，代表无风险利率；$a \in [-1, 1]$ 决定了贴现因子的波动率上下限，例如，对于 $a = -1$，$\min\Lambda = \underline{\Lambda}$。与式（5.4）和式（5.5）相同，式（5.6）满足所有一般条件，因此，该随机微分方程存在一个唯一的封闭解。根据伊藤定理，对于 $t \in [0, T]$，

$$\Lambda(t) = \Lambda(0)\exp\Big\{ \int_0^t (-r - 0.5a^2\mathcal{A}^2 - 0.5(1 - a^2)((h^A_S)^2 + (h^B_S)^2))du$$

$$- \int_0^t h^A_S dZ^P_A(u) - \int_0^t h^B_S dZ^P_B(u) + \int_0^t \gamma^A dW^P_A(u) + \int_0^t \gamma^B dW^P_B(u) \Big\}$$

$$(5.7)$$

为了求解式（5.2）和式（5.3）中的随机时间，我们需要引入一个特殊的概率测度 R，其定义在 $(\Omega, \mathcal{F})$，且与概率测度 P 等价，即对于 $t \in [0, T]$，

$$\xi(t) := \frac{dR}{dP}\Big|_{\mathcal{F}_t}, \quad P - a.s.$$

因此在概率测度 P 下，该 Radon – Nikodym 过程的积分表示如式（5.8）：

$$\xi(t) = 1 + \int_0^t \xi(u)(-h_S^A dZ_A^P(u) - h_S^B dZ_B^P(u) + \gamma^A dW_A^P(u) + \gamma^B dW_B^P(u)) = \Lambda(t)e^{rt}。$$

$$(5.8)$$

接下来，我们对 Girsanov 定理在测度转换中的应用进行说明。

定理 5.1 给定定义在（Ω，$\mathcal{F}$）上的概率测度 R，其与测度 P 等价，有一 Radon – Nikodym 密度过程 ξ，其对应式（2.8）中的测度 P，对于 $i = A$，B，

$$Z_i^R(t) = Z_i^P(t) + \int_0^t h_S^i du，\quad W_i^R(t) = W_i^P(t) - \int_0^t \gamma^i du，\quad \forall_t \in [0, T]，$$

相应地，它们服从测度 R 下的单维度的 $\mathcal{F}^{iZ}$ 和 $\mathcal{F}^{iW}$ – 布朗运动。进一步地看，这两个随机过程是相互正交的关系。

基于定理（5.1），公司 i 的资产价值的动态可以表示为：

$$\frac{dV^i(t)}{V^i(t)} = (\mu_V^i - \delta_V^i - h_S^i \sigma_{V_Z^i} + \gamma^i \sigma_{V_W^i})dt + \sigma_{V_Z^i}dZ_i^R(t) + \sigma_{V_W^i}dW_i^R(t) = \eta^i dt + \sigma_{V^i}d\mathcal{B}_i^R(t)$$

$$(5.9)$$

其中，$\mathcal{B}_i^R$ 服从测度 R 下的单维布朗运动，并且 $\mathcal{F}^i := \mathcal{F}^{iW} \bigvee \mathcal{F}^{iZ}$；$\sigma_{V^i} := (\sigma_{V_Z^i}^2 + \sigma_{V_W^i}^2)^{0.5}$ 和 $\eta^i := ((\mu_V^i - \delta_V^i)\sigma_{V^i}^{-1} - h_S^i\rho_i + \gamma^i(1 - \rho_i^2)^{0.5})\sigma_{V^i}$ 分别表示 V^i 的扩散项和漂移项。通过式（5.9）、首次通过时间的概率法则，我们可轻易得到式（5.2）和式（5.3）中的随机时间的概率分布函数。

定理 5.2 如式（5.2）和式（5.3）所示，给出随机时间的定义。在信息流 $\mathcal{F}_0 = \mathcal{F}_0^A \bigvee \mathcal{F}_0^B$ 和测度 R 下，直到时间 t 之前，公司的存活概率如下所示。对于 $0 \leqslant t \leqslant T$，

$$P_R(\tau^A > t \mid \mathcal{F}_0) = (N[n_1(t)] - e^{-ax_A}N[n_2(t)])(N[n_5(t)] - e^{-bx_B}N[n_6(t)])$$

$$+ \int_0^t \int_{F^A+d}^\infty \int_{F^A}^x (\check{N}[n_3(t, u, x)] - e^{x_A c(x)}N[n_4(t, u, x)])f_{\tau^B}(u \mid \mathcal{F}_0)$$

$$\times f_{V, \mathrm{infV}}(x, y \mid \mathcal{F}_0 \bigvee J_t \bigvee \{u \leqslant t\})dy\,dx\,du \equiv F_{\tau^A}(t \mid \mathcal{F}_0)$$

和

$$P_R(\tau^B > t \mid \mathcal{F}_0) = N[n_5(t)] - e^{-bx_B}N[n_6(t)] \equiv F_{\tau^B}(t \mid \mathcal{F}_0)$$

其中，

$$a = \begin{cases} +1 & \text{upper bound} \\ -1 & \text{lower bound} \end{cases}$$

$$\lambda_A = \eta^A - 0.5\sigma_{V^A}^2; \quad \lambda_B = \eta^B - 0.5\sigma_{V^B}^2; \quad x_A = 2\sigma_{V^A}^{-2}\lambda_A; \quad x_B = 2\sigma_{V^B}^{-2}\lambda_B;$$

$$a = \ln\left(\frac{V^A(0)}{F^A}\right); \quad b = \ln\left(\frac{V^B(0)}{F^B}\right); \quad c(x) = \ln\left(\frac{(F^A+d)}{x}\right);$$

$$n_1(t) = (a + \lambda_A t)(\sigma_{V^A}\sqrt{t})^{-1}; \quad n_2(t) = (-a + \lambda_A t)(\sigma_{V^A}\sqrt{t})^{-1};$$

$$n_3(t, u, x) = (-c(x) + \lambda_A(t-u))(\sigma_{V^A}\sqrt{t-u})^{-1};$$

$$n_4(t, u, x) = (c(x) + \lambda_A(t-u))(\sigma_{V^A}\sqrt{t-u})^{-1};$$

$$n_5(t) = (b + \lambda_B t)(\sigma_{V^B}\sqrt{t})^{-1}; \quad n_6(t) = (-b + \lambda_B t)(\sigma_{V^B}\sqrt{t})^{-1};$$

$$f_{V,\inf V}(x, y \mid \mathcal{F}_0 \vee J_t \vee \{u \le t\}) = \exp\left\{[2\ln y - \ln x - \ln V^A(0) + \lambda_A u]^2(-2\sigma_{V^A}^2 u)^{-1}\right\}$$
$$\times \sqrt{2}\ln\left(\frac{xV^A(0)}{y^2}\right)(\sqrt{\pi}u^{3/2}\sigma_{V^A}^3 xy)^{-1}\left[\frac{y}{V^A(0)}\right]^{x_A}$$

上述式子为 $\inf\limits_{0 \le s < u} V^A(s) = y$ 和 $V^A(u) = x$ 定义在 $\mathcal{F}_0 \vee \mathcal{J}_t \vee \{\tau^B = u \le t\}$ 和测度 R 下的联合概率密度函数;

$$f_{\tau^B}(u \mid \mathcal{F}_0) = (e^{-bx_B}n[n_6(u)](\lambda_B + u^{-1}b) - n[n_5(u)](\lambda_B - u^{-1}b))(2\sigma_{V^B}\sqrt{u})^{-1}$$

上述式子为 $\tau^B = u$ 在测度 R 和信息流 $\mathcal{F}_0$ 下的概率密度函数,N($\cdot$) 是标准正态分布的概率累积函数,n($\cdot$) 是标准正态分布的密度函数。

　　检验交易对手对公司违约的影响以及与之相关的或有求偿权的价值时,定理 5.2 给出的公式非常有用。在接下来的章节,我们将重复应用上述的公式,以拓展我们的主要模型。定理 5.2 的详细证明见附录 7。

第三节　模　　型

　　本节在考虑主体公司和客体公司的资产是非流动或不可交易的基础上,重新构建了具有交易对手违约风险的资本结构决策的或有求偿权模型。为引入这一经济框架,我们提出一些相关的假设。

一、经济背景设定

在不失一般性的基础上，考虑以下情况，在初始时间 -0 时刻，公司 A 和公司 B 都是完全股权融资的企业，它们计划发行一种时限为 T 的债券，债券的价值等于其面值，意味着对于 $i = A$，B，$C_{Debt}^i(0) = F^i$。为了保护公司 A 和公司 B 的共同权益不受资本结构的影响，公司 A 需要保证公司 B 不会破产。一旦公司 B 违约，其债权人的债务将部分转移给公司 A，$d = F^B r_d$。因此，公司 A 使用一定比例的资产作为抵押来偿清公司 B 的债务。公司 A 和公司 B 的资产有相应的现值 $V^A(0)$ 和 $V^B(0)$。公司 A 和公司 B 的价值动态以及孪生证券将会服从式（5.4）和式（5.5）。

由于本章讨论的重点在于交易对手违约风险对公司资本结构的影响，在分析的时候，我们将公司 B 的资本结构视为一个外生变量。因此，我们在本章中介绍公司债的契约条款时，主要针对主体公司（公司 A）。我们仿照主流的公司金融文献，来制定公司债的契约条款，公司债会连续性地支付利息，利息率为 $c^A > 0$，利息费用能够抵消部分的公司的营业税，其实质税率为 β。公司债所衍生的利息费用是由平价发行条件（sell-at-parcondition）$C_{Debt}^A(0) = F^A$ 和折现因子共同决定的（例如当 $a = -1$，以及 $\Lambda = \underline{\Delta}$ 时，可以得到利息费用的下界 $c^A = \underline{c}^A$）。公司债包含一个保护性条款，用以说明破产清算的具体条件，此概念源自利兰和托夫特（1996），所隐含的随机破产时间的定义如式（5.2），意味着假使在债权到期之前的任意时间下，主体公司的资产总价值低于预设的破产门槛，则认定主体公司违约，并必须被迫进入破产清算程序。当发生破产时，主体公司的股权将降至零，仅有一部分（比例为 $1 - \alpha^A$）剩余资产的价值可由债权人赎回，其中参数 $\alpha^A \in [0, 1]$ 代表破产成本率，剩余资产价值的流失则代表公司于破产清算过程中的花费。

基于最大化公司价值 $TV^A(0)$ 的目标，主体公司的管理者在制定最优资本结构决策的时候，会考虑公司债的税收豁免利益和破产损失之间的权衡。我们仿照巨（2001）进行假设，经济体系中的每一位代理人的效用是由自身的总财富所决定的，因此，价值极大化的目标自然地确保了效用极大化的目标。

接着在下一节，我们将针对主体公司的各种或有求偿证券（contingent corporate security）推导其定价公式，包含公司债券、税收豁免利益、破产成本以及公司股权。

二、或有求偿证券定价——主体公司的债券

仿照巨等（2005），主体公司债券的市场现值 $C_{Debt}^A(0)$ 由三个部分共同决定：（1）利息收入；（2）企业破产时的赎回收益（recovered payment）；（3）企业在债券到期时未破产时的债券本金。因此，我们将上述的公司债券的支付设定代入式（5.1）中的支付结构，并令 a = −1，即可得到下式：

$$\underline{C}_{Debt}^A(0) := E_P \left(\int_0^T \underline{c}^A \underline{\Lambda}(t) 1_{(\tau^A > t)} dt + (1 - \alpha^A) V^A(\tau^A) \underline{\Lambda}(\tau^A) 1_{(\tau^A \leqslant T)} \right.$$
$$\left. + F^A \underline{\Lambda}(T) 1_{(\tau^A > T)} \mid \mathscr{F}_0 \right) \tag{5.10}$$

为得到一般化的表达式，将式（5.10）改写如下：

$$C_{Debt}^A(0) = E_P \left(\int_0^T c^A \Lambda(t) 1_{(\tau^A > t)} dt + (1 - \alpha^A) V^A(\tau^A) \Lambda(\tau^A) 1_{(\tau^A \leqslant T)} \right.$$
$$\left. + F^A \Lambda(T) 1_{(\tau^A > T)} \mid \mathscr{F}_0 \right) \tag{5.11}$$

利用富比尼定理（Fubini 定理），结合式（5.8），式（5.11）的条件期望形式为

$$C_{Debt}^A(0) = \xi(0)^{-1} \left(\int_0^T c^A E_P(\xi(t) e^{-rt} 1_{(\tau^A > t)} \mid \mathscr{F}_0) dt + F^A E_P(\xi(T) e^{-rT} 1_{(\tau^A > T)} \mid \mathscr{F}_0) \right.$$
$$\left. + (1 - \alpha^A) E_P(V^A(\tau^A) \xi(\tau^A) e^{-r\tau^A} 1_{(\tau^A \leqslant T)} \mid \mathscr{F}_0) \right) \tag{5.12}$$

基于定理（5.1），式（5.12）中的测度 P 转换为 R，因此我们得到

$$C_{Debt}^A(0) = \int_0^T c^A E_R(e^{-rt} 1_{(\tau^A > t)} \mid \mathscr{F}_0) dt + F^A E_R(e^{-rT} 1_{(\tau^A > T)} \mid \mathscr{F}_0)$$
$$+ (1 - \alpha^A) E_R(V^A(\tau^A) e^{-r\tau^A} 1_{(\tau^A \leqslant T)} \mid \mathscr{F}_0)$$

为了展示 $C_{Debt}^A(0)$ 的定价公式，我们将结果汇总，如以下命题所示。

命题 5.1 给定初始条件以及定理（5.2），主体公司的债券（有穷到期日为 T，固定利息收益 c^A，赎回收益率 $1 - \alpha^A$）价值由三部分构成：

（1）利息收入。

$$C1_{Debt}^{A}(0) := \int_{0}^{T} c^{A} E_{R}(e^{-rt} 1_{(\tau^{A} > t)} \mid \mathcal{F}_{0}) dt$$

$$= \int_{0}^{T} c^{A} e^{-rt} (N[n_{1}(t)] - e^{-ax_{A}} N[n_{2}(t)])(N[n_{5}(t)] - e^{-bx_{B}} N[n_{6}(t)]) dt$$

$$+ \int_{0}^{T} \int_{0}^{t} \int_{F^{A}+d}^{\infty} \int_{F^{A}}^{x} c^{A} e^{-rt} (N[n_{3}(t, u, x)] - e^{x_{A} c(x)} N[n_{4}(t, u, x)]) f_{\tau^{B}}(u \mid \mathcal{F}_{0})$$

$$\times f_{V, infV}(x, y \mid \mathcal{F}_{0} \vee \mathcal{J}_{t} \vee \{u \leq t\}) dy\, dx\, du\, dt$$

（2）本金。

$$C2_{Debt}^{A}(0) := F^{A} E_{R}(e^{-rT} 1_{(\tau^{A} > T)} \mid \mathcal{F}_{0})$$

$$= F^{A} e^{-rT}((N[n_{1}(T)] - e^{-ax_{A}} N[n_{2}(T)])(N[n_{5}(T)] - e^{-bx_{B}} N[n_{6}(T)])$$

$$+ \int_{0}^{T} \int_{F^{A}+d}^{\infty} \int_{F^{A}}^{x} (N[n_{3}(T, u, x)] - e^{x_{A} c(x)} N[n_{4}(T, u, x)]) f_{\tau^{B}}(u \mid \mathcal{F}_{0})$$

$$\times f_{V, infV}(x, y \mid \mathcal{F}_{0} \vee \mathcal{J}_{T} \vee \{u \leq T\}) dy\, dx\, du)$$

（3）赎回收益。

$$C3_{Debt}^{A}(0) := (1 - \alpha^{A}) E_{R}(V^{A}(\tau^{A}) e^{-r\tau^{A}} 1_{(\tau^{A} \leq T)} \mid \mathcal{F}_{0})$$

$$= \left(\int_{0}^{T} \int_{F^{A}+d}^{\infty} \int_{F^{A}}^{x} \int_{t_{*}}^{T} de^{-rs} f_{\tau^{A}}(s \mid \mathcal{F}_{t}^{\mathcal{A}} \vee \mathcal{F}_{0}^{\mathcal{B}} \vee \mathcal{J}_{T} \vee \{V^{A}(t) = x\}) \right)$$

$$\times f_{V, infV}(x, y \mid \mathcal{F}_{0} \vee \mathcal{J}_{T} \vee \{t \leq T\}) f_{\tau^{B}}(t \mid \mathcal{F}_{0}) ds\, dy\, dx\, dt$$

$$+ \int_{0}^{T} \int_{F^{A}}^{F^{A}+d} \int_{F^{A}}^{x} (x - F^{A}) f_{V, infV}(x, y \mid \mathcal{F}_{0} \vee \mathcal{J}_{T} \vee \{t \leq T\}) f_{\tau^{B}}(t \mid \mathcal{F}_{0}) e^{-rt} dy\, dx\, dt$$

$$+ \int_{0}^{T} F^{A} f_{\tau^{A}}((t \mid \mathcal{F}_{0}) e^{-rt} dt) \right)(1 - \alpha^{A})$$

其中，$f_{\tau^{A}}(t \mid \mathcal{F}_{0}) = -\dfrac{\partial F_{\tau^{A}}(t \mid \mathcal{F}_{0})}{\partial t}$ 表示 τ^{A} 的条件概率密度函数，以及

$$f_{\tau^{A}}(s \mid \mathcal{F}_{t}^{\mathcal{A}} \vee \mathcal{F}_{0}^{\mathcal{B}} \vee \mathcal{J}_{T} \vee \{V^{A}(t) = x\}) = (e^{x_{A} c(x)} n[n_{4}(s, t, x)](\lambda_{A} - (s-t)^{-1} c(x))$$

$$- (\lambda_{A} + (s-t)^{-1} c(x)) n[n_{3}(s, t, x)]) \cdot$$

$$(2\sigma_{V^{A}} \sqrt{s-t})^{-1}$$

表示 $\tau^{A} = s > t$ 的条件概率密度函数（给定信息流 $\mathcal{F}_{t}^{\mathcal{A}} \vee \mathcal{F}_{0}^{\mathcal{B}} \vee \mathcal{J}_{T} \vee \{V^{A}(t) = x\}$）。$C1_{Debt}^{A}(0)$，$C2_{Debt}^{A}(0)$ 与 $C3_{Debt}^{A}(0)$ 之和即为主体公司债券的市场价值。

利用命题 5.1 的公式，我们可以计算债券的市场价值，债券的收益率价差，以及公司的违约概率。这些金融变量有助于我们理解在非完备市场中，交易对手违约风险如何影响公司的信用品质以及财务状况。此外，命题 5.1 的公

式可用于求解债券的税收豁免利益以及破产成本的价值，我们将在下一节详述其内容。

三、主体公司的税收豁免价值、破产成本和股权

通过举债所获得的税收豁免利益可被理解为一种有价证券，只要公司可以继续履行债务时，此证券提供的固定收益等同于利息支出的税盾价值；否则，一旦发生破产清算，税收豁免利益即不存在，此时证券价值变为零。因此，我们可将主体公司的税收豁免利益的现值的"good-deal"价格下界表示如下：

$$\underline{C}_{TB}^{A}(0) = \underline{\Delta}(0)^{-1}E_P\left(\int_0^T \beta\,\underline{c}^A\underline{\Delta}(t)1_{(\tau^A>t)}\,dt\,\middle|\,\mathcal{F}_0\right) = \beta\,\underline{C1}_{Debt}^{A}(0)$$

破产成本，顾名思义，表示公司债发生违约后，于破产清算或重组的过程中公司流失的资产价值，根据我们的先前的假设，破产清算过程会消耗公司的部分剩余资产价值 $\alpha^A V^A(\tau^A)$。因此，破产成本现值的"good-deal"的价格区间的下界可表示如下：

$$\underline{C}_{BC}^{A}(0) = \underline{\Delta}(0)^{-1}E_P\left(\alpha^A V^A(\tau^A)\underline{\Delta}(\tau^A)1_{(\tau^A\leq T)}\,\middle|\,\mathcal{F}_0\right) = \frac{\alpha^A\,\underline{C3}_{Debt}^{A}(0)}{(1-\alpha^A)}$$

仿照命题 5.1 的推导求解策略，我们可将 $C_{TB}^A(0)$ 和 $C_{BC}^A(0)$ 的定价公式汇整如下。

推论 5.1 给定初始条件以及定理 5.2，主体公司的税收豁免利益和破产成本的定价公式可分别表示如下：

$$C_{TB}^{A}(0) = \int_0^T \beta c^A e^{-rt}(N[n_1(t)] - e^{-ax_A}N[n_2(t)])(N[n_5(t)] - e^{-bx_B}N[n_6(t)])\,dt$$
$$+ \int_0^T\int_0^t\int_{F^A+d}^{\infty}\int_{F^A}^{x}\beta c^A e^{-rt}(N[n_3(t,u,x)] - e^{x_A c(x)}N[n_4(t,u,x)])f_{\tau^B}(u|\mathcal{F}_0)$$
$$\times f_{V,infV}(x,y|\mathcal{F}_0\vee\mathcal{J}_t\vee\{u\leq t\})\,dy\,dx\,du\,dt$$

和

$$C_{BC}^{A}(0) = \alpha^A\Big(\int_0^T\int_{F^A}^{F^A+d}\int_{F^A}^{x}(x-F^A)f_{V,infV}(x,y|\mathcal{F}_0\vee\mathcal{J}_T\vee\{t\leq T\})f_{\tau^B}(t|\mathcal{F}_0)e^{-rt}\,dy\,dx\,dt$$
$$+ \int_0^T\int_{F^A+d}^{\infty}\int_{F^A}^{x}\int_{t_+}^{x}de^{-rs}f_{\tau^A}(s|\mathcal{F}_t^A\vee\mathcal{F}_0^B\vee\mathcal{J}_T\vee\{V^A(t)=x\})$$

$$\times f_{V,\text{infV}}\left(x,\ y\mid \mathcal{F}_0 \vee \mathcal{J}_T \vee \{t \leqslant T\}\right) f_{\tau^B}\left(t\mid F_0\right) \mathrm{ds}\,\mathrm{dy}\,\mathrm{dx}\,\mathrm{dt}$$

$$+\int_0^T F^A f_{\tau^A}\left(t\mid \mathcal{F}_0\right) e^{-rt}\mathrm{dt}\Big)$$

利用命题 5.1 和推论 5.1 可得主体公司的总价值（即资产价值加上税收豁免利益，并减去破产成本）的"good-deal"价格区间的下界：

$$\underline{TV}^A(0) = V^A(0) + \underline{C}^A_{TB}(0) - \underline{C}^A_{BC}(0) \tag{5.13}$$

股权价值等于公司总价值减去债券价值：

$$\underline{C}^A_{\text{Equity}}(0) = \underline{TV}^A(0) - \underline{C}^A_{\text{Debt}}(0) = V^A(0) + (\beta - 1)\underline{C1}^A_{\text{Debt}}(0) - \underline{C2}^A_{\text{Debt}}(0) - \frac{C3^A_{\text{Debt}}(0)}{(1 - \alpha^A)} \tag{5.14}$$

最后，基于最大化股权价值的目标，我们可以针对债券的票面价值，对式（5.14）求偏微分，并令该偏微分表达式等于 0，接着进行求解，从而得到最优的负债率。

第四节　数　值　分　析

利用前述构建的模型，本章节将进行一个三阶段的数值分析。在第一阶段，我们检验了交易对手违约风险对于公司最优资产结构决策的影响；在第二阶段，我们探讨了金融市场的非完备性如何影响交易对手对于最优资产结构决策所产生的效应；在最后一个阶段，我们测试了交易对手效应对于主要的模型参数的敏感度：包括破产成本率和公司实质税率（因为这两个参数会显著影响最优资本结构决策）。

开始分析前，我们根据相关公司金融文献中的参数校准结果，选取数值分析的基准参数如下：

$$\mathcal{A}^2 = 10\%,\ \mu_V^A = \mu_V^B = \mu_S^A = \mu_S^B = 10\%,\ \delta_V^A = \delta_V^B = \delta_S^A = \delta_S^B = 3.75\%,$$

$$\sigma_{V_z^A} = \sigma_{V_z^B} = 25\%,\ \sigma_{V_w^A} = \sigma_{V_w^B} = 35\%,\ \sigma_{S^A} = \sigma_{S^B} = 30\%,\ r = 5\%,\ \beta = 35\%, \tag{5.15}$$

$$\alpha^A = 50\%,\ \frac{d}{F^B} = 30\%,\ F^B = \$20,\ V^A = V^B = \$100,\ T = 5,\ m = 10,\ a = 1$$

一、交易对手对最优资本结构决策的影响和低杠杆之谜

在考虑了不同程度的交易对手风险强度（以比率$\frac{d}{F^B}$衡量）下，表5-1汇报了模型达到均衡（资本结构最优化）时所产生的内生金融变量。首先，表5-1显示最优负债率（第一行）和最优负债面额（第二行），两者皆与交易对手违约风险强度存在明确的负向关系。随着交易对手风险强度的变化（从0%到50%），它们分别从15.225%和\$15.35，下降至14.538%和\$14.64。由于交易对手违约风险的效果提高了主体公司的违约破产概率（第八行）和破产成本（第七行），但是降低税收豁免利益的价值（第六行），所以，在考虑交易对手违约风险的情况下，主体公司通过举债获得的财务杠杆净利益变得较小。

如此一来，我们的模型所预测的最优负债率普遍低于标准模型（令$\frac{d}{F^B}=0\%$）的预测结果。上述分析也间接帮助我们从交易对手违约风险效果的观点去解释低杠杆之谜。而关于债券的收益率价差（第五行）和票面利息率（第四行）的结果也如我们所料，两者都显示出与交易对手违约风险强度呈现负相关的关系。

表5-1　不同程度的交易对手违约风险强度下各模型内生金融变量

变量	交易对手风险强度$\left(\frac{d}{F^B}\right)$					
	0%	10%	20%	30%	40%	50%
负债率（%）	15.225	15.096	14.957	14.815	14.674	14.538
负债面额（\$）	15.350	15.218	15.075	14.928	14.782	14.640
利息（\$）	0.889	0.881	0.871	0.861	0.850	0.838
利息率（%）	5.794	5.788	5.779	5.765	5.748	5.727
收益率价差（bps）	79.364	78.793	77.856	76.536	74.824	72.713

续表

变量	交易对手风险强度$\left(\dfrac{d}{F^B}\right)$					
	0%	10%	20%	30%	40%	50%
税收豁免利益（$）	1. 349	1. 337	1. 322	1. 306	1. 290	1. 273
破产成本（$）	0. 528	0. 530	0. 535	0. 543	0. 555	0. 570
违约概率（%）	8. 267	8. 292	8. 326	8. 369	8. 423	8. 488

注：表 5 - 1 汇报了在考虑不同程度的交易对手风险强度下（从 0% 到 50%），模型针对内生金融变量的预测结果。金融变量包含最优负债率（第一行），最优举债规模（第二行），利息收益（第三行），年化票面利息率（第四行），债券的收益率价差（第五行），税收豁免利益的价值（第六行），破产成本（第七行）和公司的违约概率（第八行）。我们基于（5.15）中的基准参数，计算得到本表数据。

二、金融市场非完备性是否影响交易对手风险对于最优资本结构决策的效应？

我们接着利用表 5 - 2 的结果考察金融市场的非完备性是否影响交易对手风险对于最优资本结构决策的效应。表 5 - 2 呈现了在考虑不同程度的交易对手违约风险强度和金融市场非完备性下的最优负债率结果，为便于后续讨论，我们使用 $\sigma_{V_w^A}$ 衡量金融市场非完备性的程度。原因是较高水平的 $\sigma_{V_w^A}$ 隐含着一个较微弱的主体公司资产与其孪生证券之间的相关性，此时意味着金融市场非完备性的程度是较高的。从表 5 - 2 中可知，交易对手违约风险对主体公司的举债能力带来的负向效果随着金融市场非完备性程度的增加而递减。我们以面板 A、C 和 F 的结果为例子做说明，在给定低度的市场非完备性下（$\sigma_{V_w^A} = 15\%$），考虑交易对手违约风险带来的负债率降幅达到 0. 664%，而在给定中度（$\sigma_{V_w^A} = 35\%$）及高度（$\sigma_{V_w^A} = 65\%$）的市场非完备性下，此降低负债率的效果则分别下降至 0. 558% 以及 0. 237%。然而，这种降低负债率的效果看似不如我们所预期得显著，我们另外发现，考虑金融市场的非完备性对于主体公司的最优财务杠杆率会带来显著的负向效果。当选择 $\sigma_{V_w^A} = 15\%$，最优财务杠杆率约为 26%，而假设给定 $\sigma_{V_w^A} = 65\%$，最优财务杠杆率仅仅约 4%。该发现与拉詹和辛格勒斯（1995）

与巨等（2005）的研究结果一致，因为 $\sigma_{V_W^A}$ 的上升会导致较高的公司资产收益风险。

表 5 – 2　不同交易对手违约风险强度和金融市场非完备性下的最优财务杠杆率

模型变量	交易对手违约风险强度 $\left(\dfrac{d}{F^B}\right)$					
	0%	10%	20%	30%	40%	50%
面板 A：$\sigma_{V_W^A}=15\%$ （低度的市场非完备性）						
负债率（%）	27.258	27.127	26.979	26.817	26.643	26.463
负债面额（$）	27.715	27.578	27.423	27.252	27.069	26.878
收益率价差（bps）	55.947	55.746	55.432	54.975	54.365	53.600
面板 B：$\sigma_{V_W^A}=25\%$						
负债率（%）	21.164	21.031	20.888	20.733	20.574	20.414
负债面额（$）	21.423	21.286	21.137	20.976	20.810	20.641
收益率价差（bps）	66.792	66.444	65.931	65.187	64.224	63.021
面板 C：$\sigma_{V_W^A}=35\%$						
负债率（%）	15.225	15.096	14.957	14.815	14.674	14.538
负债面额（$）	15.350	15.218	15.075	14.928	14.782	14.640
收益率价差（bps）	79.364	78.793	77.856	76.536	74.824	72.713
面板 D：$\sigma_{V_W^A}=45\%$						
负债率（%）	10.373	10.241	10.111	9.986	9.870	9.764
负债面额（$）	10.427	10.293	10.160	10.031	9.912	9.802
收益率价差（bps）	92.286	91.152	89.367	86.836	83.597	79.618
面板 E：$\sigma_{V_W^A}=55\%$						
负债率（%）	6.750	6.621	6.505	6.406	6.321	6.255
负债面额（$）	6.771	6.641	6.523	6.421	6.334	6.265
收益率价差（bps）	104.687	102.519	98.907	93.832	87.340	79.652
面板 F：$\sigma_{V_W^A}=65\%$ （高度的市场非完备性）						
负债率（%）	4.210	4.087	3.996	3.927	3.880	3.850
负债面额（$）	4.218	4.094	4.001	3.931	3.882	3.851
收益率价差（bps）	116.287	111.866	104.240	93.529	80.313	65.151

注：表 5 – 2 提供了在不同程度的交易对手违约风险强度下（从 0% 到 10%）和金融市场非完备性（从 15% 到 65%）的最优财务杠杆率的预测结果。我们基于式（5.15）中的基准参数，计算得到本表数据。

三、交易对手违约风险对于资本结构决策的影响效应的敏感度分析

本节检验了交易对手风险效应对于主要的模型参数的敏感度，包括公司实质税率和破产成本率（因为此二参数会显著影响主体公司最优资本结构决策）。首先，我们利用基准模型及本章所提出的模型，分别计算最优负债率和最优举债金额。两种模型下的最优负债率之差和最优举债金额之差将会被用于衡量交易对手风险效应的强度。数值计算的汇总结果见表5-3。现在，我们关注表5-3的公司实质税率（β）和破产成本率（α^A）的最后两行数据——负债率之差、负债面额之差。可知，交易对手风险效应对于此二模型参数显示出不对称的敏感度。具体而言，交易对手风险效应随着公司实质税率上升而下降，但是会随着破产成本率上升而增强。将税率从15%上升至55%，最优负债率和最优举债金额分别从0.563%和＄0.567相应地下降至0.261%和＄0.283。而随着破产成本率的增加（从$\alpha^A=10\%$调升至$\alpha^A=50\%$），这两者对应的交易对手风险效应分别从0.066%和＄0.081上升至0.41%和＄0.422。而造成此现象的原因主要有两点：其一，破产成本率及实质税率的改变对于最优资本结构决策造成的效果是相反的；其二，将交易对手违约风险引入资本结构的权衡分析时，会增强最优资本结构决策对公司特征参数的敏感度。

表5-3　　交易对手风险效应对公司实质税率和破产成本率的敏感度分析

模型变量	公司实质税率（β）				
	15%	25%	35%	45%	55%
负债率（本章模型）（%）	8.814	11.785	14.815	18.185	22.123
负债面额（本章模型）（＄）	8.831	11.837	14.928	18.402	22.511
负债率（基准模型）（%）	9.377	12.263	15.225	18.53	22.384
负债面额（基准模型）（＄）	9.398	12.322	15.350	18.764	22.794
负债率之差（本章—基准）（%）	-0.563	-0.478	-0.410	-0.345	-0.261
负债面额之差（本章—基准）（＄）	-0.567	-0.485	-0.422	-0.362	-0.283

续表

模型变量	破产成本率（α^A）				
	10%	20%	30%	40%	50%
负债率（本章模型）（%）	31.746	23.337	19.096	16.541	14.815
负债面额（本章模型）（$）	32.241	23.609	19.281	16.681	14.928
负债率（基准模型）（%）	31.812	23.583	19.428	16.922	15.225
负债面额（基准模型）（$）	32.322	23.869	19.626	17.075	15.350
负债率之差（本章—基准）（%）	-0.066	-0.246	-0.332	-0.381	-0.410
负债面额之差（本章—基准）（$）	-0.081	-0.260	-0.345	-0.394	-0.422

注：表5-3汇报了交易对手风险效应对公司实质税率（从15%到55%）和破产成本率（从10%到50%）的敏感度分析结果。我们基于式（5.15）的基准参数，计算得到本表数据。

第五节　结　　论

本章构建了一个可用于考察金融市场非完备性及交易对手违约风险效果的静态或有求偿权资本结构模型。并且，为了捕捉交易对手违约风险对于主体公司的证券价值的影响效果，我们采用了一个在考虑跳跃违约门槛设定下的首次通过时间模型。在主体—客体框架下，主体公司的破产违约门槛的向上跳跃能够反映客体公司的违约发生所造成的价值流失。而接着我们利用"good-deal"资产价格区间法来推导公司债券的定价公式，此方法特别适合考察金融市场非完备性对于金融资产定价产生的影响。最后，我们的模型根据举债的税收豁免利益以及破产成本之间的权衡关系来决定公司资本结构决策的最优化。

数值分析结果充分显示了在决定企业最优举债策略时，考虑交易对手违约风险的重要性。假使忽略了交易对手违约风险，公司债券的违约风险会被低估，从而使得破产成本被低估，最优举债规模被高估。因此，在模型中，交易对手违约风险对于资本结构决策的影响效应可帮助我们解释所谓的低杠杆之谜。进一步地，我们还发现了，交易对手违约风险对于最优举债决策的影响效应对金融市场非完备性程度及公司特征的变化极其敏感。具体而言，在给定较高的公司实质税率及较高程度的金融市场非完备性下，交易对手风险效应变得较微弱，但是此效应会随着企业破产成本率的上升而增强。

　　本章所提出的观点可以在多个维度进行应用和延伸。首先，可进一步研究公司金融衍生品和其他可违约证券的定价问题。其次，可进一步拓展研究多方交易对手违约风险和债券的收益率期限结构之间的相互作用。我们希望未来有更多从事有关公司资本结构决策议题的论文。

附　录

附录1　命题2.1 的证明

在证明命题 2.1 之前，我们首先描述"首次通过时间"（first-passage-time）的概率法则。

引理 A1.1　令 τ 代表过程 Y 首次到达 0 的时间，即 $\tau := \inf(t \in [0, T] : Y(t) = 0)$。过程 Y 服从单维布朗运动，波动率为 $\sigma > 0$，漂移率为 $\nu \in \Re$。随机微分方程形如：

$$dY(t) = \nu dt + \sigma dB_Q(t)$$

初始值为 $Y(0) = y(0)$。随机变量 τ 在 Q 测度下服从逆高斯分布。

$$Q(\tau \leqslant t) = N[h_1(t)] + e^{-2\nu\sigma^{-2}y(0)} N[h_2(t)]$$

其中 $h_1(t) = \dfrac{[-y(0) - \nu t]}{\sigma\sqrt{t}}$，$h_2(t) = \dfrac{[-y(0) + \nu t]}{\sigma\sqrt{t}}$

引理 A1.1 的证明：

对任意 $0 \leqslant t \leqslant T$，有

$$Q(\tau > t) = Q(\inf_{0 \leqslant s \leqslant t} Y(s) \geqslant 0) = Q(\inf_{0 \leqslant s \leqslant t} X(s) \geqslant -y(0)) \quad (A1.1)$$

其中 $X(s) := \nu s + \sigma B_Q(s)$。对于每个 $x < 0$，有下列式子成立（参考 Musiela and Rutkowski，1997 推论 B.3.4）

$$Q(\inf_{0 \leqslant s \leqslant t} X(s) \geqslant x) = N\left(\frac{(-x + \nu t)}{(\sigma t^{0.5})}\right) - e^{2\nu\sigma^{-2}x} N\left(\frac{(x + \nu t)}{(\sigma t^{0.5})}\right)$$

与式（A1.1）结合，可得引理 A1.1。

引理 A1.2　令 $m(t)$ 为标准布朗运动 Y 在时间区间 $[0, t]$ 内的最小值。$[m(t), Y(t)]$ 的联合概率分布为，对于任意 $x \geqslant z \geqslant 0$，

$$f_{Y, m}(x, z \mid \mathscr{F}_0) = -\frac{\partial^2 Q(\inf_{0 \leqslant u < t} Y(u) \leqslant z, Y(t) \geqslant x \mid \mathscr{F}_0)}{\partial x \partial z}$$

$$= -\frac{\partial^2 \left\{ N\left[\dfrac{(2z - x - y(0) + vt)}{(\sigma\sqrt{t})} \right] \exp[z - Y(0)]^{2v\sigma^{-2}} \right\}}{\partial x \partial z}$$

$$= \exp\left(\frac{[2z - x - y(0) + vt]^2}{(-2\sigma^2 t)} - x - z + [z - Y(0)]2v\sigma^{-2}\right)$$

$$\times (2\pi^{-1})^{0.5}[x + y(0) - 2z]t^{-1.5}\sigma^{-3} \quad\quad (A1.2)$$

引理 A1.2 证明：参考克雷巴纳（Klebaner，2004）的定理 3.20。

通过将表达式（2.2）和式（2.3）与风险中立测度下的概率法则结合，在时间 t = s 评级从 k 状态转移至 j 的概率为 $q_j^k(0, s) \equiv Q(\eta^k(s) = j \mid \eta^k(0) = k)$，有以下显性解。

对于 j = n,

$$q_j^k(0, s) \equiv Q(\inf_{0 \leqslant u \leqslant s}V(u) \geqslant D_2^k, \; V(s) \geqslant D_j^k \mid \mathcal{F}_0) \quad\quad (A1.3)$$

对于 j = n − 1···2,

$$q_j^k(0, s) \equiv Q(\inf_{0 \leqslant u \leqslant s}V(u) \geqslant D_2^k, \; D_{j+1}^k \geqslant V(s) \geqslant D_j^k \mid \mathcal{F}_0)$$
$$\equiv Q(\inf_{0 \leqslant u \leqslant s}V(u) \geqslant D_2^k, \; V(s) \geqslant D_j^k \mid \mathcal{F}_0)$$
$$- Q(\inf_{0 \leqslant u \leqslant s}V(u) \geqslant D_2^k, \; V(s) \geqslant D_{j+1}^k \mid \mathcal{F}_0) \quad\quad (A1.4)$$

对于 j = 1,

$$q_j^k(0, s) \equiv Q(\inf_{0 \leqslant u \leqslant s}V(u) \leqslant D_2^k \mid \mathcal{F}_0) = 1 - \sum_{i=2}^{n} q_i^k(0, s) \quad\quad (A1.5)$$

回忆引理（A1.2）中

$$Q(\inf_{0 \leqslant u < t}Y(u) \leqslant z, \; Y(t) \geqslant x \mid \mathcal{F}_0) = N\left[\frac{(2z - x - y(0) + vt)}{(\sigma\sqrt{t})}\right]\exp[z - Y(0)]^{2v\sigma^{-2}}$$

$$(A1.6)$$

由于过程 Y 是资产价值的对数价格，且满足 $v = \lambda$ 和 $y(0) = \ln V(0)$。应用伊藤引理，令式（A1.6）中 t = s、$x = \ln D_n^k$ 和 $z = \ln D_2^k$，则有

$$q_n^k(0, s) = Q(V(s) \geqslant D_j^k \mid \mathcal{F}_0) - Q(\inf_{0 \leqslant u \leqslant s}V(u) \leqslant D_2^k, \; V(s) \geqslant D_j^k \mid \mathcal{F}_0)$$

$$= N\left[\frac{(\ln V(0) - \ln D_n^k + \lambda s)}{(\sigma\sqrt{s})}\right]$$

$$- \left[\frac{D_2^k}{V(0)}\right]^{2\lambda\sigma^{-2}} N\left[\frac{(2\ln D_2^k - \ln V(0) - \ln D_n^k + \lambda s)}{(\sigma\sqrt{s})}\right]$$

同理可求解式（A1.4）。最后，应用引理 A1.1，以及 $v = \lambda$、t = s 和 $y(0) = \ln V(0) - \ln D_2^k$，可求解式（A1.5）

$$q_1^k(0, s) = 1 - N\left[\frac{(\ln V(0) - \ln D_2^k + \lambda s)}{(\sigma\sqrt{s})}\right] + \left[\frac{D_2^k}{V(0)}\right]^{2\lambda\sigma^{-2}} N\left[\frac{(\ln D_2^k - \ln V(0) + \lambda s)}{(\sigma\sqrt{s})}\right]$$

证明完毕。

附录 2 good-deal 区间定价的含义

附录 2 以公司债券交易（持有至债券到期日类型的交易）为例，来说明 good-deal 区间定价理论的含义。我们重点强调随机折现因子的选择是如何决定债券投资的夏普比率的，以及异常的随机折现因子选择是如何产生近似套利的机会的（即 good-deal）。

我们首先讨论由 h 控制的随机折现因子的选择在确定公司债券的夏普比率中的作用。在债券发行日，投资公司债券的夏普比率是 $(\mu_{bond}(h) - r)\sigma_{bond}^{-1}$，其中 $\mu_{bond}(h)$ 是预期债券收益率，σ_{bond} 是债券收益波动率。$\mu_{bond}(h)$ 的概念等同于以票面价值发行条件下的到期收益率（YTM）。正如我们的数值分析显示的那样，当发行人选择一个更悲观的随机折现因子（更高的 h），公司债券的利差更高，这意味着 $\frac{\partial \mu_{bond}(h)}{\partial h} > 0$。债券收益波动率不受随机折现因子选择的影响，但由 EBIT 波动率和债券对 EBIT 的弹性决定。如果我们将公司债券价值表示为 EBIT 的函数，它的公式可以用伊藤定理来推导。

注意，由于 $\frac{\partial \mu_{bond}(h)}{\partial h} > 0$，当代理人选择更悲观（乐观）的随机折现因子时，债券买入（卖空）投资的夏普比率更高。如果选择一个过度悲观或者过度乐观的随机折现因子（即令 $h^2 > \mathcal{A}^2 - h_s^2$），债券交易将给买家或卖家带来一个异常高的夏普比率，可被视为近似于套利的机会。为了实现财富最大化，所有的投资者会竭尽全力抓住这个套利的机会，不愿意把手里的资产作为套利机会出售。这种行为形成了不完全市场中的准无套利（quasi no-arbitrage）的情况。因此在均衡条件下，所有金融资产会以其 good-deal 范围内的价格进行交易，不同随机折现因子的选择产生相应的夏普比率也都会在正常范围内（因为 $h^2 > \mathcal{A}^2 - h_s^2$）。

中南财经政法大学"双一流"建设文库

附录3 公司求偿权定价理论

本附录概述了正文求偿权定价理论中关于求解 ODE 推导的数学细节。我们首先推导资产价值及其动态的显式形式。预期资产价值呈以下形式:

$$V(t; h) = \mathbb{E}_t^h \int_t^\infty \tilde{\Lambda}(s - t) f(s) ds \equiv V(t) \qquad (A3.1)$$

其中 $\mathbb{E}_t^h$ 表示在测度 $\mathbb{Q}h$ 下,时间 t 的期望运算符,$\tilde{\Lambda}(\cdot)$ 是 $\mathbb{Q}h$ 下的贴现因子,$f(\cdot)$ 表示公司的瞬时 EBIT。用富比尼定理(Fubini theorem)和 $\mathbb{E}_t^h f(s) = f(t) e^{(\mu_f - \sigma_{fB} h_s - \sigma_{fW} h)(s-t)}$,我们可以从(A3.1)中推导出:

$$V(t; h) = \int_t^\infty \tilde{\Lambda}(s - t) \mathbb{E}_t^h f(s) ds = f(t) \int_t^\infty e^{(\mu_f - \sigma_{fB} h_s - \sigma_{fW} h - r)(s-t)} ds$$

$$= \frac{f(t)}{r - \mu_f + \sigma_{fB} h_S + \sigma_{fW} h},$$

这意味着:

$$\frac{dV(t; h)}{V(t; h)} = \frac{\dfrac{df(t)}{(r - \mu_f + \sigma_{fB} h_S + \sigma_{fW} h)}}{\dfrac{f(t)}{(r - \mu_f + \sigma_{fB} h_S + \sigma_{fW} h)}} = \frac{df(t)}{f(t)}$$

$$= (\mu_f - \sigma_{fB} h_S - \sigma_{fW} h) dt + \sigma_{fB} dB^{\mathbb{Q}h}(t) + \sigma_{fW} dW^{\mathbb{Q}h}(t) \qquad (A3.2)$$

表达式(A3.2)指出在受扭曲测度 $\mathbb{Q}h$ 下的资产价值动态,并可进一步改写如下:

$$\frac{dV(t)}{V(t)} = \left[\mu_f^{\mathbb{Q}} + \left(\frac{\mu_f - \mu_f^{\mathbb{Q}}}{\sigma_f} - \frac{\sigma_{fB}}{\sigma_f} h_S - \frac{\sigma_{fW}}{\sigma_f} h \right) \sigma_f \right] dt + \sigma_{fB} dB^{\mathbb{Q}h}(t) + \sigma_{fW} dW^{\mathbb{Q}h}(t)$$

$$= \left[\mu_f^{\mathbb{Q}} + (h_f - h_S \rho - h \sqrt{1 - \rho^2}) \sigma_f \right] dt + \sigma_{fB} dB^{\mathbb{Q}h}(t) + \sigma_{fW} dW^{\mathbb{Q}h}(t)$$

其中,$\mu_f^{\mathbb{Q}}$ 是在参考性风险中性测度下的 EBIT 漂移率,$\rho = \dfrac{\sigma_{fB}}{\sigma_f}$ 是公司 EBIT – 市场相关性,$\sigma_f = \sqrt{\sigma_{fW}^2 + \sigma_{fB}^2}$ 是 EBIT 波动率,h_S 是反映基础资产夏普比率的可分

散风险价格，h 是主观选择的不可分散风险价格。

我们考虑对公司资本资产价值的永久性求偿权 $\xi(V; h, \delta, \rho)$。只要公司有偿付能力（资产价值高于破产触发阈值 Vb），该求偿权就会持续支付给持有者固定票息 δ。在 contaminated beliefQh 下，在时间 t 时预期价值形式为：

$$\xi(V(t); h, \delta, \rho) = E_t^h \left[\tilde{\Lambda}(t)^{-1} \int_t^{T_h} \tilde{\Lambda}(s)\delta ds \right]$$

其中 $T_h := \inf(t>0: V(t; h) \leqslant Vb)$ 是随机违约时间。因此我们将该求偿权的价值函数（value function）定义为

$$J(V(t); h, \delta, \rho) = \int_0^t \tilde{\Lambda}(s)\delta ds + \tilde{\Lambda}(t)\xi(V(t); h, \delta, \rho)$$

因为

$$E_0^h J(V(t); h, \delta, \rho) = E_0^h \left[\int_0^t \tilde{\Lambda}(s)\delta ds + \int_t^{T_h} \tilde{\Lambda}(s)\delta ds \right] = E_0^h \int_0^{T_h} \tilde{\Lambda}(s)\delta ds$$
$$= J(V(0); h, \delta, \rho)$$

所以 $J(\cdot)$ 是一个 Qh 测度下的鞅（martingale）。根据伊藤定理，它的动态可以被推导为：

$$\begin{aligned}
dJ(V(t); h, \delta, \rho) = &\tilde{\Lambda}(t)\delta dt - r\tilde{\Lambda}(t)\xi(V(t); h, \delta, \rho)dt \\
&+ \tilde{\Lambda}(t)\xi_V(V(t); h, \delta, \rho)dV(t) \\
&+ 0.5\tilde{\Lambda}(t)\xi_{VV}(V(t); h, \delta, \rho)(dV(t))^2 \\
= &\tilde{\Lambda}(t)\{[\mu_f^Q + (h_f - h_s\rho - h\sqrt{1-\rho^2})\sigma_f]V(t)\xi_V(V(t); h, \delta, \rho) \\
&+ 0.5\sigma_f^2(V(t))^2\xi_{VV}(V(t); h, \delta, \rho) + \delta - r\xi(V(t); h, \delta, \rho)\}dt \\
&+ V(t)\xi_V(V(t); h, \delta, \rho)[\sigma_{fB}dB^{Qh}(t) + \sigma_{fW}dW^{Qh}(t)]
\end{aligned}$$

用鞅的特性 $E_t^h dJ(\cdot) = 0$ 可以得到 ODE 式（3.12）。

求偿权 $\xi(V; h, \delta, \rho)$ 可以看作一种广义的公司证券。只要我们相应地施加边界条件，各种类型的求偿权价值就可以迎刃而解。例如，如果该求偿权是对公司债券的求偿权，需要施加的两个边界条件为：

$$\xi(Vb; h, I, \rho) = (1-\beta)Vb \ \text{和} \ \xi(\infty; h, I, \rho) = \int_0^\infty \tilde{\Lambda}(t)Idt$$

第一个边界条件的含义是一旦宣布破产，债权人会接管公司并获得剩余资产的价值（考虑到破产过程会消耗 βVb，因此债权人只可获得剩余资产价值）。第二个边界条件表明，当资产价值接近无穷大的时候，公司基本面良好，永远不会发生破产，此时公司债券类似于永续债券，其利息价值等于资本化价值。

附录 4 求偿权价值和条件测度的单调性关系

本附录验证了公司求偿权价值和条件测度 $\mathbb{Q}h \in \mathcal{H}(\phi)$（由不可分散风险价格 h 的选择来控制）间的单调关系。为了便于理解这种单调性，图 A1～图 A4 将公司求偿权价值、不可分散风险价格和主要模型参数的联合函数绘制成三维图。在绘图时，我们考虑了构成资本结构价值的主要两种求偿权——股权和债权。此外，我们还考虑了 6 个主要的模型参数，包括无风险利率、EBIT - 市场相关性、物理测度下的预期 EBIT 增长率、EBIT 波动率、交易成本和破产成本。

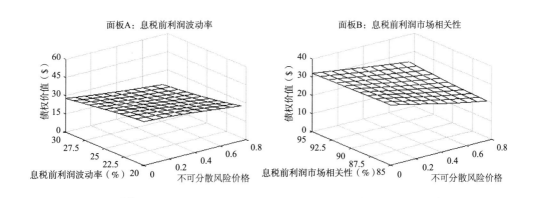

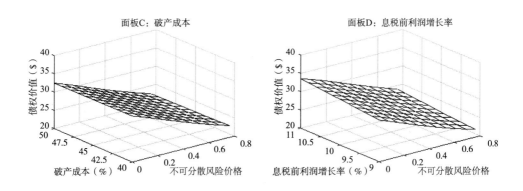

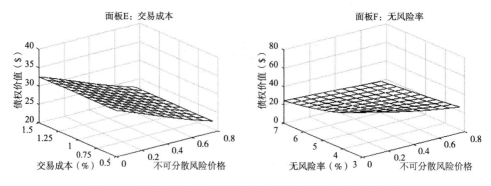

图 A1　债权价值、条件测度和模型参数（静态模型）

注：本图的曲面绘制了债权价值、不可分散风险价格和主要模型参数的联合函数。债权的预期价值使用静态模型中的定价公式计算。除了面板标题显示的参数，其他参数都选择基准水平。

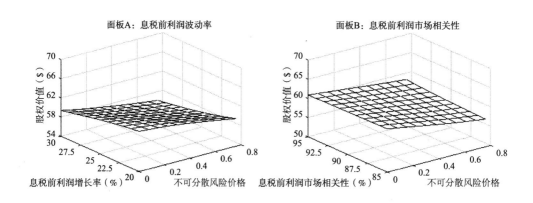

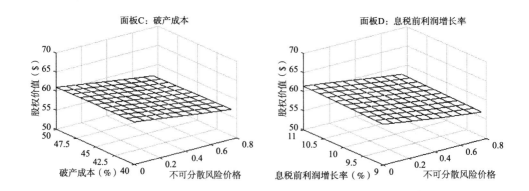

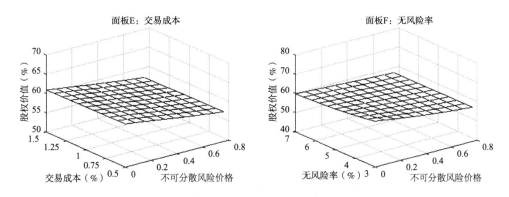

图 A2　股权价值、条件测度和模型参数（静态模型）

　　注：本图的曲面绘制了股权价值、不可分散风险价格和主要模型参数的联合函数。股权的预期价值使用静态模型中的定价公式计算。除了面板标题显示的参数，其他参数都选择基准水平。

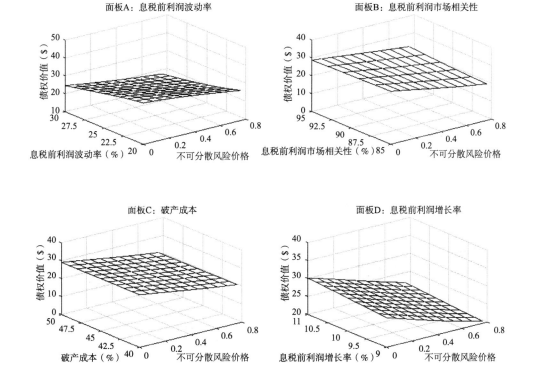

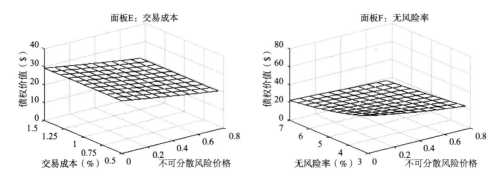

图 A3　债权价值、条件测度和模型参数（动态模型）

注：本图的曲面绘制了债权价值、不可分散风险价格和主要模型参数的联合函数。债权的预期价值使用动态模型中的定价公式计算。除了面板标题显示的参数，其他参数都选择基准水平。

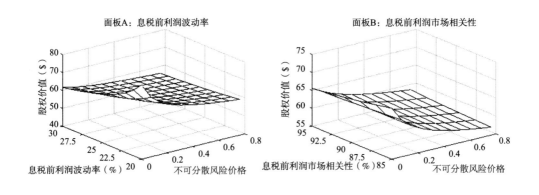

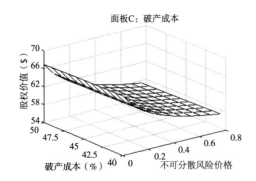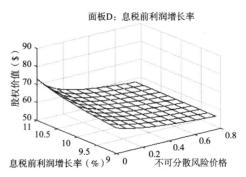

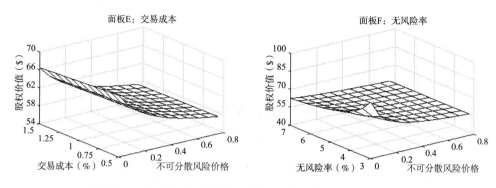

图 A4　股权价值、条件优先权和模型参数（动态模型）

注：本图的曲面绘制了股权价值、不可分散风险价格和主要模型参数的联合函数。股权的预期价值使用动态模型中的定价公式计算。除了面板标题显示的参数，其他参数都选择基准水平。

如图 A1～图 A4 所示，债权和股权价值对不可分散风险价格的变化都呈现出负向单调关系。如果决策者持有更悲观态度，自然需要更大补偿来承担不可分散风险，即选择较大的 h，股权和债权的预期价值会更低。条件测度和公司求偿权价值之间的负向关系对各种参数组合都是稳健的。这种单调性有助于帮助我们阐释为何在最大—最小目标函数中会产生条件测度的角解，以及为何模糊厌恶的经理人选择的最优测度与时间无关。

附录5 主要模型决策变量的大规模比较静态分析

本附录提供了有关各种参数的主要模型决策变量的比较静态结果。图 A5 ~ A8 分别考虑了最优杠杆率、税盾价值、破产门槛和重组门槛。结果表明，模糊厌恶对这四种模型输出的边际负效应对各种参数的组合都具有较强的稳健性。并且这种负模糊厌恶效应对资本结构金融变量的影响对静态和动态权衡模型都具有显著的影响（参见图 A5 ~ A8 中所有虚线和点划线）。

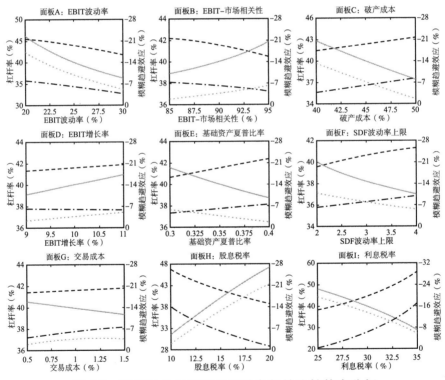

图 A5 最优财务杠杆率与各种参数的比较静态分析

注：本图绘制了最优杠杆比率与各种参数的比较静态分析。实线表示我们的静态模型预测的最优杠杆比率，而虚线表示我们的动态模型预测的最优杠杆比率。虚线描述了模糊厌恶对静态模型预测的最优杠杆的影响，而点划线描述了模糊厌恶对动态模型预测的最优杠杆的影响，模糊厌恶效应定义为最优杠杆因模糊厌恶而降低的百分比。除了面板标题显示的参数外，我们将模型参数设置在它们的基准水平。

中南财经政法大学"双一流"建设文库

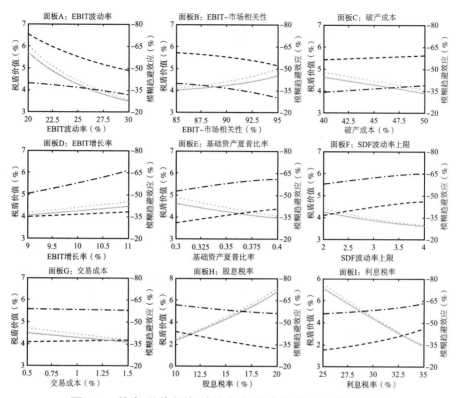

图 A6　债务税收豁免价值与各种参数的比较静态分析

注：本图绘制了债务税盾价值与各种参数的比较静态分析。实线表示我们的静态模型预测的税盾价值，而虚线表示我们的动态模型预测的税盾价值。虚线描述了模糊厌恶对静态模型预测的税盾价值的影响，而点划线描述了模糊厌恶对动态模型预测的税盾价值的影响，模糊厌恶效应定义为税盾价值因模糊厌恶而降低的百分比。除了面板标题显示的参数外，我们将模型参数设置在它们的基准水平。

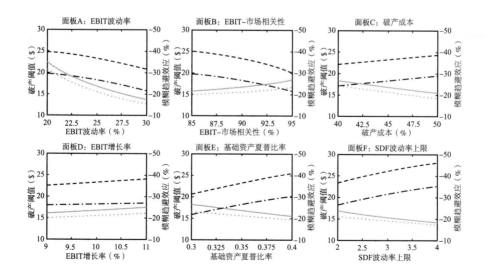

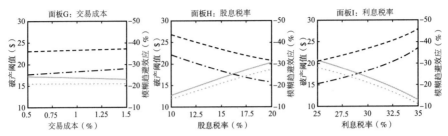

图 A7 破产阈值与各种参数的比较静态分析

注：本图绘制了破产阈值与各种参数的比较静态分析。实线表示我们的静态模型预测的破产阈值，而虚线表示我们的动态模型预测的破产阈值。虚线描述了模糊厌恶对静态模型预测的破产阈值的影响，而点划线描述了模糊厌恶对动态模型预测的破产阈值的影响，模糊厌恶效应定义为破产阈值因模糊厌恶而降低的百分比。除了面板标题显示的参数外，我们将模型参数设置在它们的基准水平。

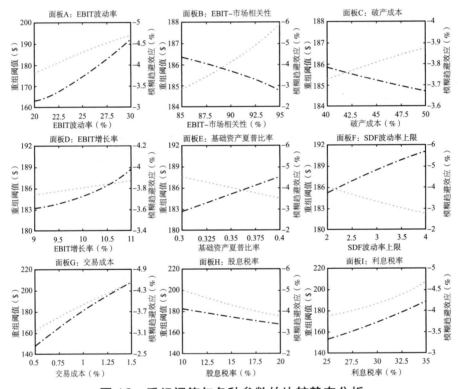

图 A8 重组阈值与各种参数的比较静态分析

注：本图绘制了重组阈值与各种参数的比较静态分析。实线表示我们的静态模型预测的重组阈值，而虚线表示我们的动态模型预测的重组阈值。虚线描述了模糊厌恶对静态模型预测的重组阈值的影响，而点划线描述了模糊厌恶对动态模型预测的重组阈值的影响，模糊厌恶效应定义为重组阈值因模糊厌恶而降低的百分比。除了面板标题显示的参数外，我们将模型参数设置在它们的基准水平。

附录6 关于替代研究方法的稳健性

1. 关于技术细节的简介

我们在三个维度上检测了稳健性：（1）替代模糊度测量方法、（2）替代模糊源、（3）替代模糊偏好标准。附录6通过关注替代模型和我们的模型之间的联系，简要描述了有关替代模型的技术细节。

（1）替代模糊度测量方法。

如在正文部分提到的那样，我们从非良交易条件出发，内生地导出了定价核模糊性的结构式。这决定了相对熵的上界和不可分散风险价格的可行区间：

$$\Re(\mathbb{Q}h) \le \phi = 0.5(\eta - h_S)h_S r^{-1} \Leftrightarrow h \in \left[-\sqrt{(\eta - h_S)h_S}, \ \sqrt{(\eta - h_S)h_S} \right]$$

相比之下，泰森（2011）使用了一种简单的策略来校准和模糊度相关的参数。他在外生的情况下对不可分散风险价格施加了上下限，即 $h_{thijssen} \in [\hat{h} - \kappa, \hat{h} + \kappa]$，其中 $\hat{h}$ 表示参照不可分散风险价格，$\kappa > 0$ 是作为模糊度常数。在进行数值分析时，他将参照不可分散风险价格与基础资产夏普比率相等，即令 $\hat{h} = h_S$，且将 κ 校准为3。

我们遵循了泰森的模糊度校准策略建立了我们的第一个类型的替代模型。除了模糊度测量方法外，我们的基础模型和替代模型具有相同的最大—最小模糊度偏好标准、模糊源和经济设置。

（2）替代模糊源。

我们的基础模型考虑了在定价核模型中不可分散风险价格的模糊度。在模型中，定价核可以被解释为模糊性的来源。这种类型的模糊性建模必须依赖于非完备市场设定。因此，我们分别将状态变量（企业息税前利润流）、基础资产和定价核的动态定为：

$$\frac{df(t)}{f(t)} = \mu_f dt + \sigma_{fB} dB^{\mathbb{P}}(t) + \sigma_{fW} dW^{\mathbb{P}}(t), \ f(0) \equiv f$$

$$\frac{dS(t)}{S(t)} = \mu_S dt + \sigma_S dB^{\mathbb{P}}(t), \ S(0) \equiv S$$

$$\frac{d\Lambda(t)}{\Lambda(t)} = -rdt - h_s dB^{\mathbb{P}}(t) - hdW^{\mathbb{P}}(t); \quad h \in \left[-\sqrt{(\eta - h_s)h_s}, \ \sqrt{(\eta - h_s)h_s} \right].$$

注意，我们采用市场不可分散风险价格的变化来度量模糊性。通过测量的改变，定价核模糊可以转化为代理人对风险调整后预期息税前利润增长率的不确定信念即：

$$\frac{df(t)}{f(t)} = \left[\mu_f - \sigma_{fB} h_s - \sigma_{fW} h \right] dt + \sigma_{fB} dB^{\mathbb{Q}h}(t) + \sigma_{fW} dW^{\mathbb{Q}h}(t)$$

$$= \left[\mu_f - (h_s \rho + h\sqrt{1-\rho^2})\sigma_f \right] dt + \sigma_f (\rho dB^{\mathbb{Q}h}(t) + \sqrt{1-\rho^2} dW^{\mathbb{Q}h}(t))$$

事实上，一些文献中还发现了一些不同的模糊性来源，如通货膨胀、宏观经济形势、货币供给量、企业现金流增长等。为表明主要的结果不依赖于模糊源的选择，我们通过考虑模糊性对公司息税前利润增长率（实物测量下）的影响，建立了第二种类型的替代模型。选择公司息税前利润或资产增长率作为模糊源的想法与考特威格和波尔森（Korteweg and Polson，2010）以及李（2014）一致。具体来说，我们考虑以下形式的企业息税前利润动态：

$$\frac{df_{Lee}(t)}{f_{Lee}(t)} = \mu_{f_{Lee}} dt + \sigma_{f_{Lee}} dZ^{\mathbb{P}}(t) = (\mu_{f_{Lee}} + \sigma_{f_{Lee}} h_{f_{Lee}}) dt + \sigma_{f_{Lee}} dZ^{\mathbb{P}h}(t)$$

$$= \mu_{f_{Lee}}^h dt + \sigma_{f_{Lee}} dZ^{\mathbb{P}h}(t)$$

其中，$\mu_{f_{Lee}}$ 是实物测量 $\mathbb{P}$ 下未知的预期息税前利润增长率，$\sigma_{f_{Lee}}$ 是息税前利润波动率，$\mu_{f_{Lee}}^h$ 是反映代理人对息税前利润增长 $h_{f_{Lee}} \in [-\psi, \psi]$ 的主观预期息税前利润增长率，ψ 是模糊性程度，$\mathbb{P}h$ 是测度 $\mathbb{P}$ 的绝对连续受扭曲测度，$Z^{\mathbb{P}h}(t)$ 是与 $Z^{\mathbb{P}}(t)$ 有联系的测度 $\mathbb{P}h$ 下的布朗运动（由拉东—尼柯迪姆导数推导出 $\frac{d\mathbb{P}h}{d\mathbb{P}} = \exp(h_{f_{Lee}} Z^{\mathbb{P}}(t) - 0.5 h_{f_{Lee}}^2 t)$，$t > 0$）。请注意，与我们非完备市场中处理风险调整措施下的模糊性的基础模型是不同的，这里我们在完备市场下处理实物测量下的模糊性。另一个重要的不同点在于第二类替代模型和我们的模型之间是使用不同的模糊性测量。前者简单地把模糊性程度的参数当做正的常数处理，而后者内生地从准无套利交易条件推导出模糊性的结构形式。如正文所述，因为模糊性的形式由宏观经济变量组成，这种模糊性的测量方法可以帮助我们捕捉宏观经济形势与模糊性之间逆相关的实证含义。

简而言之，我们利用 $\frac{df_{Lee}(t)}{f_{Lee}(t)}$ 发展了第二类替代模型。除了模糊源外，我们的基础模型和这个替代模型适用相同的最大—最小模糊偏好标准和经济设置。

（3）替代模糊偏好标准。

我们的基础模型的一个重要特征是利用了最大—最小（多重先验）预期效用理论求解考虑模糊偏好下的决策问题。我们用以下的最大—最小期望值求解资本结构决策变量：

$$\max_{I,\varpi} \min_{Qh \in \mathcal{H}(\phi)} \mathbb{E}_0^h\left[FV(\mathbf{V};\ h,\ I,\ \varpi,\ \rho)\ |\ Vb(h,\ I,\ \varpi,\ \rho)\ = Vb^*(h,\ I,\ \varpi,\ \rho) \right]$$

其中，$FV(\ \cdot\ ) \equiv E_{0+}(\ \cdot\ ) + (1 - \pi) D_0(\ \cdot\ )$ 表示股东的总财富。

由于模糊性程度和模糊厌恶程度是用相同的参数来测量的，因此在最大—最小效用理论里这两个经济量是无法区分的。基于这些事实，克里巴诺夫等（Klibanoff et al.，2005）分别提出了关于模糊性测量和模糊偏好的广义平滑理论。当模糊厌恶参数接近无穷大时，平滑模型缩减为最大—最小模型。李（2014）最早提供了将平滑理论应用到静态资本结构权衡框架的实例。受这两个研究的启发，我们利用平滑模糊偏好标准发展了第三类替代模型。这个模型允许我们检验对替代模糊偏好标准的稳健性。

具体来说，第三类替代模型考虑以下过程：

$$\max_{I,\varpi} \mathbb{E}_0^{\Pi}\left[\varphi(\mathbb{E}_0^{h^i}\left[FV(\mathbf{V};\ h^i,\ I,\ \varpi,\ \rho)\ |\ Vb(h^i,\ I,\ \varpi,\ \rho) = Vb^*(h^i,\ I,\ \varpi,\ \rho) \right]) \right]$$

其中，

$$\mathbb{E}_0^{\Pi}\left[\varphi(\mathbb{E}_0^{h^i}\left[FV(\mathbf{V};\ h^i,\ I,\ \varpi,\ \rho)\ |\ Vb(h^i,\ I,\ \varpi,\ \rho) = Vb^*(h^i,\ I,\ \varpi,\ \rho) \right]) \right]$$

$$\equiv \sum_{i=1}^n \varphi(\mathbb{E}_0^{h^i}\left[FV(\mathbf{V};\ h^i,\ I,\ \varpi,\ \rho)\ |\ Vb(h^i,\ I,\ \varpi,\ \rho) = Vb^*(h^i,\ I,\ \varpi,\ \rho) \right]) \cdot \pi_h^i$$

在上文这个过程中，π_h^i 表示代理人对不可分散风险价格 h^i 状态的主观信念，$\prod = \{h^i\}_{i=1}^n$ 表示所有承担不可分散风险的价格的有限集，$\varphi(x) \equiv 1 - \exp(-\alpha x)$ 是所谓的二阶效用函数（针对模糊性）[①]。函数 $\varphi(\ \cdot\ )$ 的形状刻画了代理人对于模糊的态度。如果 $\varphi(\ \cdot\ )$ 是凹的（凸的），暗含着代理人是模糊厌恶（模糊爱好）的。因此，函数的凹度 $\alpha > 0$ 帮助我们衡量模糊厌恶的程度（即模糊厌恶参数）。$\prod$ 的离散度（dispersion）则用于测量模糊性程度（定义为 $\max_{1 \leq i \leq n} h^i - \min_{1 \leq i \leq n} h^i \equiv h_{max} - h_{min} \equiv \| \prod \|$）。因为平滑过渡条件的方程在给定 $h^i < 0$ 下是不

---

① 在现有文献中，效用的定义通常是基于个别决策者的消费，且模糊厌恶参数 α 被校准设定为 2 或更大。相比之下，因为我们的效用定义是基于公司总价值，而该值远远大于瞬时消费，因此我们将 α 设定在较低的水平上（设 $\alpha = 0.001$）。当 $\alpha > 0.01$，决策变量的变化对预期效用的边际效应微弱（在任意 I 和 ϖ 下，预期效用的值总是接近 1），并且这种边际效应的符号可能是不规则的。因为模型的这些特点，针对最优效用的数值解根演算过程最终无法稳定收敛。

可解的（寻根算法不收敛），我们在进行数值测试时将 $h_{\min}$ 定为 0。序列 $\{\pi_h^i\}_{i=1}^n$ 可以概念化为不可分散风险价格集合的主观概率分布。通常，我们把它考虑为一个标准均匀分布。这意味着对所有的 i，$\pi_h^i = \dfrac{1}{n}$。在不丧失一般性的情况下，不可分散风险价格状态的总数被选择为 5（即 n = 5）。

综上所述，我们使用平滑模糊偏好标准构造了第三类替代模型。除了模糊偏好标准外，替代模型和我们的基础模型适用同样的模糊源、模糊性测量方法和经济设置。

2. 主要结果

图 A9 描绘了由各个替代模型生成的金融变量与模糊性程度的关系①。考虑了六个主要的金融变量，包括最优杠杆率、10 年期重组概率、10 年期破产概率、税收豁免价值、债券回收率和债券收益率价差。我们的基本模型和备选模型考虑了不同的模糊性度量方法、模糊偏好规范和模糊源，因此很难确定适用于全部模型的一般化模糊性程度度量。为了解决这一问题，我们从所有可能的非分散风险价格的有限空间的离散度来度量模糊性程度。以第一种备选模型为例进行说明。在该模型中，模糊性程度（记为 κ）与离差呈单调关系，该单调关系可表示为 $\max h_{\text{thijssen}} - \min h_{\text{thijssen}} = \hat{h} + \kappa - (\hat{h} - \kappa) = 2\kappa$，利用这种关系很容易得到模糊性程度与离散度的关系，即 $\kappa = 0.5(\max h_{\text{thijssen}} - \min h_{\text{thijssen}})$。这说明模糊性程度的"值"等于离散度的一半。因此，根据这样的思路，我们推导出另外三个模糊性测度，即对应的离散度乘以 0.5：

$$\psi = 0.5(\max h_{f_{\text{Lee}}} - \min h_{f_{\text{Lee}}}); \quad 0.5 h_{\max} = 0.5 \left\| \prod \right\|; \quad (2\phi r)^{0.5} = 0.5(\max h - \min h)$$

值得注意的是，在我们的基本模型中，虽然模糊性参数和模糊性程度是两个不同的经济量，但它们的含义本质上是相同的。当模糊性程度越大时，参数的值就会越高。

接下来，我们将讨论稳健性测试的结果。正如我们所看到的，考虑不确定性的效果下企业的财务杠杆率较低，获得的税收豁免利益较少，对资本重组的

---

① 利用第三种模型，我们还分析了主要的模型决策变量对于模糊规避参数（保持模糊性程度固定下）的比较静态。我们发现由模型生成的金融变量对该参数变化的敏感程度非常弱（介于 $10^{-7} \sim 10^{-11}$），但是这些敏感性的趋势与我们的基本模型大体一致。此外，少部分结果是不稳定的，因为寻根数值算法的精度控制设置的变化可能会导致在某些情况下算法无法正常收敛（算法只有在最大允许误差的大小设置为 10^{-9} 或更大时才会稳定收敛）。这意味着，当演算过程中的误差（如舍入误差）对模型结果的影响大于厌恶模糊参数变化的影响时，则无法消除的演算误差可能会扭曲比较静态的结果。

意愿较弱，选择更早的违约时间，以及出售承诺更高收益率价差和更低回收率的债券。这些结论与发现适用于所有模型。它们一致表明，我们在正文中讨论的理论预测结果并非基于特定的模糊源、模糊偏好规范以及模糊性的度量方法。

图 A9 中另一个值得注意的发现是，资本结构变量对备选模型的模糊性的敏感性要比我们的基本模型弱得多。此外，与我们模型的结果相比，备选模型的结果与相应的实证数据的偏差似乎更加明显（参见第三类备选模型的税收豁免价值）。然而，这些发现并不意味着之前关于模糊性在改进权衡模型相对于实证数据的拟合优度方面的重要性的结论在备选模型中是夸大或无效的。这是因为，正如前面所讨论的，我们的基本模型和备选模型是建立在不同的模糊性度量方法、模糊偏好规范和模糊源之上的。目前从宏观经济变量校准模糊的策略（详见第三章第四节）仅适用于我们的基本模型。如果想要正确地评估备选模型中模糊厌恶效应的大小，他们需要额外的模糊参数的校准策略，并且可能必须调用结构估计技术。在分析时，我们之所以对所有模型都选取相同的模糊性程度，

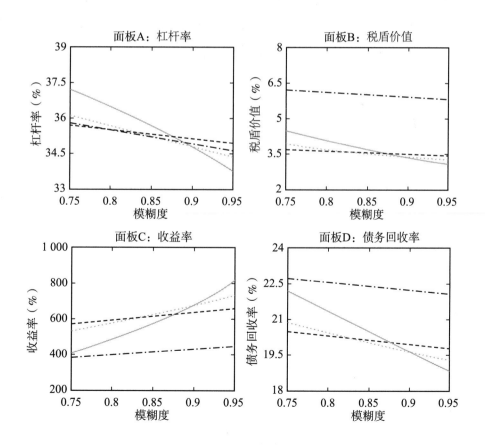

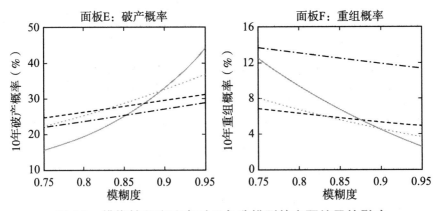

图 A9　模糊性程度改变对于备选模型的主要结果的影响

注：本图绘制了模糊性程度改变对三种备选模型的主要结果的影响。实线、虚线、虚线和虚线分别描述了我们的模型、第一种备选模型、第二种备选模型和第三种备选模型预测的结果。除了模糊相关的参数外，我们在模型参数的基准水平上进行校准。在我们的模型、第一种、第二种和第三种备选模型中，衡量模糊性程度的参数分别为 $(2\phi r)^{0.5}$、κ、ψ 和 $0.5h_{max}$。

是为了让读者能够在单一图表中方便地比较来自不同备选模型的预测结果。我们认为，模糊规避对于最优财务杠杆的使用、重组可能性和杠杆调整规模的负面影响以及相关的主要结论在所有备选模型中都是有效的。

附录 7　定理 5.2 及命题 5.1 的证明

1. 定理 5.1 的证明

在开始之前，基于推导证明的需要，我们首先针对首次通过时间模型的概率法则，介绍相关的辅助定理及理论。

引理 A7.1　假设 τ 表示由随机过程 Y 所产生的首次通过时间，具体定义为 $\tau := \inf(t \in [0, T] : Y(t) = 0)$。随机过程 Y 的动态过程为 $dY(t) = \nu dt + \sigma dB_Q(t)$，其中，$\nu \in \Re$ 为漂移项，$\sigma > 0$ 为扩散项，$Y(0) = y(0)$ 为初始条件，Y 服从一个在完备概率空间 $(\Omega, \mathcal{F}, Q)$ 里的单维标准布朗运动，则随机变量 τ 在 Q 测度下的概率分布函数为：给定任意 $0 \leqslant t \leqslant T$，

$$P_Q(\tau \leqslant t) = N[h_1(t)] + e^{-2\nu\sigma^{-2}y(0)} N[h_2(t)]$$

其中 $h_1(t) = \dfrac{[-y(0) - \nu t]}{\sigma\sqrt{t}}$ 和 $h_2(t) = \dfrac{[-y(0) + \nu t]}{\sigma\sqrt{t}}$。

证明引理 A7.1：给定任意 $0 \leqslant t \leqslant T$，

$$P_Q(\tau > t) = P_Q(\inf_{0 \leqslant s \leqslant t} Y(s) \geqslant 0) = P_Q(\inf_{0 \leqslant s \leqslant t} X(s) \geqslant -y(0)) \tag{A7.1}$$

其中 $X(s) := \nu s + \sigma B_Q(s)$。根据穆希拉和卢特考斯基（Musiela and Rutkowski, 1997）的推理 B.3.4，我们已知对于任意 $x < 0$，

$$P_Q(\inf_{0 \leqslant s \leqslant t} X(s) \geqslant x) = N[(-x + \nu t)(\sigma\sqrt{t})^{-1}] - e^{2\nu\sigma^{-2}x} N[(x + \nu t)(\sigma\sqrt{t})^{-1}]$$

将上式与式（A7.1）合并后可得到引理 A7.1 的结果。

引理 A7.2　假设 $M(t)$ 表示单维布朗运动 Y 在区间 $[0, t]$ 的最大值，给定 $y \geqslant x \geqslant 0$，$(M(t), Y(t))$ 的联合概率密度函数为

$$f_{Y,M}(x, y) = -\frac{\partial^2 P_Q(Y(t) \leqslant x, M(t) \geqslant y)}{\partial x \partial y} = -\frac{\partial^2 \left\{1 - N\left[\dfrac{(2y - x)}{t^{1/2}}\right]\right\}}{\partial x \partial y}$$

$$= \left[\frac{(2y - x)}{t^{3/2}}\right]\sqrt{\frac{2}{\pi}}\exp\left[-\frac{(2y - x)^2}{(2t)}\right].$$

证明引理 A7.2：参见克雷巴纳（2004）的理论 3.21。

我们接着推导在 R 测度下给定信息流 $\mathcal{F}_0 = \mathcal{F}_0^A \vee \mathcal{F}_0^B$ 的 τ^A 的存活概率公式，利用贝叶斯法则可知

$$P_R(\tau^A > t \mid \mathcal{F}_0) = P_R(\tau^A > t \mid \mathcal{F}_0 \vee \{\tau^B > t\}) P_R(\tau^B > t \mid \mathcal{F}_0)$$
$$+ P_R(\tau^A > t \mid \mathcal{F}_0 \vee \{\tau^B \leq t\}) P_R(\tau^B \leq t \mid \mathcal{F}_0)$$
$$:= I_1(t) I_3(t) + I_2(t)[1 - I_3(t)] \qquad (A7.2)$$

首先，针对 I_1 项，通过推导可得：

$$I_1(t) := P_R(\tau^A > t \mid \mathcal{F}_0 \vee \{\tau^B > t\}) = 1 - P_R(\tau^A \leq t \mid \mathcal{F}_0 \vee \{\tau^B > t\})$$
$$= 1 - P_R(\inf_{0 \leq s \leq t} V^A(s) \leq F^A + 1_{(\tau^B \leq s)} d \mid \mathcal{F}_0 \{\tau^B > t\})$$
$$= 1 - P_R(\inf_{0 \leq s \leq t} V^A(s) \leq F^A \mid \mathcal{F}_0 \{\tau^B > t\})$$

将 $y(0) = \ln\left(\dfrac{V^A(0)}{F^A}\right)$，$\nu = \lambda_A$，和 $\sigma = \sigma_{V^A}$ 代入辅助引理 A7.1 并应用此辅助定理可进一步求得

$$I_1(t) = N\left(\frac{\ln\left(\dfrac{V^A(0)}{F^A}\right) + \lambda_A t}{\sigma_{V^A}\sqrt{t}}\right) - e^{2\lambda_A[\ln F^A - \ln V^A(0)]\sigma_{V^A}^{-2}} N\left(\frac{\ln\left(\dfrac{F^A}{V^A(0)}\right) + \lambda_A t}{\sigma_{V^A}\sqrt{t}}\right)$$

$$= N[n_1(t)] - \left(\frac{F^A}{V^A(0)}\right)^{x_A} N[n_2(t)]. \qquad (A7.3)$$

其次，针对 I_2 项，利用简单的运算可将该项改写如下：

$$I_2(t) := P_R(\tau^A > t \mid \mathcal{F}_0 \vee \{\tau^B \leq t\})$$
$$= P_R(\inf_{0 \leq s \leq t} V^A(s) \geq F^A + 1_{(\tau^B \leq s)} d \mid \mathcal{F}_0 \vee \{\tau^B \leq t\})$$
$$= P_R(\inf_{0 \leq s \leq \tau^B} V^A(s) \geq F^A, \ \inf_{\tau^B \leq s \leq t} V^A(s) \geq F^A + d \mid \mathcal{F}_0 \vee \{\tau^B \leq t\})$$
$$= E_R(1_{\theta_1} 1_{\theta_2} \mid \mathcal{F}_0 \vee \{\tau^B \leq t\}) \qquad (A7.4)$$

其中 $\theta_1 := \{\omega : \inf_{0 \leq s < \tau^B(\omega)} V^A(s, \omega) \geq F^A\}$ 和 $\theta_2 := \{\omega : \inf_{\tau^B(\omega) \leq s \leq t} V^A(s, \omega) \geq F^A + d\}$。

为了便于后续推导的进行，我们考虑一个右连续的跳跃过程：

$$J(t) = 1_{(\tau^B \leq t)}, \ 对于 \ t \in [0, \infty)$$

此跳跃过程 J 所产生的信息流 $(\mathcal{J}_t)_{t \geq 0} = \mathcal{J} \subset \mathcal{F}^A \vee \mathcal{F}^B$ 收集了在连续时间下对于随机变量 τ^B 的观测结果。于是，利用循环期望值理论可将式（A7.4）改写为

$$E_R(E_R(1_{\theta_1} P_R(\theta_2 \mid \mathcal{F}_{\tau^B}^A \vee \mathcal{F}_0^B \vee \mathcal{J}_t \vee \{\tau^B \leq t\}) \mid \mathcal{F}_0 \vee \mathcal{J}_t \vee \{\tau^B \leq t\}) \mid \mathcal{F}_0 \vee \mathcal{J}_t \vee \{\tau^B \leq t\}).$$

$$(A7.5)$$

接着，应用引理 A7.1 并给定 $y(0) = \ln\left(\dfrac{V^A(\tau^B)}{(F^A + d)}\right)$，$\nu = \lambda_A$，和 $\sigma = \sigma_{V^A}$，我们可

将 $P_R(\theta_2 \mid \mathcal{F}_{\tau^B}^{A} \vee \mathcal{F}_0^{B} \vee \mathcal{J}_t \vee \{\tau^B \leq t\}) := I_{2A}(t;\ V^A(\tau^B),\ \tau^B)$ 求解如下：

$$
I_{2A}(t;\ \tau^B = u,\ V^A(\tau^B) = x) = N\left(\frac{\ln x - \ln(F^A + d) + \lambda_A(t - u)}{\sigma_{V^A}\sqrt{t - u}}\right)
$$

$$
- N\left(\frac{\ln(F^A + d) - \ln x + \lambda_A(t - u)}{\sigma_{V^A}\sqrt{t - u}}\right) e^{2\lambda_A[\ln(F^A + d) - \ln x]\sigma_{V^A}^{-2}}
$$

$$
= N[n_3(t,\ u,\ x)] - N[n_4(t,\ u,\ x)]\left(\frac{F^A + d}{x}\right)^{x_A}.
$$

$$(A7.6)$$

另外，值得注意的是，给定信息流 $\mathcal{F}_0 \vee \mathcal{J}_t \vee \{\tau^B \leq t\}$ 时，式（A7.5）中的第二层条件期望值内仅有 $\inf\limits_{0 \leq s < \tau^B} V^A(s)$ 和 $V^A(\tau^B)$ 两项属于未知项。因此应用引理 A7.2 以及反射原理，我们可知此两项的联合概率密度函数为：给定任意 $x \geq y \geq 0$，

$$
f_{V,\inf V}\left(V^A(u) = x,\ \inf_{0 \leq s < u} V^A(s) = y \mid \mathcal{F}_0 \vee \mathcal{J}_t \vee \{\tau^B = u \leq t\}\right)
$$

$$
= -\frac{\partial^2 P_R\left(\inf\limits_{0 \leq s < u} V^A(s) \leq y,\ V^A(u) \geq x \mid \mathcal{F}_0 \mathcal{J}_t \vee \{\tau^B = u \leq t\}\right)}{\partial x \partial y}
$$

$$
= -\frac{\partial^2 \left\{N\left[\frac{(2\ln y - \ln x - \ln V^A(0) + \lambda_A u)}{(\sigma_{V^A}\sqrt{u})}\right]\left[\frac{y}{V^A(0)}\right]^{2\lambda_A \sigma_{V^A}^{-2}}\right\}}{\partial x \partial y}
$$

$$
= \frac{\sqrt{2}\ln\left(\frac{x V^A(0)}{y^2}\right)}{\sqrt{\pi} u^{3/2} \sigma_{V^A}^3 xy} \exp\left(\frac{(2\ln y - \ln x - \ln V^A(0) + \lambda_A u)^2}{-2\sigma_{V^A}^2 u}\right)\left(\frac{y}{V^A(0)}\right)^{x_A}
$$

$$(A7.7)$$

现在，我们将式（A7.6）、式（A7.7）代入式（A7.5）中，对该条件期望式进行改写。由于 $\theta_1 := \{\omega : \inf_{0 \leq s < \tau^B(\omega)} V^A(s, \omega) \geq F^A\}$ 和 $\theta_2 \supset \{\omega : V^A(\tau^B, \omega) \geq F^A + d\}$，可得

$$
E_R\left(\int_{F^A + d}^{\infty}\int_{F^A}^{x} I_{2A}(t;\ u,\ x) f_{V,\inf V}(x,\ y \mid \mathcal{F}_0 \vee \mathcal{J}_t \vee \{\tau^B = u \leq t\})\, dy\, dx \mid F_0 \vee \{\tau^B \leq t\}\right)
$$

$$(A7.8)$$

为准确解出式（A7.8）中的期望值，我们首先需要求解给定信息流 $\mathcal{F}_0 \vee \{\tau^B \leq t\}$，在 R 测度下随机变量 τ^B 的概率密度函数。即，对于 $u \leq t$，

$$
f_{\tau^B}(\tau^B = u \mid \mathcal{F}_0 \vee \{u \leq t\}) = \frac{\partial P_R(\tau^B \leq u \mid \mathcal{F}_0 \vee \{\tau^B \leq t\})}{\partial u}
$$

其中

$$P_R(\tau^B \leq u \mid \mathcal{F}_0 \vee \{\tau^B \leq t\}) = \frac{P_R(\tau^B \leq u, \ \tau^B \leq t \mid \mathcal{F}_0)}{P_R(\tau^B \leq t \mid \mathcal{F}_0)}$$

$$= \frac{P_R(\tau^B \leq u \mid \mathcal{F}_0)}{P_R(\tau^B \leq t \mid \mathcal{F}_0)} = [1 - I_3(u)][1 - I_3(t)]^{-1}$$

我们再次将 $y(0) = \ln\left(\dfrac{V^B(0)}{F^B}\right)$、$\nu = \lambda_B$ 和 $\sigma = \sigma_{V^B}$ 代入引理 A5.1,可得:

$$I_3(t) = N\left(\frac{\ln\left(\dfrac{V^B(0)}{F^B}\right) + \lambda_B t}{\sigma_{V^B}\sqrt{t}}\right) - \left(\frac{F^B}{V^B(0)}\right)^{x_B} N\left(\frac{\ln\left(\dfrac{F^B}{V^B(0)}\right) + \lambda_B t}{\sigma_S\sqrt{t}}\right)$$

$$= N[n_5(t)] - \left(\frac{F^B}{V^B(0)}\right)^{x_B} N[n_6(t)]. \tag{A7.9}$$

基于式(A7.9),给定信息流 $\mathcal{F}_0 \vee \{\tau^B \leq t\}$,在 R 测度下,$\tau^B = u$ 的概率密度函数为

$$f_{\tau^B}(u \mid \mathcal{F}_0 \vee \{u \leq t\}) = \left\{\left(\frac{F^B}{V^B(0)}\right)^{x_B}(2\pi)^{-0.5}\exp(-n_6(u)^2 2^{-1})[2\lambda_B - u^{-1}(-b + \lambda_B u)]\right.$$

$$\times (2\sigma_{V^B}\sqrt{u})^{-1} - (2\pi)^{-0.5}\exp(-n_5(u)^2 2^{-1})[2\lambda_B - u^{-1}(b + \lambda_B u)]$$

$$\left. \times (2\sigma_{V^B}\sqrt{u})^{-1}\right\}\left\{1 - N[n_5(t)] + \left(\frac{F^B}{V^B(0)}\right)^{x_B}N[n_6(t)]\right\}^{-1}$$

$$= \frac{f_{\tau^B}(u \mid \mathcal{F}_0)}{(1 - I_3(t))} \tag{A7.10}$$

当我们把式(A7.8)和式(A7.10)结合,可得

$$I_2(t) = \int_0^t \int_{F^A+d}^\infty \int_{F^A}^x I_{2A}(t; u, x) f_{V,\mathrm{inf}V}(x, y \mid \mathcal{F}_0 \vee \mathcal{J}_t \vee \{u \leq t\}) f_{\tau^B}(u \mid \mathcal{F}_0 \vee \{u \leq t\}) \, dy \, dx \, du$$

$$\tag{A7.11}$$

最后,将式(A7.3)、式(A7.6)、式(A7.7)和式(A7.9)~式(A7.11)代入式(A7.2)中,证毕。

2. 命题 5.1 的证明

由于前文已给出推导 $F_{\tau^A}(\cdot)$ 的详细过程,故此部分的主要工作在于求解 $E_R(V^A(\tau^A)e^{-r\tau^A}1_{(\tau^A \leq T)} \mid \mathcal{F}_0)$。由式(5.2)可知,在违约时间点,主体公司的剩余资产的价值为 $V^A(\tau^A) = F^A + 1_{(\tau^A > \tau^B)}d + 1_{(\tau^A = \tau^B)}\varphi$,其中 φ 是在信息流 $\mathcal{F}_{\tau^B}^A$ 下可测的(measurable)随机变量,其定义域为 Ω,值域为 $[0, d]$,因此可得

$$I_4 := E_R(V^A(\tau^A)e^{-r\tau^A}1_{(\tau^A \leq T)} \mid \mathcal{F}_0) = E_R(F^A e^{-r\tau^A}1_{(\tau^A \leq T)} \mid \mathcal{F}_0)$$

$$+ E_R(de^{-r\tau^A}1_{(\tau^B < \tau^A \leqslant T)} \mid \mathcal{F}_0) + E_R(\varphi e^{-r\tau^A}1_{(\tau^B = \tau^A \leqslant T)} \mid \mathcal{F}_0)$$

$$:= I_{4A} + I_{4B} + I_{4C} \tag{A7.12}$$

给定信息流 $\mathcal{F}_0$ 和在 R 测度下随机变量 τ^A 的概率密度函数 f_{τ^A}，我们首先可求解 I_{4A} 的公式如下

$$I_{4A} = \int_0^T F^A f_{\tau^A}(t \mid \mathcal{F}_0) e^{-rt} dt \tag{A7.13}$$

其中，$f_{\tau^A}(t \mid \mathcal{F}_0) = -\dfrac{\partial F_{\tau^A}(t \mid \mathcal{F}_0)}{\partial t}$。

接着求解 I_{4B} 项，连续使用两次循环期望值理论后，可得

$$I_{4B} = E_R(E_R(E_R(de^{-r\tau^A}1_{(\tau^B < \tau^A \leqslant T)} \mid \mathcal{F}_{\tau^B}^{\mathcal{A}} \lor \mathcal{F}_0^{\mathcal{B}} \lor \mathcal{J}_T) \mid \mathcal{F}_0 \lor \mathcal{J}_T) \mid \mathcal{F}_0) \tag{A7.14}$$

我们已知

$$1_{(\tau^B < \tau^A \leqslant T)} = 1_{(\tau^B \leqslant T)} 1_{(\tau^A \leqslant T)} 1_{(\tau^B < \tau^A)}$$

其中

$$\{\omega : \tau^B(\omega) < \tau^A(\omega) \leqslant T\} \equiv \{\omega : \inf_{0 \leqslant s \leqslant \tau^B} V^A(s, \omega) \geqslant F^A, V^A(\tau^B, \omega) \in [F^A + d, \infty]\}$$

$$\cap \{\omega : \inf_{\tau^B \leqslant s \leqslant T} V^A(s, \omega) \leqslant F^A + d\} \cap \{\omega : \inf_{0 \leqslant s \leqslant T} V^B(s, \omega) \leqslant F^B\}$$

因为给定信息流 $\mathcal{F}_{\tau^B}^{\mathcal{A}} \lor \mathcal{F}_0^{\mathcal{B}} \lor \mathcal{J}_T$ 下，τ^B、$\inf_{0 \leqslant s < \tau^B} V^A(s)$ 和 $V^A(\tau^B)$ 都是可测的，所以我们可将式（A7.14）改写为

$$E_R(E_R(E_R(de^{-r\tau^A}1_{(\tau^A \leqslant T)} \mid \mathcal{F}_{\tau^B}^{\mathcal{A}} \lor \mathcal{F}_0^{\mathcal{B}} \lor \mathcal{J}_T) 1_{(\tau^B \leqslant T)} 1_{(\tau^B < \tau^A)} \mid \mathcal{F}_0 \lor \mathcal{J}_T) \mid \mathcal{F}_0)$$

$$\tag{A7.15}$$

上式中，在 R 测度下，给定信息流 $\mathcal{F}_{\tau^B}^{\mathcal{A}} \lor \mathcal{F}_0^{\mathcal{B}} \lor \mathcal{J}_T$ 时，$\tau^A = s$ 的概率密度函数为：给定任意 $\tau^B < s \leqslant T$，

$$f_{\tau^A}(s \mid \mathcal{F}_{\tau^B}^{\mathcal{A}} \lor \mathcal{F}_0^{\mathcal{B}} \lor \mathcal{J}_T) \equiv f_{\tau^A}(s \mid \mathcal{F}_{\tau^B}^{\mathcal{A}} \lor \mathcal{F}_0^{\mathcal{B}} \lor \mathcal{J}_T \lor \{V^A(\tau^B) = x\})$$

$$= -\frac{\partial P_R(\tau^A > s \mid \mathcal{F}_{\tau^B}^{\mathcal{A}} \lor \mathcal{F}_0^{\mathcal{B}} \lor \mathcal{J}_T \lor \{V^A(\tau^B) = x\})}{\partial s}$$

$$= \left[\frac{(F^A + d)}{x}\right]^{x_A} (2\pi)^{-0.5} \exp(-n_4(s, \tau^B, x)^2 2^{-1}) (2\sigma_{V^A} \sqrt{s - \tau^B})^{-1}$$

$$\times \left\{2\lambda_A - (s - \tau^B)^{-1} \left(\ln\left[\frac{(F^A + d)}{x}\right] + \lambda_A(s - \tau^B)\right)\right\}$$

$$- (2\pi)^{-0.5} \exp(-n_3(s, \tau^B, x)^2 2^{-1}) (2\sigma_{V^A} \sqrt{s - \tau^B})^{-1}$$

$$\times \left\{2\lambda_A - (s - \tau^B)^{-1} \left(\ln\left[\frac{x}{(F^A + d)}\right] + \lambda_A(s - \tau^B)\right)\right\} \tag{A7.16}$$

将式（A7.16）与式（A7.15）合并，可得

$$E_R\left(E_R\left(1_{(\tau^A\leqslant T)}1_{(\tau^B<\tau^A)}\int_{\tau_+^B}^T de^{-rs}f_{\tau^A}(s\mid \mathcal{F}_{\tau^B}^{\mathcal{A}}\vee\mathcal{F}_0^{\mathcal{B}}\vee\mathcal{J}_T\vee\{V^A(\tau^B)=x\})ds\mid\mathcal{F}_0\vee\mathcal{J}_T\right)\mid\mathcal{F}_0\right)$$

$$(A7.17)$$

由于 $\{\omega:\tau^B(\omega)<\tau^A(\omega),\ \omega\in\Omega\}\equiv\{\omega:\inf_{0\leqslant s<\tau^B(\omega)}V^A(s,\omega)\geqslant F^A,\ V^A(\tau^B,\omega)\in[F^A+d,\ \infty]\}$ 以及给定信息流 $\mathcal{F}_0\vee\mathcal{J}_T$ 时，随机变量 τ^B 是可测的，式（A7.17）可进一步改写成

$$E_R\left(1_{(\tau^B\leqslant T)}\int_{F^A+d}^\infty\int_{F^A}^x\int_{\tau_+^B}^T de^{-rs}f_{\tau^A}(s\mid\mathcal{F}_{\tau^B}^{\mathcal{A}}\vee\mathcal{F}_0^{\mathcal{B}}\vee\mathcal{J}_T\vee\{V^A(\tau^B)=x\})\right.$$

$$\left.\times f_{V,infV}(x,\ y\mid\mathcal{F}_0\vee\mathcal{J}_T\vee\{\tau^B\leqslant T\})ds\,dy\,dx\mid\mathcal{F}_0\right)$$

我们再次使用 R 测度下，随机变量 τ^B 的概率密度函数可得

$$I_{4B}=\int_0^T\int_{F^A+d}^\infty\int_{F^A}^x\int_{t_+}^T de^{-rs}f_{\tau^A}(s\mid\mathcal{F}_t^{\mathcal{A}}\vee\mathcal{F}_0^{\mathcal{B}}\vee\mathcal{J}_T\vee\{V^A(t)=x\})$$

$$f_{V,infV}(x,\ y\mid\mathcal{F}_0\vee\mathcal{J}_T\vee\{t\leqslant T\})\times f_{\tau^B}(t\mid\mathcal{F}_0)ds\,dy\,dx\,dt \qquad(A7.18)$$

最后，我们求解 I_{4C} 项，利用循环期望值理论，可得

$$I_{4C}=E_R(E_R(\varphi 1_{\theta_3}\mid\mathcal{F}_0\vee\mathcal{J}_T)e^{-r\tau^B}1_{\{\tau^B\leqslant T\}}\mid\mathcal{F}_0)$$

其中已知 $\theta_3:=\{\omega:\tau^B(\omega)=\tau^A(\omega)\}\equiv\{\omega:\inf_{0\leqslant s<\tau^B}V^A(s,\omega)\geqslant F^A,\ V^A(\tau^B,\omega)\in[F^A,\ F^A+d]\}$ 和 $1_{\{\tau^B=\tau^A\}}1_{\{\tau^A\leqslant T\}}\equiv 1_{\{\tau^B=\tau^A\}}1_{\{\tau^B\leqslant T\}}$。由于给定 θ_3 主体公司的剩余资产价值为

$$V^A(\tau^A)=F^A+\varphi=V^A(\tau^B),$$

所以使用联合概率密度函数 $f_{V,infV}(x,\ y\mid\mathcal{F}_0\vee\mathcal{J}_T\vee\{\tau^B\leqslant T\})$，可进一步推导 I_{4C} 如下：

$$E_R\left(\int_{F^A}^{F^A+d}\int_{F^A}^x(x-F^A)f_{V,infV}(x,\ y\mid\mathcal{F}_0\vee\mathcal{J}_T\vee\{\tau^B\leqslant T\})dy\,dx\,e^{-r\tau^B}1_{\{\tau^B\leqslant T\}}\mid\mathcal{F}_0\right)。$$

我们再次使用 R 测度下，随机变量 τ^B 的概率密度函数，可得

$$I_{4C}=\int_0^T\int_{F^A}^{F^A+d}\int_{F^A}^x(x-F^A)f_{V,infV}(x,\ y\mid\mathcal{F}_0\vee\mathcal{J}_T\vee\{t\leqslant T\})f_{\tau^B}(t\mid\mathcal{F}_0)e^{-rt}dy\,dx\,dt$$

$$(A7.19)$$

最后，将式（A7.13）、式（A7.18）和式（A7.19）代入式（A7.12）中，即可完成证明。

参考文献

［1］ 高金窑：《奈特不确定性与非流动资产定价：理论与实证》，载《经济研究》2013 年第 10 期，第 82～97 页。

［2］ 高金窑、李仲飞：《模型不确定性条件下稳健投资行为与资产定价》，载《系统工程学报》2009 年第 5 期，第 546～552 页。

［3］ 韩立岩、泮敏：《基于奈特不确定性随机波动率期权定价》，载《系统工程理论与实践》2012 年第 6 期，第 1175～1183 页。

［4］ 吉云、姚洪心：《奈特不确定性下企业家创新的微观决策——基于四种公理化模型的比较分析》，载《制度经济学研究》2012 年第 2 期，第 73～96 页。

［5］ 李仲飞、高金窑：《模型不确定性条件下的一般均衡定价》，载《系统工程理论与实践》2011 年第 12 期，第 2272～2280 页。

［6］ 梁勇、费为银、姚远浩、芮亚运：《通胀和奈特不确定下的养老金最优投资研究》，载《工程数学学报》2015 年第 3 期，第 337～347 页。

［7］ 潘磊、费为银：《奈特不确定下考虑红利和机制转换的最优消费投资》，载《应用数学与计算数学学报》2014 年第 2 期，第 237～247 页。

［8］ 徐元栋：《投资者的奈特不确定性情绪与股市巨幅波动》，载《系统工程学报》2015 年第 30 卷第 6 期，第 736～745 页。

［9］ 张维迎：《中国国有企业资本结构存在问题》，载《金融研究》1996 年第 10 期，第 27～29 页。

［10］ 祖纷、费为银、刘鹏：《通胀环境下股价波动率具有奈特不确定的最优消费与投资问题》，载《数学理论与应用》2013 年第 4 期，第 6～14 页。

［11］ Acharya, V., Das, S., and Sundaram, R. (2002), Pricing Credit Derivatives with Rating Transitions, *Financial Analysts Journal* 58, 28–44.

［12］ Adams, W., Einav, L., and Levin, J. (2009), Liquidity Constraints and Imperfect Information in Subprime Lending, *American Economic Review* 99, 49–84.

[13] Altinkilic, O., and Hansen, R. S. (2000), Are there Economies of Scale in Underwriter Fee? Evidence of Rising External Financing Costs, *Review of Financial Studies* 13, 191 – 218.

[14] Andrade, G., and Kaplan, S. (1998), How Costly is Financial (Not Economic) Distress? Evidence from Highly Leveraged Transactions that Became Distressed, *Journal of Finance* 53, 1443 – 1493.

[15] Angoua, P., Lai, V., and Soumare, I. (2008), Project Risk Choices under Privately Guaranteed Debt Financing, *Quarterly Review of Economics and Finance* 48, 123 – 152.

[16] Babkin, A., Glover, B., and Levine, O. (2017), Are Corporate Inversions Good for Shareholders? *Journal of Financial Economics* 126, 227 – 251.

[17] Baker, Malcolm P., and Jeffrey Wurgler. (2002), Market Timing and Capital Structure, *Journal of Finance* 57, 1 – 32.

[18] Balter, A., and Pelsser, A. (2015), Pricing and Hedging in Incomplete Markets with Model Ambiguity, working paper, Maastricht University.

[19] Beck, T., Klapper, L. F., and Mendoza, J. C. (2010), The Typology of Partial Credit Guarantee Funds Around the World, *Journal of Financial Stability* 6, 10 – 25.

[20] Berk, J., Stanton, R., and J. Zechner (2010), Human Capital, Bankruptcy, and Capital Structure, *Journal of Finance* 65, 891 – 926.

[21] Bhamra, H. S., Kuhn, L., and Strebulaev, I. (2010), The Aggregate Dynamics of Capital Structure and Macroeconomic Risk, *Review of Financial Studies* 23, 4187 – 4241.

[22] Bharath, S. T., Pasquariello, P., and Wu, G. (2009), Does Asymmetric Information Drive Capital Structure Decisions? *Review of Financial Studies* 22, 3211 – 3243.

[23] Black, F., and Cox, J. (1976), Valuing Corporate Securities: Some Effects of Bond Indenture Provisions, *Journal of Finance* 31, 351 – 367.

[24] Boyarchenko, N. (2012), Ambiguity Shifts and the 2007—2008 Financial Crisis, *Journal of Monetary Economics* 59, 493 – 507.

［25］Boyle, P. , Feng, S. , Tian, W. , and Wang, T. (2008), Robust Stochastic Discount Factors. *Review of Financial Studies* 21, 1077 – 1122.

［26］Brennan, M. , and Schwartz, E. S. (1978), Corporate Income Taxes, Valuation, and the Problem of Optimal Capital Structure, *Journal of Business* 51, 103 – 114.

［27］Brennan, M. , Wang, A. , and Xia, Y. (2001), Intertemporal Capital Asset Pricing and the Fama – French Three Factor Model, Working paper, UCLA.

［28］Brigo, D. , and Tarenghi, M. (2005), Credit Default Swap Calibration and Counterparty Risk Valuation with a Scenario Based First Passage Model, Working paper, King's College.

［29］Cantor, R. , and Packer, F. (1994), The Credit Rating Industry, *The Journal of Fixed Income*, 1 – 26.

［30］Cao, C. , Simin, T. , and Zhao, J. (2008), Can Growth Options Explain the Trend in Idiosyncratic Risk? *Review of Financial Studies* 21, 2599 – 2633.

［31］Carlson, M. and Lazrak, A. (2010), Leverage Choice and Credit Spreads when Managers Risk Shift, *Journal of Finance* 65, 2323 – 2362.

［32］Cecchetti, S. G. , Lam, P. S. , and Mark, N. (2000), Asset Pricing with Distorted Beliefs: Are Equity Returns Too Good to Be True? *American Economic Review* 90, 787 – 805.

［33］Chang, C. , Chung, S. L. , and Yu, M. (2006), Loan Guarantee Portfolios and Joint Loan Guarantee with Stochastic Interest Rate, *Quarterly Review of Economics and Finance* 46, 16 – 35.

［34］Chang, C. , and Yu, M. (2009), Valuing Mortgage Insurance Contracts with Counterparty Risk and Capital Forbearance, Working paper, National Kaohsiung University of Applied Science.

［35］Chatelain, J. , and Teurlai, J. (2006), Euler Investment Decision, Leverage, and Cash Flow Misspecification: An Empirical Analysis on A Panel of French Manufacturing Firms, *Journal of Macroeconomics* 28, 361 – 374.

［36］Chen, H. (2010), Macroeconomic Conditions and the Puzzles of Credit Spreads and Capital Structure, *Journal of Finance* 65, 2171 – 2212.

［37］ Chen, C. , and Chang, C. (2019), How Big Are the Ambiguity-based Premiums on Mortgage Insurance? *Journal of Real Estate Finance and Economics* 58, 133 – 157.

［38］ Chen, Z. , and Epstein, L. (2002), Ambiguity, Risk and Asset Returns in Continuous Time, *Econometrica* 70, 1403 – 1443.

［39］ Chen, H. , Ju, N. , and Miao, J. (2014), Dynamic Asset Allocation with Ambiguous Return Predictability, *Review of Economic Dynamics* 17, 799 – 823.

［40］ Chen, H. , Miao, J. , and Wang, N. (2010), Entrepreneurial Finance and Nondiversifiable Risk, *Review of Financial Studies* 23, 4348 – 4388.

［41］ Chen, C. , Shyu, S. , and Yang, C. (2011), Counterparty Effects on Capital Structure Decision in Incomplete Markets, *Economic Modelling* 28, 2181 – 2189.

［42］ Chen, C. , and Yeh, C. (2018), Ambiguity Aversion, Corporate Debt, and Capital Structure, Working paper, Zhongnan University of Economics and Law.

［43］ Chi, L. C. , and Tang, T. C. (2008), The Response of Industry Rivals to Announcements of Reorganization Filing, *Economic Modelling* 25, 13 – 23.

［44］ Christensen, J. , Hansen, E. , and Lando, D. (2004), Confidence Sets for Continuous-time Rating Transition Probabilities, *Journal of Banking and Finance* 28, 2575 – 2602.

［45］ Cleary, S. (1999), The Relationship Between Firm Investment and Financial Status, *Journal of Finance* 54, 673 – 692.

［46］ Cleary, S. (2006), International Corporate Investment and the Relationships Between Financial Constraint Measures, *Journal of Banking and Finance* 30, 1559 – 1580.

［47］ Cochrane, J. , and Saa – Requejo, J. (2000), Beyond Arbitrage: Good – Deal Asset Price Bounds in Incomplete Markets, *Journal of Political Economy* 108, 79 – 119.

［48］ Coculescu, D. , Geman, H. , and Jeanblanc, M. (2008), Valuation of Default Sensitive Claim under Imperfect Information, *Finance and Stochastics* 12, 195 – 218.

［49］ Collin – Dufrasne, P. , and Goldstein, R. (2001), Do Credit Spreads

Reflect Stationary Leverage Ratios? *Journal of Finance* 56, 1929 – 1957.

［50］ Cont, R. (2006), Model Uncertainty and Its Impact on Derivative Instrument, *Mathematical Finance* 16, 519 – 542.

［51］ Cont, R., and Deguest, R. (2013), Equity Correlation Implied by Index Options: Estimation and Model Uncertainty Analysis, *Mathematical Finance* 23, 496 – 530.

［52］ Das, S., and Tufano, P. (1996), Pricing Credit-sensitive Debt When Interest Rates, Credit Rating, and Credit Spread are Stochastic, *Journal of Financial Engineering* 5, 161 – 198.

［53］ David, A. (2008), Inflation Uncertainty, Asset Valuation, and the Credit Spread Puzzle, *Review of Financial Studies* 21, 2487 – 2534.

［54］ Davydenko, S., Strebulaev, I., and Zhao, X. (2012), A Market-based Study of the Cost of Default, *Review of Financial Studies* 25, 2959 – 2999.

［55］ Demarzo, P. M., and Sannikov, Y. (2006), Optimal Security Design and Dynamic Capital Structure in a Continuous – Time Agency Model, *Journal of Finance* 61, 2681 – 2724.

［56］ Duffie, D., and Lando, D. (2001), Term Structure of Credit Risk with Incomplete Accounting Observations, *Econometrica* 69, 633 – 664.

［57］ Duffie, D., and Zhu, H. (2009), Does a Central Clearing Counterparty Reduce Counterparty Risk? Working paper, Stanford University.

［58］ Easley, D., and O'Hara, M. (2010), Microstructure and Ambiguity, *Journal of Finance* 65, 1817 – 1846.

［59］ Ederington, L. H., and Goh, J. C. (1998), Bond Rating Agencies and Stock Analysts: Who Knows What When? *Journal of Financial and Quantitative Analysis* 33, 569 – 585.

［60］ Edwards, A., Harris, L., and Piwowar, M. (2007), Corporate Bond Market Transaction Costs and Transparency, *Journal of Finance* 62, 1421 – 1451.

［61］ Eisfeldt, A. L. (2007), Smoothing with Liquid and Illiquid Assets, *Journal of Monetary Economics* 54, 1572 – 1586.

［62］ Ellsberg, D. (1961), Risk, Ambiguity, and the Savage Axioms, *Quar-*

terly Journal of Economics 75, 643 – 669.

［63］Epstein, L. , and Schneider, M. (2008), Ambiguity, Information Quality and Asset Pricing, *Journal of Finance* 63, 97 – 228.

［64］Epstein, L. , and Wang, T. (1994), Intertemporal Asset Pricing under Knightian Uncertainty, *Econometrica* 62, 283 – 322.

［65］Fama, E. , and French, K. (2002), Testing Trade-off and Pecking Order Predictions about Dividends and Debt, *Review of Financial Studies* 15, 1 – 33.

［66］Federal Deposit Insurance Corporation, (2010), Monthly Report Related to the Temporary Liquidity Guarantee Program. Available at: www. fdic. gov.

［67］Fischer, E. , Heinkel, R. , and J. Zechner (1989), Dynamic capital structure choice: Theory and tests, *Journal of Finance* 44, 19 – 40.

［68］Flannery, M. J. , and Rangan, K. P. (2006), Partial Adjustment toward Target Capital Structures, *Journal of Financial Economics* 79, 469 – 506.

［69］Frey R. , and Runggaldier, W. (2010), Pricing Credit Derivatives under Incomplete Information: A Nonlinear-filtering Approach, *Finance and Stochastics* 14, 495 – 526.

［70］Gagliardini, P. , Porchia, P. , and Trojani, F. (2009), Ambiguity Aversion and the Term Structure of Interest Rates, *Review of Financial Studies* 22, 4157 – 4188.

［71］Garlappi, L. , Giammarino, R. , and Lazrak, A. (2017), Ambiguity and the Corporation: Group Disagreement and Underinvestment, *Journal of Financial Economics* 125, 417 – 433.

［72］Garlappi, L. , Uppal, R. , and Wang, T. (2007), Portfolio Selection with Parameter and Model Uncertainty: A Multi-prior Approach, *Review of Financial Studies* 20, 41 – 95.

［73］Ghirardato, P. , Maccheroni, F. , and Marinacci, M? . (2004), Differentiating Ambiguity and Ambiguity Attitude, *Journal of Economic Theory* 118, 133 – 173.

［74］Gibson, R. , and Mougeot, N. (2004), The Pricing of Systematic Liquidity Risk: Empirical Evidence from the US Stock Market, *Journal of Banking and*

Finance 28, 157 – 178.

[75] Gilboa, I., and Schmeidler, D. (1989), Maxmin Expected Utility with Non-unique Priors, *Journal of Mathematical Economics* 18, 141 – 153.

[76] Glover, B. (2016), The Expected Cost of Default, *Journal of Financial Economics* 119, 284 – 299.

[77] Glover, B., and Levine, O. (2017), Idiosyncratic Risk and the Manager, *Journal of Financial Economics* 126, 320 – 341.

[78] Goh, J. C., and Ederington, L. H. (1993), Is a Bond Rating Downgrade Bad News, Good News, or No News for Stockholders? *Journal of Finance* 48, 2001 – 2008.

[79] Goldstein, R., Ju, N., and Leland, H. (2001), An EBIT – Based Model of Dynamic Capital Structure, *Journal of Business* 74, 483 – 512.

[80] Graham, J. (2000), How Big Are the Tax Benefits of Debt? *Journal of Finance* 55, 1901 – 1941.

[81] Graham, J., and Harvey, C. (2001), The Theory and Practice of Corporate Finance: Evidence from the Field, *Journal of Financial Economics* 60, 187 – 243.

[82] Graham, J., Lang, M. H., and Shakelford, D. A. (2004), Employee Stock Options, Corporate Taxes, and Debt Policy, *Journal of Finance* 59, 1585 – 1615.

[83] Graham, J. and Leary, M. (2011), A Review of Empirical Capital Structure Research and Direction for the Future, *Annual Review of Financial Economics* 3, 309 – 345.

[84] Graham, J., and D. Rogers (2002), Do Firms Hedge in Response to Tax Incentive? *Journal of Finance* 57, 815 – 839.

[85] Guay, W., and S. Kothari (2003), How Much Do Firms Hedge with Derivatives? *Journal of Financial Economics* 70, 423 – 461.

[86] Guttler, A., and Wahrenburg, M. (2007), The Adjustment of Credit Rating in Advance of Defaults, *Journal of Banking and Finance* 31, 751 – 767.

[87] Hackbarth, D., Miao, J., and Morellec, E. (2006), Capital Structure, Credit Risk, and Macroeconomic Conditions, *Journal of Financial Economics* 82, 519 – 550.

〔88〕 Hand, J., Holthausen, R., and Leftwich, R. (1992), The Effect of Bond Rating Agency Announcement on Bond and Stock Prices, *Journal of Finance* 47, 733 – 752.

〔89〕 Hansen, L., and Jagannathan, R. (1991), Implications of Security Market Data for Models of Dynamic Economics, *Journal of Political Economy* 99, 225 – 262.

〔90〕 Hansen, L., and Jagannathan, R. (1997), Assessing Specification Errors in Stochastic Discount Factor Models, *Journal of Finance* 52, 557 – 590.

〔91〕 Hansen, L., and Sargent, T. (2008), Robustness, Princeton University Press, Princeton.

〔92〕 Hansen, L., and Sargent, T. (2001), Robust Control and Model Uncertainty, *American Economic Review* 91, 60 – 66.

〔93〕 Hansen, L., and Sargent, T., Turmuhambetova, G. and Williams, N. (2006), Robust Control and Model Misspecification, *Journal of Economic Theory* 128, 45 – 90.

〔94〕 He, Z. (2011), A Model of Dynamic Compensation and Capital Structure, *Journal of Financial Economics* 100, 351 – 366.

〔95〕 Hodrick, R., and Zhang, X. (2001), Evaluating the Specification Errors of Asset Pricing Models, *Journal of Financial Economics* 62, 327 – 376.

〔96〕 Holthausen, R., and Leftwich, R. (1986), The Effect of Bond Rating Changes on Common Stock Prices, *Journal of Financial Economics* 17, 57 – 89.

〔97〕 Honohan, P. (2010), Partial Credit Guarantee: Principle and Practice, *Journal of Financial Stability* 6, 1 – 9.

〔98〕 Hovakimian, A., Opler, T., and Titman, S. (2001), Debt – Equity Choice, *Journal of Financial and Quantitative Analysis* 36, 1 – 24.

〔99〕 Huang, J., and Huang, M. (2012), How Much of the Corporate – Treasury Yield Spread Is Due to Credit Risk? *Review of Asset Pricing Studies* 2, 153 – 202.

〔100〕 Huang, R., and Ritter, J. (2009), Testing Theories of Capital Structure and Estimating the Speed of Adjustment, *Journal of Financial and Quantitative Analysis* 44, 237 – 271.

〔101〕 Hung, M., and Liu, Y. (2005), Pricing Vulnerable Options in Incomplete Markets, *Journal of Futures Markets* 25, 135 – 170.

[102] Ilut, C. (2012), Ambiguity Aversion: Implications for the Uncovered Interest Rate Parity Puzzle, *American Economic Journal: Macroeconomics* 4, 33 – 65.

[103] Izhakian, Y., Yermack, D., and Zender, J. (2016), Ambiguity and the Tradeoff Theory of Capital Structure, NBER working paper 22870.

[104] Jalilvand, A., and Harris, R. (1984), Corporate Behavior in Adjusting to Capital Structure and Dividend Targets: An Econometric Study, *Journal of Finance* 39, 127 – 145.

[105] Jarrow, R., and Turnbull, S. (1995), Pricing Derivatives on Financial Securities Subject to Credit Risk, *Journal of Finance* 50, 53 – 86.

[106] Jarrow, R., and Yu, F. (2001), Counterparty Risk and the Pricing of Defaultable Securities, *Journal of Finance* 56, 1765 – 1799.

[107] Jarrow, R., Lando, D., and Turnbull, S. (1997), A Markov Model for the Term Structure of Credit Risk Spreads. *Review of Financial Studies* 10, 481 – 523.

[108] Jensen, M. C., and Meckling, W. H. (1976), Theory of the Firm: Managerial Behavior, Agency Costs, and Ownership Structure, *Journal of Financial Economics* 3, 305 – 360.

[109] Jeter, D., and Shivakumar, L. (1999), Cross – Sectional Estimation of Abnormal Accruals using Quarterly and Annual Data: Effectiveness in Detecting Event – Specific Earnings Management, *Accounting and Business Research* 29, 299 – 319.

[110] Jin, Y., and P. Jorion (2006), Firm Value and Hedging: Evidence from U. S. Oil and Gas Producers, *Journal of Finance* 61, 893 – 919.

[111] Johnson, R. (2003), An Examination of Rating Agencies' Actions Around the Investment-grade Boundary, Working paper.

[112] Jones, E. P., and Mason, S. (1980), The Valuation of Loan Guarantee, *Journal of Banking and Finance* 4, 89 – 107.

[113] Jones, P., Mason, S., and E. Rosenfeld (1984), Contingent Claim Analysis of Corporate Capital Structures: An Empirical Investigation, *Journal of Finance* 39, 611 – 625.

[114] Jorion, P., and Zhang, G. (2009), Credit Contagion from Counterparty

Risk, *Journal of Finance* 64, 2053 – 2087.

[115] Ju, N. (2001), Dynamic Optimal Capital Structure and Maturity Structure, Working paper, University of Maryland.

[116] Ju, N., and Miao, J. (2012), Ambiguity, Learning, and Asset Returns, *Econometrica* 80, 559 – 591.

[117] Ju, N., and H. Ou – Yang (2006), Capital Structure, Debt Maturity, and Stochastic Interest Rates, *Journal of Business* 79, 2469 – 2502.

[118] Ju, N., Parrino, R., Poteshman, A., and Weisbach, M. (2005), Horses and Rabbits? Trade-off Theory and Optimal Capital Structure, *Journal of Financial and Quantitative Analysis* 40, 259 – 281.

[119] Kahle, K., and Shastri, K. (2005), Firm Performance, Capital Structure, and the Tax Benefits of Employee Stock Options, *Journal of Financial and Quantitative Analysis* 40, 135 – 160.

[120] Kan, K. (1998), Credit Spreads on Government Bonds, *Applied Financial Economics* 8, 301 – 313.

[121] Kandel, E., and Pearson, N. D. (2002), Option Value, Uncertainty, and the Investment Decision, *Journal of Financial and Quantitative Analysis* 37, 341 – 374.

[122] Kaplan, S. N., and Zingales, L. (1997), Do Investment-cash Flow Sensitivities Provide Useful Measures of Financing Constraints? *The Quarterly Journal of Economics* 112, 169 – 215.

[123] Khandani, A. E., and Lo, A. W. (2009), Illiquidity Premia in Asset Returns: An Empirical Analysis of Hedge Funds, Mutual Funds, and U. S. Equity Portfolios, Working paper, Massachusetts Institute of Technology.

[124] Kim, Y., and Nabar, S. (2007), Bankruptcy Probability Changes and the Differential Informativeness of Bond Upgrades and Downgrades, *Journal of Banking and Finance* 31, 3843 – 3861.

[125] Kisgen, D. J. (2006a), Credit Ratings and Capital Structure, *Journal of Finance* 61, 1035 – 1072.

[126] Kisgen, D. J. (2006b), Do Firms Target Credit Ratings or Leverage Lev-

els? *Journal of Financial and Quantitative Analysis* 44, 1323 – 1344.

［127］ Klebaner, F. C. (2004), Introduction to Stochastic Calculus with Applications, Imperial College Press London, Imperial College.

［128］ Klibanoff, P., Marinacci, M., and Mukerji, S. (2005), A Smooth Model of Decision Making under Ambiguity, *Econometrica* 73, 1849 – 1892.

［129］ Klibanoff, P., Marinacci, M., and Mukerji, S. (2009), Recursive Smooth Ambiguity Prefe-rences, *Journal of Economic Theory* 144, 930 – 976.

［130］ Klock, M., Mansi, S., and Maxwell, W. (2005), Does Corporate Governance Matter to Bondholders? *Journal of Financial and Quantitative Analysis* 40, 693 – 719.

［131］ Knight, F. (1921), Risk, Uncertainty and Profit, Boston, Houghton, Mifflin Co.

［132］ Korajczyk, R., Levy, A. (2003), Capital Structure Choice: Macroeconomic Conditions and Financial Constraints. *Journal of Financial Economics* 68, 75 – 109.

［133］ Korteweg, A. (2010), The Net Benefit to Leverage, *Journal of Finance* 65, 2137 – 2170.

［134］ Korteweg, A., and Polson, N. (2010), Corporate Credit Spreads under Uncertainty, Working paper, Stanford University and University of Chicago.

［135］ Korteweg, A., Schwert, M., and Strebulaev, I. (2018), How Often Do Firms Rebalance Their Capital Structures? Evidence from Corporate Filings, Working paper, Stanford University, University of Southern California, and Ohio State University.

［136］ Kraft, H., and Steffensen, M. (2007), Bankruptcy, Counterparty Risk, and Contagion, *Review of Finance* 13, 209 – 252.

［137］ Lai, V. S. (1992), An Analysis of Private Loan Guarantee, *Journal of Financial Services Research* 6, 267 – 280.

［138］ Lai, V. S., and Gendron, M. M. (1994), On Financial Guarantee Insurance under Stochastic Interest Rates, *The Geneva Papers on Risk and Insurance Theory* 19, 119 – 137.

［139］ Lando, D., and Mortensen, A. (2005), On the Pricing of Step-up Bonds in the European Telecom Sector, *Journal of Credit Risk* 1, 71 – 110.

［140］ Lang, L., and Stulz, R. M. (1992), Contagion and Competitive Intra-industry Effects of Bankruptcy Announcement, *Journal of Financial Economics* 32, 45 – 60.

［141］ Leary, M., and Roberts, M. R. (2005), Do Firms Rebalance Their Capital Structures? *Journal of Finance* 60, 2575 – 2619.

［142］ Lee, S. (2014), Knightian Uncertainty and Capital Structure: Theory and Evidence, Working paper, University of Michigan.

［143］ Leippold, M., Trojani, F., and Vanini, P. (2008), Learning and Asset Price under Ambiguous Information, *Review of Financial Studies* 21, 2565 – 2597.

［144］ Leland, H. (1994), Corporate Debt Value, Bond Covenants, and Optimal Capital Structure, *Journal of Finance* 49, 1213 – 1252.

［145］ Leland, H. (1998), Agency Costs, Risk Management, and Capital Structure, *Journal of Finance* 53, 1213 – 1243.

［146］ Leland, H. (2007), Financial Synergies and the Optimal Scope of the Firm: Implications for Mergers, Spinoffs, and Structured Finance, *Journal of Finance* 62, 765 – 807.

［147］ Leland, H., and Toft, K. (1996), Optimal Capital Structure, Endogenous Bankruptcy, and the Term Structure of Credit Spreads, *Journal of Finance* 51, 987 – 1019.

［148］ Lemmon, M., Roberts, M., and Zender, J. (2008), Back to the Beginning: Persistence and the Cross Section of Corporate Capital Structure, *Journal of Finance* 63, 1575 – 1608.

［149］ Lerner, A. P. (1934), The Concept of Monopoly and the Measurement of Monopoly Power, *Review of Economic Studies* 1, 157 – 175.

［150］ Leung, K. S., and Kwok, Y. K. (2005), Credit Default Swap Valuation with Counterparty Risk, *Kyoto Economic Review* 74, 25 – 45.

［151］ Leung, K. S., and Kwok, Y. K. (2009), Counterparty Risk for Credit Default Swaps: Markov Chain Interacting Intensities Model with Stochastic Intensity,

Asia – Pacific Financial Markets 16, 169 – 181.

[152] Levitsky, J. (1997), SME Guarantee Scheme: A Summary, *The Financier* 4, 5 – 11.

[153] Liao, H. H., Chen, T. K., and Lu, C. W. (2009), Bank Credit Risk and Structural Credit Models: Agency and Information Asymmetry Perspectives, *Journal of Banking and Finance* 33, 1520 – 1530.

[154] Liao, S., and Wang, C. (2002), Pricing Arithmetic Average Reset Options with Control Variates, *Journal of Dermatology Winter*, 59 – 74.

[155] Longstaff, F., and Schwartz, E. (1995), A Simple Approach to Valuing Risky Fixed and Floating Rate Debt, *Journal of Finance* 50, 789 – 819.

[156] Lu, C. W., Chen, T. K., and Liao, H. H. (2010), Information Uncertainty, Information Asymmetry, and Corporate Bond Yield Spreads, *Journal of Banking and Finance* 34, 2265 – 2279.

[157] Maccheroni, F., Marinacci, M., and Rustichini, A. (2006), Ambiguity Aversion, Robustness, and the Variational Representation of Preferences, *Econometrica* 74, 1447 – 1498.

[158] Maenhout, P. J. (2004), Robust Portfolio Rules and Asset Pricing, *Review of Financial Studies* 17, 951 – 983.

[159] Manso, G., Strulovici, B., and Tchistyi, A. (2010), Performance-sensitive Debt, *Review of Financial Studies* 23, 1819 – 1854.

[160] Martineza, M. A., Nietob, B., Rubio, G., and Tapiac, M. (2005), Asset Pricing and Systematic Liquidity Risk: An Empirical Investigation of the Spanish Stock Market, *International Review of Economics and Finance* 14, 81 – 103.

[161] Mazzucato, M., and Tancioni, M. (2008), Innovation and Idiosyncratic Risk: An Industry-and Firm – Level Analysis, *Industrial and Corporate Change* 17, 779 – 811.

[162] Merton, R. C. (1974), On the Pricing of Corporate Debt: The Risk Structure of Interest Rates, *Journal of Finance* 29, 449 – 470.

[163] Merton, R. C. (1977), An Analytic Derivation of the Cost of Deposit Insurance and Loan Guarantees: An Application of Modern Option Pricing Theory, *Jour-*

nal of Banking and Finance 1, 3 – 11.

［164］ Miao, J. (2005), Optimal Capital Structure and Industry Dynamics, *Journal of Finance* 60, 2621 – 2659.

［165］ Miao, J., and Wang, N. (2007), Investment, Consumption, and Hedging under Incomplete Markets, *Journal of Financial Economics* 86, 608 – 642.

［166］ Miller, M. (1977), Debt and Taxes, *Journal of Finance* 32, 261 – 275.

［167］ Modigliani, F., and Miller, M. (1958), The Cost of Capital, Corporation Finance, and the Theory of Investment, *American Economic Review* 48, 261 – 297.

［168］ Modigliani, F., and Miller, M. H. (1963), Corporate Income Taxes and the Cost of Capital: A Correction, *American Economic Review* 53, 433 – 443.

［169］ Molina, C. A. (2005), Are Firms Underleveraged? An Examination of the Effect of Leverage on Default Probabilities, *Journal of Finance* 60, 1427 – 1459.

［170］ Moody's Special Report (1992), Corporate Bond Defaults and Default Rates.

［171］ Morellec, E. (2001), Asset Liquidity, Capital Structure, and Secured Debt, *Journal of Financial Economics* 61, 173 – 206.

［172］ Morellec, E., Nikolov, B., and Schuerhoff, N. (2012), Corporate Governance and Capital Structure Dynamics, *Journal of Finance* 67, 803 – 848.

［173］ Morellec, E., and A. Zhdanov (2008), Financing and Takeover, *Journal of Financial Economics* 87, 556 – 581.

［174］ Moyen, N. (2004), Investment-cash Flow Sensitivities: Constrained Versus Unconstrained Firms, *Journal of Finance* 59, 2061 – 2092.

［175］ Mukerji, S., and Tallon, J. M. (2001), Ambiguity Aversion and Incompleteness of Financial Markets, *Review of Economic Studies* 68, 883 – 904.

［176］ Musiela, M., and Rutkowski, M. (1997), Martingale Method in Financial Modelling, Springer, Berlin Heidelberg New York.

［177］ Myers, S. C. (1977), Determinants of Corporate Borrowing, *Journal of Financial Economics* 5, 147 – 175.

［178］ Myers, S. C. (1984), The Capital Structure Puzzle, *Journal of Finance* 39, 574 – 592.

［179］Myers, S. C. , and Majluf, N. S. (1984), Corporate Financing and Investment Decision When Firm Shave Information that Investors Do Not Have, *Journal of Financial Economics* 13, 187 – 221.

［180］Nicholson, W. (1997), Microeconomic Theory: Basic Principles & Extensions, Dryden Press, New York.

［181］OECD, (2010), Facilitating Access to Finance: Discussion Paper on Credit Guarantee Schemes.

［182］Oztekin, O. , and Flannery, M. J. (2012), Institutional Determinants of Capital Structure Adjustment Speeds, *Journal of Financial Economics* 103, 88 – 112.

［183］Perez – Quiros, G. , and Timmermann, A. (2000), Firm Size and Cyclical Variations in Stock Returns, *Journal of Finance* 55, 1229 – 1262.

［184］Pritsker, M. (2013), Knightian Uncertainty and Interbank Lending, *Journal of Financial Intermediation* 22, 85 – 105.

［185］Rajan, R. G. , and Zingales, L. (1995), What Do We Really Know About Capital Structure? Evidence from International Data, *Journal of Finance* 50, 1421 – 1460.

［186］Roberts, M. , and A. Sufi (2009), Renegotiation of Financial Contracts: Evidence from Private Credit Agreements, *Journal of Financial Economics* 93, 159 – 184.

［187］Ross, S. (1976), Arbitrage Theory of Capital Asset Pricing, *Journal of Economic Theory* 13, 341 – 360.

［188］Savoral, P. , and Wilson, M. (2013), How Much Do Investors Care About Macroeconomic Risk? Evidence from Scheduled Economic Announcements, *Journal of Financial and Quantitative Analysis* 48, 343 – 375.

［189］Schaefer, S. , and Strebulaev, I. (2008), Structural Models of Credit Risk are Useful: Evidence from Hedge Ratios on Corporate Bonds, *Journal of Financial Economics* 90, 1 – 19.

［190］SEC (2003), Report on the Role and Function of Credit Rating Agencies in the Operation of the Securities Markets. Jan. 24.

［191］Selby, M. J. P. , Franks, J. R. , and Karki, J. P. (1988), Loan Guarantee, Wealth Transfers, and Incentives to Invest, *Journal of Industrial Economics* 6, 47 – 65.

[192] Shanken, J. (1992), The Current State of the Arbitrage Pricing Theory, *Journal of Finance* 47, 1569 – 1574.

[193] Sosin, H. B. (1980), On the Valuation of Federal Loan Guarantees to Corporations, *Journal of Finance* 35, 1209 – 1221.

[194] Standard & Poor's (2001), Corporate Ratings Criteria. (McGraw – Hill, N. Y.).

[195] Strebulaev, I. (2003), Liquidity and Asset Pricing: Evidence from the U. S. Treasury Securities Market, Working paper, Stanford University.

[196] Strebulaev, I. (2007), Do Tests of Capital Structure Theory Mean What They Say? *Journal of Finance* 62, 1747 – 1787.

[197] Thijssen, J. (2011), Incomplete Markets, Ambiguity, and Irreversible Investment, *Journal of Economic Dynamics and Control* 35, 909 – 921.

[198] Thompson, J. R. (2007), Counterparty Risk in Insurance Contracts: Should the Insured Worry About the Insurer? Working paper, Queen's University, Canada.

[199] Tu, J., and Zhou, G. F. (2010), Incorporating Economic Objectives into Bayesian Priors: Portfolio Choice under Parameter Uncertainty, *Journal of Financial and Quantitative Analysis* 44, 959 – 986.

[200] Turnbull, S. (2005), The Pricing Implications of Counterparty Risk for Non Linear Credit Products, *Journal of Credit risk* 1, 3 – 30.

[201] Van Binsbergen, J., Graham, J., and Yang, J. (2010), The Cost of Debt, *Journal of Finance* 65, 2089 – 2136.

[202] Vasicek, Oldrich (1977), An Equilibrium Characterization of the Term Structure, *Journal of Financial Economics* 5: 177 – 188.

[203] Veronesi, P. (2000), How Does Information Quality Affect Stock Returns? *Journal of Finance* 55, 807 – 837.

[204] Walker, M. B. (2006), Credit Default Swaps with Counterparty Risk: A Calibrated Markov Model, *Journal of Credit Risk* 2, 31 – 49.

［205］ Welch，I. (2004)，Capital Structure and Stock Return，*Journal of Political Economy* 112，106 – 131.

［206］ Xu，T.，Najand，M.，and Ziegenfuss，D. (2006)，Intra-industry Effect of Earnings Restatements Due to Accounting Irregularities，*Journal of Business Finance and Accounting* 33，696 – 714.